Zeca Martins

ZECA MARTINS
PROPAGANDA É ISSO AÍ!
UM GUIA PARA NOVOS ANUNCIANTES E FUTUROS PUBLICITÁRIOS

ACTUAL

PROPAGANDA É ISSO AÍ!
UM GUIA PARA NOVOS ANUNCIANTES E FUTUROS PUBLICITÁRIOS

© Almedina, 2020
AUTOR: Zeca Martins
EDITOR DE AQUISIÇÃO: Marco Pace
DIAGRAMAÇÃO: Lilian Nocete
DESIGN DE CAPA: Zeca Martins
ISBN: 978-65-87019-031

Dados Internacionais de Catalogação na Publicação (CIP)
(Câmara Brasileira do Livro, SP, Brasil)

Martins, Zeca
Propaganda é isso aí! : um guia para novos
anunciantes e futuros publicitários / Zeca
Martins. -- São Paulo : Almedina, 2020.

Bibliografia.
ISBN 978-65-87019-03-1

1. Anúncios 2. Comunicação 3. Criação 4. Marketing
5. Propaganda 6. Publicidade 7. Publicidade -
Manuais, guias etc. I. Título.

20-35886   CDD-659

Índices para catálogo sistemático:

1. Publicidade : Manuais 659

Cibele Maria Dias - Bibliotecária - CRB-8/9427

Este livro segue as regras do novo Acordo Ortográfico da Língua Portuguesa (1990).

Todos os direitos reservados. Nenhuma parte deste livro, protegido por copyright, pode ser reproduzida, armazenada ou transmitida de alguma forma ou por algum meio, seja eletrônico ou mecânico, inclusive fotocópia, gravação ou qualquer sistema de armazenagem de informações, sem a permissão expressa e por escrito da editora.

Junho, 2020

EDITORA: Almedina Brasil
Rua José Maria Lisboa, 860, Conj.131 e 132, Jardim Paulista | 01423-001 São Paulo | Brasil
editora@almedina.com.br
www.almedina.com.br

SUMÁRIO

i. *Apresentação de Roberto Menna Barreto* 11
ii. *Prefácio de Roberto Duailibi* 13
iii. *Ao novo anunciante* 15
iv. *Ao futuro publicitário* 17

I. INTRODUÇÃO 19

II. PROPAGANDA E MERCADO 25

A PROPAGANDA 25
Um pouquinho de história 25
A necessidade de se vender um produto, uma ideia 28
As instituições e seus públicos-alvo 29
Comunicação promocional 29
Comunicação institucional 30
Do marketing à comunicação 31
O conceito de marketing 32
Os 4 P 32
Comunicação como ferramenta de vendas e marketing 34
Agência e cliente 35

II. AGÊNCIA DE PROPAGANDA 37

Pra que uma agência? 37
Como se divide a agência 38
Como escolher sua agência 41
House-agency 44

IV. ATENDIMENTO 47

Seu publicitário favorito 47
Interação Planejamento X Criação X Mídia 48

Administrando o relacionamento **51**

Serviços compatíveis com a verba **53**

Atendimento & prospecção **54**

Prospecção **56**

Como prospectar **59**

Concorrências **61**

Briefing **64**

V. PLANEJAMENTO **69**

O futuro está nas suas mãos **69**

Planejamento de vendas e marketing X planejamento de comunicação **70**

O marketing e as necessidades humanas **88**

Análise de público-alvo: pesquisa **98**

Análise de concorrência **101**

Determinação de Verba **106**

Aplicação de verba / Controle e avaliação de resultados **109**

Cronogramas **112**

VI. CRIAÇÃO **115**

Hora do show! **115**

Como funciona a Criação **124**

Fazer anúncios **127**

Algumas dicas para um bom texto publicitário **130**

E algumas dicas sobre leiaute **135**

A importância da revisão **140**

Os bancos de imagens **142**

O comportamento do sr. Target diante dos meios de comunicação **144**

Criação é argumentação **154**

Criação X Target: você conhece o seu target? **155**

Clientes criativos têm campanhas criativas **156**

Como avaliar a Criação **157**

Final   **160**

VII. MÍDIA: A ENGENHARIA DA PROPAGANDA...161

Põe na Globo? ... 162
Os meios e a terminologia ... 164
Características e particularidades dos meios de comunicação ... 167
Métodos de aferição de audiência e de avaliação e controle. ... 173
O plano de mídia e outras considerações ... 178
E a Internet? Clique aqui! ... 180
Propaganda na Internet ... 181
Bancos de dados ... 183
O crescimento da Internet e sua terminologia ... 186
Vantagens em anunciar na Internet ... 192

VIII. PRODUÇÃO ELETRÔNICA ... 197

No ar, o seu comercial! ... 197
A produtora ... 197
Captação de imagem ... 199
Orçamento e pré-produção ... 200
O diretor ... 201
O fotógrafo ... 201
Ambientação e cenografia ... 202
Trilha sonora e Locução ... 203
Elenco / figuração ... 204
Efeitos especiais ... 205
Edição e finalização ... 205
Qualidade não é 'conversa' de agência ... 207
Seus concorrentes no vídeo ... 208
Custa caro? ... 209
Discuta a produtora com a sua agência ... 212
Direitos autorais em produção eletrônica ... 212

IX. PRODUÇÃO GRÁFICA ... 215

Imprima-se! ... 215
O produtor gráfico ... 216

Produção gráfica passo a passo 217

Captação de imagem e tratamento para fotolito 226

Processos básicos de impressão 231

X. PROPAGANDA MUITO LEGAL 235

O Código de Defesa do Consumidor 235

A autorregulamentação publicitária e o CONAR 244

XI. LETRAS, PROPAGANDA & MARKETING 249

O marketing de Fernando Pessoa 249

A Propaganda de Lima Barreto 260

XI. FINAL 271

Quem nasceu primeiro: o ovo ou a propaganda? 271

That's all, folks! 273

XII. BIBLIOGRAFIA RECOMENDADA 275

À Manuela, pelos filhos que me deu.

A eles, os tais filhos, André, Deborah e Miguel.

À memória da Dona Ana, minha mãe, José, meu pai; e às de

João Aramis Souto Nasser e Roberto Menna Barreto,

inesquecíveis amigos e publicitários inigualáveis.

E com um abraço pra lá de especial aos meus queridos Dag Oliveira, Luiz Gustavo Martins,

Luiz Fernando Calmon e Newton Cesar, craques da Propaganda..

Nos países desenvolvidos, as ideias são caras,
e os produtos industriais, baratos;
nos países subdesenvolvidos, as ideias são baratas
e os produtos industriais, caros.

Roberto Menna Barreto

Apresentação de **Roberto Menna Barreto**

Qual o mais seguro indício de criatividade numa iniciativa, numa providência, numa solução?

Simples: é a sincera sensação de frustração e inveja que a gente experimenta. 'Por que, diabo, não pensei nisso antes?'

É o caso deste livro, que me faz perguntar: como é que só agora alguém se dedica a escancarar as portas da secreta fábrica de anúncios, ao pequeno anunciante, ao cliente debutante em propaganda e, mesmo, ao empresário já habituado à utilização das eficazes técnicas de persuasão, mas ignorante de seus meandros e mecanismo operacional?

(Por sinal, o livro é também excelente para esses jovens estudantes temerários que estão alimentando projetos de se tornar profissionais em propaganda)

Os livros que conheço sobre esse assunto ou são setoriais, ou testemunhais, ou compêndios — objetos de consulta. Nenhum conversa com o leitor. Nenhum dá essa intimidade ao leitor ao descerrar para ele o panorama e as funções básicas do 'negócio mais estranho jamais inventado pelo capitalismo' — como disse não me lembro quem.

Zeca Martins conversa. E ainda que sua conversa seja sempre leve e bem-humorada, ele está sempre, o tempo todo, fornecendo ao leitor uma boa informação, num texto de irrepreensível profissionalismo. Trata-se de um guia competente para quem queira forçar as fronteiras do País da Propaganda.

'Oh, Mestre (perguntei) que terra é esta?' (*Ond'io: Maestro, che terra é questa?*).'

Ao ler este livro, o empresário vai se sentir como Dante no Canto XXXI, confiante no seu guia 'prudente e certo'.

Já para o estudante de publicidade, às vezes tomado de ilusões sobre esta profissão tão sedutora e brilhante, o modelo pode ser a Alice, de Lewis Carrol — quem não se lembra? — na cena em que o lacaio lhe pergunta: "Ora, você quer mesmo entrar? Essa é a primeira questão, você sabe."

Roberto Menna Barreto

Publicitário
Autor, entre dezenas de outros títulos obrigatórios pra quem quiser se meter com Propaganda, de *Criatividade em Propaganda, Criatividade No Trabalho E Na Vida e O Copy Criativo*

Prefácio de **Roberto Duailibi**

Zeca Martins e o amor ao conhecimento

Notável trabalho, esse de Zeca Martins!

Seu livro, inicialmente, está voltado para o anunciante novato – aquele sujeito que criou um produto que, por sua vez, ajudou a criar uma empresa e que, agora, vê que sua sobrevivência e a expansão de seus negócios dependem da propaganda, ou seja, dependem da adesão do público a sua marca.

A esses, com sua formação acadêmica refinada em excelentes salas de aula, Zeca Martins transmite conhecimentos de maneira rigorosamente sistemática, partindo do bê-á-bá do marketing, os 4P, até de aprofundar na complexidade da produção de um comercial de TV e seus inúmeros detalhes.

Passo a passo, aula a aula, página a página, Zeca Martins vai elaborando sua tarefa de criar um conhecimento e ir, pouco a pouco, acrescentando dados a ele.

Lendo seu livro percebe-se por que Zeca Martins ganhou a fama de grande professor – aquele que determina o objetivo de transmitir o maior volume de conhecimentos no menor prazo possível – mas, principalmente, aquele que transmite a seus alunos e alunas o entusiasmo pela profissão que escolheram, e a noção de que o talento pertence a todos os que têm conhecimento.

Roberto Duailibi

Sócio-diretor da DPZ – Duailibi, Petit, Zaragoza Propaganda,
a agência dos meus sonhos.

Ao novo anunciante

Chega um momento na vida de qualquer empresário iniciante em que não dá mais para ficar escondido, fazendo-de-conta-que-não-sei; um momento em que não dá mais para ficar vendendo seu peixe só na vizinhança. Chega a hora de dizer êta-mundo-véio-sem-porteira, aproveitar que não tem mesmo porteira e cair no mundo véio[1] para se descobrir um mundo novo para seus negócios.

Vi, mais de uma vez, pequenos e médios empresários adquirirem equipamentos industriais como, por exemplo, um torno de controle alfanumérico dos bem sofisticados. Quando se decide pela aquisição de uma máquina importante, é uma correria. Consultas e mais consultas aos técnicos do fornecedor, reuniões com a engenharia, cálculos e mais cálculos de retorno sobre o investimento, produtividade da máquina... ufa! É de enlouquecer!

Também vi, mais de um milhão de vezes, pequenos e médios empresários decidindo, sem maiores critérios, seus investimentos publicitários, normalmente em valores monetários bastante superiores ao custo do tal torno, ou seja lá que equipamento for. Consultas técnicas? Retorno sobre o investimento? Ganho sobre imagem de marca? Nem pensar: 'chamem o pessoal da agência de Propaganda, eles é que entendem disso, só quero saber quanto vai custar...'

Compreende-se. Propaganda é mesmo um negócio meio subjetivo, nunca dá para se saber se vai dar retorno, é coisa de artistas, coisa destes publicitários meio doidões etc. Mentirinha! Propaganda, na verdade, é um conjunto de serviços que pode ser comprado com a mesma eficiência técnico-financeira com que se compra uma máquina ou se monta uma fábrica inteira. Acontece que, curiosamente, o mercado publicitário não 'anuncia' isto. Casa de ferreiro.

---

1 Aquela obscenidade à qual chamamos de novo acordo ortográfico exigiria que 'véio' não tivesse o acento agudo. Deixo-o, aqui, o acento, como manifestação de resistência vernacular.

Então, meu caro anunciante novato, fique tranquilo. Há meios razoavelmente — eu disse razoavelmente — seguros de você fazer seu investimento publicitário. Primeira dica: comece usando seu bom senso para negócios (porque comprar Propaganda é fazer um negócio como qualquer outro) e use um pouquinho de matemática e estatística básicas. Pronto! O resto você tira de letra.

As demais dicas iniciais estão nas próximas páginas. Leia e, principalmente, reflita. Se concordar ou discordar, ótimo de qualquer jeito. Seu negócio só depende mesmo dos seus pontos de vista e nada mais. O risco e o dinheiro investido serão sempre seus, mas lembre-se que o tamanho do progresso é proporcional ao tamanho do risco assumido. Por isso, bola pra frente!

Ah!, já ia esquecendo: acredite, sua empresa é a empresa mais importante do planeta. Porque, além de razões evidentes como ser a geradora do seu sustento e do sustento de outras pessoas, é uma empresa única. Nem perca seu tempo pensando que algum concorrente pode ser igual: ele jamais será. É verdade que ele poderá dar-lhe algum trabalho; também é verdade que a percepção do consumidor nem sempre notará quais diferenças existem entre você e seus concorrentes. Mas sua empresa é única. E é única simplesmente porque ela tem uma cultura própria, uma alma peculiar e isto, esta alma, esta cultura, são, em última análise, a essência do produto que você vende ao seu consumidor, ao seu cliente. Claro que sob a forma de um produto ou serviço com uma marca própria, uma marca que deve ser sempre fortalecida. Esta, se me permite a intromissão, deve ser sua primeira preocupação em comunicação. Sua marca será o primeiríssimo aval do seu produto, qualquer que seja ele. Tudo que você fizer por sua marca, será refletido nos seus produtos e serviços. Alguma dúvida sobre um produto da Coca-Cola, Toyota, Sony ou Nestlé?

Sua marca deve ser sinônimo de confiabilidade e qualidade. Então, trate-a como a uma filha. Dê-lhe carinho, atenção, invista no seu futuro. Ela é só o que sua empresa tem. Tire a marca, e sua empresa se resumirá a um amontoado de patrimônio.

Sua marca "É" a sua empresa!

Ao futuro publicitário

Quantas vezes você já ouviu a ladainha da Propaganda que reza, entre outras grandes inverdades, que publicitário é o sujeito que 'faz' anúncios, que é o cara da criação? E mais: o blá, blá, blá da Propaganda quer que você acredite piamente que só existe o pessoal de alguma agência de Propaganda que esteja em evidência no momento.

Se bobear, você será induzido a acreditar que o publicitário é o *bon vivant* que passa seus dias (in)úteis flanando alegremente entre gente divertida e festas idem. Existem, de fato, alguns privilegiados que vivem mais ou menos assim, talvez um ou outro dono de agência e mais uma meia dúzia de deslumbrados sem maiores perspectivas de futuro profissional.

Só que a maioria dos publicitários trabalha duro, sem dia nem hora para estar à disposição do cliente; uma maioria que não cabe nas salas de criação das agências famosas; uma maioria que não aparece nas colunas dos jornais do ramo; uma esmagadora maioria dividida em um sem-número de funções publicitárias tão divertidas, envolventes e gratificantes quanto a própria criação. A propósito, os grandes caras de criação que tive a oportunidade de conhecer e conviver são profissionais sérios no que fazem — também grandes gozadores, é verdade — e que não vivem uma vida tão idílica quanto se prega.

Minha experiência didática em faculdades de comunicação tem revelado que eu não estou louco. Muitos alunos, quando descobrem o que há por trás de áreas como Mídia, Atendimento, Planejamento, Produção Gráfica, Produção Eletrônica etc., ficam simplesmente fascinados, como se lhes abríssemos as portas do céu, como se fôssemos os verdadeiros emissários do Senhor!

O chato desta história é que o mercado publicitário, por ato ou omissão, estimula uma ideia não verdadeira sobre as possibilidades profissionais dos futuros publicitários. Só se divulga, basicamente, o oba-oba. Profissionais, faculdades e imprensa especializada dão tamanha importância aos feitos dos caras de criação, os 'gênios', que fica sempre aquela impressão que o negócio da Propaganda é uma espécie de Olimpo onde só cabem alguns poucos deuses vivendo de tramas ardilosas.

Bobagem. Há, hoje, no Brasil, cerca de cem mil estudantes de comunicação. Ou mais. Com espaço de trabalho em agências, anunciantes, rádios, TVs de sinal aberto e por assinatura, jornais, revistas e fornecedores do mais variados em todo o país.

Lembro-me de um dia na primavera de 1996, quando ainda era professor da mais conceituada faculdade de Propaganda e marketing do Brasil (Uau!) e um grupo de alunos do terceiro ano pediu-me para responder a uma pesquisa encomendada pelo colega da respectiva cadeira. Era uma pesquisa sobre mercado de trabalho. Respondi apenas o que está no parágrafo anterior. E me entristeci com a desinformação daqueles garotos: terceiro ano e eles continuavam acreditando no Coelhinho da Páscoa, no Papai Noel e que publicitário só trabalha em agência. De preferência, na criação. Isto fez com que eu dirigisse este trabalho também aos futuros publicitários.

Raciocine, garotão: quantas emissoras de rádio e TV, revistas, jornais, gráficas, produtoras de som e imagem existem no Brasil? Infinitas, não é verdade? E mais: cada agência de Propaganda representa mais de um anunciante. Portanto, também à medida que os anunciantes compreendam que investimento em comunicação é tão importante quanto a aquisição de um novo maquinário ou equivalente, mais e mais o mercado de trabalho se abrirá para você, futuro publicitário, como o *expert* que gerenciará estes investimentos e o relacionamento da empresa com a agência e seu mercado específico.

Você ainda acredita que só dá para trabalhar na criação de grandes agências? Você ainda acha que só existem os departamentos de criação das agências famosas?

Como qualquer outro mercado de trabalho, o da Propaganda tem seus defeitos e virtudes, mas também tem espaço suficiente para quem sabe o que quer e se esforça em ser bom no que faz.

Mãos à obra e sucesso!

I. Introdução

Coca-Cola dá mais vida!

Para todos nós fica muito difícil, senão impossível, determinar por quantas vezes, e há quanto tempo, somos alvo de campanhas publicitárias de mega-anunciantes.

O cidadão comum — público-alvo ou *target group*, na linguagem dos iniciados na comunicação de massa — normalmente não faz a menor ideia dos passos que foram dados desde a concepção de uma ideia até sua execução e veiculação. Ele simplesmente a recebe e reage de alguma forma. Naturalmente, a expectativa do anunciante é a de que a reação seja a melhor possível. Um parêntese: neste instante, para fins mais ou menos didáticos, ao dizer 'anunciante', refiro-me também, além do próprio, ao enorme espectro de profissionais envolvidos na comunicação de um produto; pessoal das agências de Propaganda, das gráficas, das produtoras de comerciais... enfim, a lista é de fazer inveja aos créditos que vemos ao final de qualquer longa-metragem.

No cotidiano profissional, entretanto, anunciante é anunciante, agência de Propaganda é agência de Propaganda e assim por diante. As funções são sempre claras e muito bem divididas. Já vamos conhecê-las em detalhes.

Mas, para o público-alvo, o cidadão comum (vamos chamá-lo de Sr. Target para tentar maior familiaridade), quem faz a Propaganda é o anunciante. 'Você viu o último comercial que os caras da Shell fizeram?' Isso é corriqueiro, e é natural que as pessoas pensem assim, porque o pessoal dos bastidores da comunicação nunca se anuncia, ao menos não nos padrões que empregam para os seus clientes. O Sr. Target simplesmente vê, gosta ou não gosta.

Mas o que ele também não sabe é que entre este gostar ou não, há uma infinidade de técnicas e recursos que são as bases para se fazer Propaganda comercial sedutora, convincente e que favoreça as vendas, muitas vendas, do produto anunciado. Por isso, a tendência é de grandes anunciantes produzirem Propaganda de primeira em qualidade, quantidade e... VENDAS!

De outro lado, o Sr. Target também recebe uma infinidade de mensagens que nem sempre apresentam o mesmo padrão de qualidade e quantidade da Ambev, General Motors e de tantos outros anunciantes do gênero. Há a pequena loja de varejo, a confecção local e centenas ou milhares de anunciantes disputando com grandes empresas um espacinho da memória e da atenção do Sr. Target.

Mas com que desigualdade! Sem recursos para ter acesso à incrível parafernália técnica de que dispõem os grandes anunciantes, resta-lhes a alternativa da intuição, faro, chutômetro ou sabe-se lá o nome que queiram dar.

Exagero? Nenhum! O distanciamento técnico que separa a comunicação de empresas de grande porte das pequenas pode ser considerado assunto para os astrônomos. Mas o Sol nasceu para todos. Eis que, para ajudar a minimizar as dificuldades dos pequenos anunciantes na sua luta por aquele lugarzinho ao Sol, resolvi preparar este trabalho.

Não tenho intenção de resolver os problemas de comunicação de alguém; o que quero, apenas, é levar um pouco da minha experiência para o aproveitamento de quem quiser. E também sujeitá-la à crítica dos conhecedores do assunto.

O fato é que não tenho notícia de alguma outra tentativa de colocar ao alcance do novo anunciante e do futuro publicitário um guia, não de como fazer Propaganda, mas sobre como transitar através dela sem medo.

Há, ainda, algumas considerações que julgo oportunas:

- o assunto deste livro é Propaganda comercial, eminentemente. Embora as técnicas de outras especialidades (Propaganda política, ideológica etc.) sejam muitas vezes as mesmas, em nenhum momento me passou pela cabeça tratar destes assuntos. Por Propaganda comercial entendo aquela que é realizada por empresas como meio de estimular as vendas de seus produtos e serviços, e obter maiores lucros financeiros. Só isso.

- espero, aqui, oferecer um meio que facilite o relacionamento de pequenos e médios anunciantes com suas agências de publicidade, pois tenho notado que, muitas vezes, o pessoal das agências se esquece que o anunciante não domina certos conceitos, principalmente os subjetivos, tão constantes no negócio da Propaganda, e passam a julgá-lo um chato, alguém que não tem a menor sensibilidade estética etc. etc. Isto torna-se tão mais frequente à medida que vemos aumentada a distância em relação ao eixo Rio – São Paulo, com suas grandes agências para grandes clientes (e, consequentemente, grandes verbas). O acesso ao *up to date* da comunicação vai-se tornando menor na razão inversamente proporcional à distância, não apenas geográfica, mas principalmente econômica que separa os anunciantes de menor fôlego das práticas e técnicas usuais da comunicação produzida naqueles grandes centros.

- Por doze anos, dei aulas em faculdades de comunicação. Aulas que me ajudaram a manter o desconfiômetro calibrado. E encontrei surpresas fantásticas. Uma delas é a desinformação que os novos alunos sempre trazem a respeito do que são Propaganda, relações-públicas, comunicação em geral, marketing e demais conceitos do gênero. Que gigantesca confusão! Alguns arrependem-se logo de início; outros — que bom! — ficam maravilhados ao perceberem que Propaganda é muito mais do que aquilo que eles imaginavam. Pensando em ajudar a evitar futuras frustrações e a descobrir incríveis vocações, este livro também foi feito para futuros publicitários. Ou, caso as páginas a seguir sejam muito desestimulantes, espero ajudar na vocação de futuros advogados, psicólogos, médicos, engenheiros, sociólogos...

- Importa notar que minha intenção não é encerrar questão em qualquer dos assuntos abordados em cada capítulo, até porque estes assuntos mereceriam, individualmente, um ou mais livros.

- Todo o levantamento de informações para a elaboração deste trabalho foi feito a partir de experiências pessoais minhas e de colegas de algumas áreas da Propaganda que tiveram paciência suficiente para discutir comigo detalhes acerca de suas respectivas especialidades. Quero lembrar, também, que estes profissionais podem não concordar, necessariamente, com o modo como expus as informações que me forneceram.

- Exceto quando expressamente citado, e terão sido pouquíssimas vezes, não foram feitas consultas a literaturas especializadas de Propaganda ou marketing, exatamente para preservar o caráter prático do conteúdo deste livro. A bibliografia mínima que consta ao final é apenas uma dica sobre o que pode ser lido por quem quiser começar a ir mais adiante no assunto.

- Sei que a ausência de *cases*, como dita a moda, pode parecer um tanto estranha. Embora eu conheça vários, evitei citá-los por acreditar que *cases* têm a curiosa virtude de induzir o leitor a pensar que são padrões de referência um tanto dogmáticos. Fiz uma ou outra pequena observação, apenas a título de aprimoramento de alguma informação. Prefiro, sinceramente, que você aprenda com seus próprios erros e acertos.

- À exceção de um exemplo inserido no capítulo Criação, não foram inseridas mais reproduções de anúncios por três razões: 1) acredito ser mais proveitoso que você mesmo escolha os seus favoritos, 2) não quero induzir ninguém com meu julgamento pessoal, e 3) para não encher linguiça.

- Procurei utilizar o máximo de simplicidade na linguagem e na tradução dos conceitos, para oferecer uma leitura fácil, coloquial e, à medida do possível, divertida, porque acredito piamente que tão importante quanto a leitura agradável, é poder divertir-se escrevendo.

- Em alguns parágrafos dirijo-me ao empresário anunciante; em outros, aos estudantes de comunicação; em outros mais, a publicitários e donos de pequenas agências. Estou certo de que você não se incomodará com o rompimento da regra básica da comunicação que é deixar claro quem são os interlocutores. Pois, qualquer que seja sua atribuição – estudante, anunciante, publicitário – de qualquer modo seremos mesmo apenas eu e você conversando em cada uma das páginas. Você saberá muito bem quando eu estiver falando especificamente com você ou com alguém que você conhece.

Os capítulos que seguem são, enfim, um ponto de partida para os não iniciados no culto da Propaganda. Nada de muito científico, tudo muito empírico, tudo baseado em experiências vividas; apenas uns leves toques, aqui e acolá, de teorias e conceituações. Um pontapé inicial, sem outra intenção a não ser estimular a discussão da Propaganda.

Agora *it's up to you* ou, como diria com muita graça Buzz Lightyear, personagem do desenho animado Toy Story: 'ao infinito e além!'

Coca-Cola é isso aí!

Propaganda é isso aí!

II. PROPAGANDA E MERCADO

A Propaganda

Um pouquinho de história.

Olhando a Propaganda de um ponto de vista absolutamente simplista, podemos dizer que ela nasceu quando alguém disse a alguém que tinha alguma coisa a oferecer, fosse um produto, fosse um serviço.

Já houve, até, quem tentasse dar um ar científico-arqueológico às origens da Propaganda, afirmando que quando o homem das cavernas pendurava uma pele de animal na entrada da sua caverna, este cidadão pré-histórico já faria o seu comercialzinho aos interessados no produto. Na falta de uma designação científica para aquele sujeito, podemos arriscar chamá-lo de *Paleantropus Publicitarius*.

Há anos, a imprensa publicou nota que informava haverem alguns arqueólogos descoberto na China uma casa com uma tabuleta que indicava, aparentemente, ser aquele o endereço de um alfaiate, ou equivalente, lá dos idos de 3.000 a.C. Que tal chamar, agora, ao desconhecido inventor do outdoor de *Sinantropus Propagandisticus*?

Sem dúvida, qualquer destas atividades terá sido, em maior ou menor grau, algum tipo de comunicação comercial. Mas ainda não será Propaganda mesmo. Até porque o nome Propaganda só viria a ser difundido a partir da *Congregatio Propaganda Fide* ou Congregação Para a Propagação da Fé, organismo que o Vaticano criou, no início do século XVII , para executar as funções bem definidas pelo próprio nome do produto.

Nota: tempos atrás, eu, novato na profissão, contei esta minha importantíssima descoberta cultural ao grande Nadyr Fernandes, macaco velho na Propaganda. A partir daí, para gozar com a minha cara, ele sempre me perguntava: 'E aí, Zequinha, como vai a tua PROPAGATIO?'.

Voltando à vaca fria, este foi um momento particularmente importante sob dois pontos de vista. Em primeiro lugar, pela origem da palavra que, em latim, significa propagação, mas com o sentido mais adequado de semeadura. Semear é plantar aguardando a colheita, não apenas lançar ao vento. Em segundo lugar, porque foi mais um lance espetacular da mais fantástica organização de marketing de todos os tempos: a Igreja Católica Apostólica Romana. IBM, Apple, Maercedes-Benz, Nestlé e congêneres que me desculpem, mas ainda faltam-lhes mil anos de sucesso absoluto de mercado para se equiparar ao Vaticano.

O fato é que o surgimento de uma metodologia, um conjunto de técnicas de persuasão para a venda de um produto reduz novamente a tabuleta do alfaiate chinês a mera comunicação e determina, agora sim, o início da Propaganda como atividade racional, pensada e eficiente nos resultados que é capaz de colher.

Daquele período só restou o nome. Talvez seja muito mais importante você saber que, historicamente, a Propaganda deu um segundo e enorme salto em eficiência, graças, basicamente, à semente lançada por — pasme! — Joseph Goebbels, ministro das comunicações do 3º Reich e principal responsável pelo desenvolvimento de um produto de indiscutível sucesso temporal chamado Adolf Hitler.

Surpreso? Se Goebbels não tivesse a perspicácia de estudar o comportamento, a *psyché* da Alemanha de então, de desenvolver técnicas de convencimento individual e coletivo — mesmo que não exatamente éticas —, de conhecer suas ansiedades e necessidades psicológicas e satisfazer a tudo isso concebendo o produto Fuehrer... bem, você pode imaginar o que não teria acontecido.

Goebbels foi um inovador na comunicação de massa. Provando conhecer bem a sociologia e a antropologia cultural, reinventou o papo-furado da raça pura, uma forma bastante eficaz de driblar muitas consciências; desenvolveu métodos de discurso e artes cênicas para que Hitler ficasse convincente e levasse as plateias ao delírio, e mais uma infinidade de recursos propagandísticos. Brilhante, enfim.

Se você encontrar alguma literatura a respeito daquele período, vale mesmo a pena conhecer. O 'método publicitário' criado pelo 3º Reich foi, evidentemente, depurado e é hoje utilizado normalmente por praticamente todos os publicitários dignos deste nome, embora nem sempre saibam disso. E muitos dos que sabem evitam admitir pois, convenhamos, é bastante constrangedor. Mas uma técnica é uma técnica, não contém moral. A moralidade está no uso que fazemos dela.

Foi após a segunda guerra mundial que a Propaganda começou a tomar a forma técnica que apresenta hoje. Até então, a coisa estava mais para reclames do que para anúncios, embora os americanos já começassem a dar uma cara nova ao negócio. Muito do que Goebbels criou, ficou; foi melhorado e incorporado à comunicação e à sociedade em geral. Tanto é verdade que ficou que, quando, na segunda metade da década de 1980, trabalhei para uma montadora automobilística localizada no ABC paulista vi, estarrecido, famosos líderes grevistas aplicarem, sem aprimoramento algum, sem o menor escrúpulo, os mesmos instrumentos 'goebbelistas' que eu havia conhecido através dos livros. A diferença da Propaganda comercial é que ela faz as coisas com uma elegância de dar inveja. E não machuca ninguém.

Mas creditar tudo a Goebbels também é forçar um pouco a barra. Não deve ser novidade que as guerras, além dos estragos, também trazem avanços de toda ordem. A segunda guerra mundial nos brindou com o radar, os foguetes, melhorias na segurança de voo, novos sistemas de comunicações, melhores métodos de conservação de alimentos, desenvolvimentos automobilísticos e de produção industrial em geral. O pós-guerra se valeu de tudo isso e aplicou no desenvolvimento comercial, industrial e de serviços. Muito do que se aprendeu naquelas circunstâncias foi usado depois para fins pacíficos, inclusive na Propaganda. Especialistas em marketing e Propaganda, por exemplo, têm orgulho em comentar que adotam algumas estratégias derivadas das militares no seu dia a dia mercadológico.

Por ser a Propaganda racional, pensada e preocupada com resultados, não vou tomar o seu precioso tempo — e, honestamente falando, nem perder o meu — contanto historinhas da atividade que podemos encontrar em muitos outros livros, nem reproduzindo anúncios como classificados de jornais do século passado que ofereciam recompensas aos captores de escravos fugitivos, ou mostrando que em 1658 um jornal inglês publicava uma mensagem sobre um novo produto que chegava do oriente, o chá, e demais blá, blá, blás. Tudo isso pode ser bastante curioso; ilustrativo, até. Mas não interessa aqui.

Como terceiro salto histórico, temos o incansável e constante desenvolvimento dos meios de comunicação, particularmente os eletrônicos, a partir do final da década de 1950. Um desenvolvimento tão acelerado que chega a criar um certo receio de análise, mas que vem possibilitando o surgimento quase diário de novas técnicas e manifestações estéticas no mundo da Propaganda. Vivemos este momento agora, e só as gerações futuras saberão as consequências.

Pronto! Já que você se localizou um pouco na história, vamos ao que interessa mais, a uma visão bem sintética do mecanismo comercial em que a Propaganda se insere.

A necessidade de se vender um produto, uma ideia.

Empresas comerciais e instituições em geral têm uma evidente necessidade de levar adiante seus produtos, serviços e ideias.

Uma indústria pode comercializar automóveis, por exemplo. Bancos vendem formas de crédito. Lojas comerciais oferecem desde móveis até alimentos. O Greenpeace tenta convencer sobre a importância da preservação ambiental. Igrejas 'vendem' a ideia da salvação eterna, umas *post mortem*, outras ainda em vida, ao custo de apenas uns trocadinhos. E por aí afora.

Cada instituição, portanto, de caráter comercial ou não, procura conhecer nosso perfil de consumo e/ou interesses pessoais e tenta nos convencer de que seus produtos, serviços e ideias são adequados e necessários à satisfação destes interesses. Algo como as espécies biológicas que procuram preservar-se, adaptando-se ao meio ambiente. Se as instituições conseguirem nos vender seus peixes, sua continuidade estará garantida. E seus lucros.

As instituições e seus públicos-alvo

Sabemos que é quase impossível para uma empresa ou instituição de qualquer gênero procurar atender a absolutamente todas as pessoas ao mesmo tempo e em todos os lugares.

Por isso, estas empresas e instituições segmentam seus públicos de interesse em categorias como idade, sexo, renda, religião, localização etc. etc.

Automóveis de luxo são oferecidos a pessoas de ambos os sexos, de alto poder aquisitivo e moradores das maiores cidades. Pouco provável encontrar-se uma revenda BMW no interior do Acre. Ou, no caso de *fast food*, igualmente improvável uma loja McDonald's dirigida exclusivamente às pessoas da terceira idade. Questão de adequação.

Cada segmento populacional de interesse é o que conhecemos por público-alvo ou *target group*. E as empresas segmentam a população em grupos de interesse para que fique mais fácil identificar características uniformes entre os indivíduos de cada grupo.

Tecnicamente falando, segmentar é transformar o todo heterogêneo em partes homogêneas. Assim, principalmente no caso da comunicação que oferecerá os produtos, fica evidente a facilidade de passar uma mesma mensagem dirigida àquele grupo previamente 'uniformizado'. Fala-se um mesmo idioma verbal, não-verbal ou ambos. Simples, não é? Comunicação de produtos jovens têm imagem jovem, música jovem, atores e figurantes jovens, cores jovens, embalagens jovens... conceitos jovens. Compre-os! Você vai ficar sempre jovem!

Nada contra. É assim mesmo que as coisas funcionam.

Comunicação promocional

Há dois tipos de comunicação comercial, e o primeiro é a chamada comunicação promocional. Aquela dos anúncios em geral, que falam de sabonete a imóveis, de refrigerantes a voos internacionais.

Sedutora, bonita, informativa, que faz a gente ficar com água na boca, morrendo de vontade em — ou descobrindo como é necessário — adquirir o produto ou serviço anunciado.

Êpa! Também é verdade que existe aquela comunicação horrorosa, aquela propagandazinha de m... Bem, vamos ficar apenas com o que é muito bem-feito. Com o melhor padrão de qualidade. O melhor referencial.

Comunicação promocional é, enfim, aquela que nos informa sobre o que há no mercado comercial que possa ser do nosso interesse, e tenta nos convencer a comprar. 'Nossos comerciais, por favor!'

E por falar em comerciais, existem, basicamente, dois tipos:

- Os *hard sell:* aqueles com apelos fortes e informações explícitas sobre preço, principalmente. 'Sharp é no Mappin! TV LG de 29 polegadas por apenas... Aproveite a sensacional quinzena de televisores do Mappin, o nosso Mappin[2]!'

  O varejo é o caso clássico dos comerciais com linguagem *hard sell.*

- os *soft sell*: comerciais que apelam para o onírico, o poético, o humor etc. e que apresentam o produto como o grande responsável por todo aquele bem-estar. O produto é o herói. Caso do bonitão que vê uma mulher lindíssima saindo como uma sereia do mar... oferecimento do chocolate Prestígio. Ou a formiguinha, em desenho animado, fazendo cooper à volta de um TV Philco de 34 polegadas, porque 'tem coisas, BUM!, que só a Philco faz pra você![3]'.

Enfim, são comerciais que usam uma linguagem dourada ou divertida para oferecer o produto.

Comunicação institucional

O segundo tipo é a comunicação institucional. Como o nome já diz, comunica as características da instituição em si, não de seus produtos e serviços.

---

2   Não resisti. Você que é jovem, dá um Google aí e veja o que foi o Mappin.

3   Esta e outras referências da idade da pedra o tio Google traz pra você.

O programa GENTE QUE FAZ, do extinto banco Bamerindus, não era exatamente um comercial de caderneta de poupança, seguros, aplicações financeiras e demais correlatos. Vendia a imagem de um banco e sua crença na viabilidade do Brasil, na tenacidade dos brasileiros e valores congêneres. Óbvio que, por via indireta, valorizava a marca Bamerindus e seus produtos. Mas não era comunicação promocional, era institucional.

Assim são, também, os patrocínios. Graças à 'ajuda' da Kalunga, do Excel-Econômico, das Tintas Suvinil e outros patrocinadores, os corintianos sempre tiveram um bom time para enfrentar o Palmeiras 'da Parmalat'.

E as campanhas publicitárias em favor da doação de sangue, ou pelos direitos das crianças (Fundação ABRINQ e Fundação Ayrton Senna) e que tais? É comunicação institucional pura!

Do Marketing à Comunicação

Marketing é palavra da moda. Nem todos sabem lá muito bem o que é, mas todo mundo usa. Na verdade, traduções como mercadologia ou mercadização à parte, marketing é apenas e tão somente uma metodologia muito eficaz de se promover vendas. Profundo bom senso em negócios. Só isso, mas com alguma sofisticação, é claro.

Um pouquinho mais de história ajuda.

Até meados do século XVIII, a produção de bens era rigorosamente artesanal. O sapateiro fazia sapatos e botinas um a um. O alfaiate, idem com as roupas. O fabricante de panelas, ibidem. Tudo sob pedidos, o planejamento da produção era fácil e as vendas transcorriam normalmente.

Até que alguns engraçadinhos, para desespero dos artesãos, inventaram meios de produzir os mesmos bens em grandes quantidades com a consequente e inexorável redução de custos.

Puta sacanagem: chegara a Revolução Industrial. Produtos os mais variados eram agora ofertados em abundância e por um precinho bem mais simpático. Viva a máquina a vapor!

Entretanto, chegou-se à virada deste século com alguns probleminhas: como desovar os excedentes de produção e estoque? A boa e velha ideia de se produzir aos montes e depois sair vendendo, estava começando a se mostrar problemática. Vivia-se, portanto, o que hoje conhecemos por conceito de vendas. E, além disso, como enfrentar a crescente concorrência, o que até então parecia assunto de ficção?

O conceito de marketing

'E se fizermos o contrário? Que tal saber o que as pessoas querem comprar, com que cara e em qual quantidade para, aí sim, fabricar e vender? Não será mais inteligente, fácil e objetivo? ', perguntou alguém.

Pronto! Acabava de ser inventado o marketing, nos Estados Unidos, lá pelos anos 1920. À época, ainda meio precário e vacilante, é bem verdade. Mas é exatamente isto o que convencionamos chamar de conceito de marketing: saber antecipadamente as características comportamentais, culturais, estéticas, psicológicas etc. do Sr. Target; como podemos homogeneizá-lo em segmentos; quanto dinheiro ele está disposto a gastar; onde ele vive e trabalha; qual seu perfil familiar... são quase infindáveis as variáveis que poderemos encontrar! Normalmente, isso dá trabalho, mas é um esforço que dá bons resultados. E como!

Os 4 P

Faculdades de marketing ainda dão a mesma receita do bolo: marketing é o estudo dos 4P. Produto, Preço, Ponto-de-venda, Propaganda (ou Promoção, como queiram). Momento cultural: quem elaborou este princípio dos 4P foi um sujeito chamado Jerome McCarthy. Em inglês, ele os nomeou como *product, price, point of sales* e *promotion*.

Embora existam várias novas teorias a respeito (4A, 6P etc.), os 4P ainda são bastante úteis como ferramenta para ajudar no ordenamento do raciocínio do marqueteiro. Vejamos:

- Produto. É o próprio. Aquele bem, serviço ou ideia que nos é oferecido cotidianamente. Mas um produto é muito mais do que um amontoado de matérias-primas que lhe dão forma, cor, cheiro, sabor etc. e tal. O produto é uma promessa de um benefício, objetivo ou subjetivo. É aquilo que efetivamente você e eu compramos todo santo dia: através de uma roupa de *griffe*, compramos status; por meio de uma caderneta de poupança, compramos renda, do ponto de vista de uns, ou tranquilidade, do ponto de vista de outros. Teóricos do marketing chamam a isso núcleo do produto, ou seja, o que o produto realmente oferece além dos seus atributos sensíveis. Dizer que OMO lava mais branco é uma promessa de benefício objetivo: você não compra sabão em pó, você compra a brancura das roupas através do produto. Mostrar aquele bonitão da praia, diante de uma mulher lindíssima que surge das águas é uma maneira do chocolate Prestígio prometer o benefício subjetivo do prazer (simbólico, é fato). Neste caso, você compra... bem, você compra o que seu espírito estiver necessitando, sabe-se lá o que.

- Preço. O preço de um produto é estudado pelos marqueteiros não apenas como resultado da composição de custos + lucro. É também análise de concorrência e, fundamentalmente, disponibilidade do público-alvo em gastar determinada quantia na aquisição daquele benefício. É isso mesmo, um benefício! Repito: ninguém compra um produto em si mesmo, mas o benefício que aquele produto proporciona. E isto varia em função do perfil do Sr. Target. Lembra-se da segmentação de mercado? Pois é.

  Curiosidade: os investimentos publicitários são, nas empresas com administração cuidadosa, considerados como fator de formação de preço de um produto. Em outras palavras, ao consumir um produto, você paga pela Propaganda que você viu e o estimulou a comprá-lo (jura que você não sabia disso?).

- Ponto de venda. Tecnicamente conhecido como distribuição. O produto existe, o preço é bom... mas tem de estar ao alcance do consumidor. Seja através de uma rede varejista, de telemarketing, de mala direta, do gerente do banco, da Internet, ou sabe Deus de que forma. O fato é que ele deve estar facilmente ao seu alcance. Uma deficiência na distribuição, pequena que seja, e lá se vão por água abaixo todos seus esforços de vendas e marketing.

A distribuição é uma das especialidades mais técnicas do marketing. É impressionante o acúmulo de informações e tecnologia que as grandes empresas têm neste setor. Principalmente as grandes que trabalham com produtos de consumo de massa, como Unilever, Procter & Gamble, Johnson & Johnson, Nestlé etc.

- Propaganda. O produto existe, atende às suas necessidades, o preço é ótimo e ele está disponível no supermercado a uma quadra da sua casa, ou através de um simples telefonema ao serviço de telemarketing do seu cartão de crédito. Só que ninguém o informou de todas estas maravilhas. Bem, deve ser porque eles não sabem que você existe, como se comporta, quanto gasta em média mensalmente, qual o jornal ou revista que lê, a TV que assiste, onde mora, se tem filhos, sua idade, sua profissão, religião ou time de futebol do seu coração. É compreensível.

Compreensível? Propaganda não serve apenas para dar um malhozinho de vendas, anunciando um produto como quem joga pétalas ao vento. Serve para saber a quem dirigir todos os esforços que o anunciante faz tão corajosamente. Corajosamente, sim! Porque a boa Propaganda não é brincadeira das mais baratas. É uma decisão de investimento. Um investimento que, bem-feito, é garantia de bom retorno em vendas. E dinheiro. Normalmente, muito dinheiro.

De maneira bastante resumida, está fechado o ciclo dos 4P.

Comunicação como ferramenta de vendas e marketing.

Viu só como é grande a necessidade de comunicação de massa bem executada? Conceito de marketing... segmentação... produto... preço... Propaganda... vendas... mais Propaganda... mais vendas... pelo amor de Deus, mais vendas!

São dezenas, centenas, milhares de profissionais envolvidos na árdua tarefa de comunicar alguma coisa a milhões de pessoas. E de conhecê-las bem de perto, quase que uma a uma, informando e seduzindo positivamente.

É o mais incrível torneio de TIRO AO PÚBLICO-ALVO de que se pode ter notícia. Mas um tiro diferente: um tiro com T de talento e de tesão pelo que se faz, I de informação, R de responsabilidade e O de ousadia.

Estes são, a meu ver, os atributos mínimos necessários a quem queira mexer com comunicação. Pois sem isso não se faz a velha, boa e convincente Propaganda.

Oficialmente, Propaganda é uma ferramenta de vendas e marketing. Mas uma ferramenta tão complexa quanto, digamos, uma orquestra poderia ser como ferramenta das artes. Então, como se rege a sinfônica publicitária? Quem são os instrumentistas?

Agência e Cliente

Nos meios publicitário e de vendas e marketing há algumas expressões bem estabelecidas. O fabricante do produto a ser anunciado, o anunciante, é popularmente conhecido como o cliente. Do seu departamento de vendas e marketing, quando existe um, é que nascerão as estratégias e táticas mercadológicas para o lançamento deste ou daquele produto ou da manutenção dos seus níveis de vendas e de participação percentual no mercado. Os publicitários têm plena consciência de que o cliente é o rei. É o dono do talão de cheques. É o máximo! O cliente é... O CLIENTE!

O primeiro passo do relacionamento cliente/agência é o *briefing*, ou seja, um resumo mercadológico completo que vai informar à agência tudo o que é necessário sobre o produto, para a elaboração de uma boa estratégia de comunicação. Um *briefing* bem feito é meio caminho andado.

Como já foi observado, o cliente não é — ou, pelo menos, não deve ser — o responsável direto por bolar as peças publicitárias que vemos e ouvimos no rádio, TV, jornal, revista, outdoor etc. Para isso e muito mais, mas muito mais mesmo, ele contrata uma Agência de Propaganda. Apenas agência, para os íntimos. E o que é a agência? Corra para o próximo capítulo.

Propaganda é isso aí!

III. AGÊNCIA DE PROPAGANDA

Pra que uma agência?

Quando se fala em Propaganda, hoje em dia, é quase inevitável associarmos a ideia a uma agência de Propaganda. Embora a legislação não obrigue que um anunciante faça uso de uma agência — grandes anunciantes sempre trabalham com agências — são raras as empresas de porte médio, bem administradas, que, de alguma forma, não procuram os serviços de uma agência.

Anunciantes muito pequenos, aqueles que só têm fôlego financeiro para anunciar em classificados, normalmente deixam a produção dos seus anúncios a cargo do próprio meio de comunicação que veiculará sua mensagem. Para eles, é mais fácil e rápido, embora não necessariamente mais barato e eficiente.

Mas o que é exatamente uma agência de Propaganda e como ela funciona?

Uma agência de Propaganda nada mais é que, pura e simplesmente, uma prestadora de serviços. A agência não produz nada de fisicamente palpável; também não coloca nada de 'concreto' à sua disposição que não seja talento, experiência e criatividade. Em suma, produz ideias e oferece os meios necessários para a concretização destas ideias.

Para o cidadão comum, o Sr. Target, o conceito de agência de Propaganda sempre foi algo meio nebuloso. Ele não sabe, com muita certeza, o que faz uma agência. Muitas vezes, ele a confunde com a própria televisão. Outras vezes, com uma produtora, a empresa que confecciona os comerciais, e por aí vai. Apenas quem, de alguma forma, transita no meio publicitário — pessoal de vendas e marketing das empresas anunciantes, das TVs, dos jornais etc., e, óbvio, o pessoal das próprias agências — é que tem a noção exata do papel desempenhado por uma agência.

Que papel é esse? Como já disse, a agência é uma empresa prestadora de serviços em comunicação, em Propaganda. Quando uma empresa qualquer decide fazer Propaganda do seu negócio, dos seus produtos, contrata uma agência. A agência estudará o mercado do anunciante, o perfil socioeconômico e comportamental do público--alvo e mais uma série de variáveis para, finalmente, fazer uma proposta de ação que não precisa ser, obrigatoriamente, uma grande campanha publicitária nos moldes que o Sr. Target está acostumado a assistir. Se a ação proposta envolver uma campanha publicitária, a agência criará e desenvolver todas as peças publicitárias necessárias: comerciais de TV, de rádio, Internet, anúncios de revistas e tudo mais.

Mas a execução física destas peças ficará a cargo de terceiros, os fornecedores, como são chamadas no meio publicitário as empresas que operam em uma ou outra especialidade: gráficas, produtoras de vídeo, produtoras de áudio, estúdios de fotografia, ilustradores, enfim, a lista é muito grande.

A seguir, para veicular os anúncios, a agência terá contato com os veículos de comunicação e distribuirá estes anúncios com a frequência e a intensidade que julgar apropriadas.

Tanto a confecção, quanto a distribuição dos anúncios obedece a técnicas hoje bastante sofisticadas de que vamos tratar mais adiante. Por ora, ficaremos na descrição da agência.

Como se divide a agência

A rigor, do ponto de vista estrutural, uma agência é uma empresa como outra qualquer. Tem um departamento administrativo, um departamento comercial e uma, vamos dizer, fábrica.

O departamento administrativo é aquele de sempre, sem maiores comentários. Não por não ter importância, mas porque não difere, basicamente, dos departamentos administrativos em geral que você já conhece.

O comercial é, via de regra, dividido em duas áreas principais: Prospecção e Atendimento.

O pessoal da Prospecção é o que sai à caça de novos clientes. Tarefa não muito fácil, diga-se de passagem. Devem estar sempre muito bem informados sobre o que acontece no mercado publicitário, tentar saber quando algum cliente de interesse sinaliza que vai trocar de agência, ficar atento para participar de concorrências públicas e privadas. Em resumo, é quem pede a mão da noiva em casamento.

O Atendimento administra o dia a dia do relacionamento entre cliente e agência, e deve ter o perfil mais completo e generalista possível. Muitas vezes, principalmente em agências de menor porte, Prospecção e Atendimento estão sob a responsabilidade de uma só pessoa, normalmente um dos sócios.

Antes de decidir-se o que será 'fabricado', existe um departamento, digamos, de projetos. No caso da agência, chama-se Planejamento. O nome diz tudo: aqui, planeja-se a execução de todo o projeto de comunicação do cliente. É o pessoal da batuta, é quem garante a harmonia do negócio todo.

E o equivalente à fábrica, propriamente dita, é a Criação. Ali se elaboram as ideias que vemos materializadas nos meios de comunicação.

Uma ressalva para a Mídia. Mídia é a área responsável pela distribuição do investimento publicitário nos meios de comunicação. É, nas maiores agências, um setor sofisticadíssimo, que chega a valer-se de simulações de investimento e audiência que só são possíveis através de computadores poderosos e complexos softwares, e profissionais altamente especializados, claro. A Mídia administra o grosso do investimento publicitário. Importantíssima.

Esta é a forma mais simples possível de uma agência de Propaganda. Há, evidentemente, outros setores tão importantes quanto. Produção gráfica, Produção Eletrônica, Pesquisa de Mercado, Promoção e muitos eteceteras.

Produção gráfica tem nome autoexplicativo. Lida com fotos, ilustrações, fotolitos, gráficas etc. Quando você ficar encantado com aquele maravilhoso anúncio nas páginas de uma revista ou jornal, pode aplaudir também o pessoal de produção gráfica.

Algumas agências têm, ainda, departamentos ou divisões coligadas de Promoção de Vendas. Sabe o último concurso em que você concorreu a um carro zerinho, ou a mocinha simpática que ofereceu uma amostra de produto na última vez em que você foi ao supermercado? Já adivinhou quem concebeu e administrou aquilo tudo? Sim, foram eles, os profissionais de Promoção.

E a Pesquisa de Mercado? Alguma dúvida? 60% das pessoas entrevistadas adoraram o produto; 55% disseram que já se decidiram por ele; 5% ainda não decidiram se abandonam o produto concorrente; levantamento e análise de dados assim, e mais alguns milhões de cruzamentos de informações possíveis, tudo em benefício da segurança do cliente em investir, fazem o dia a dia do pessoal de pesquisa de mercado.

Produção eletrônica: 'que comercial lindo aquele do McDonald's mostrando sorrisos! Os caras do McDonald's sabem mesmo como fazer comerciais!' É assim que muita gente pensa. Que o cliente é quem faz os comerciais. Na verdade, como você já viu, o cliente oferece a qualidade de um bom *briefing* e tem o louvável bom senso de aprovar o que a agência apresenta de boas ideias. E também não será a agência quem filmará o comercial: agências de Propaganda, como também já foi mostrado, têm uma relação enorme de fornecedores para as mais variadas finalidades, e confeccionar o comercial de televisão é tarefa de uma produtora de cinema ou vídeo.

Os profissionais responsáveis por administrar a produção eletrônica são conhecidos por RTV (Rádio e TV) em algumas agências, ou RTVC (Rádio, TV e Cinema) em outras, ou, ainda, *art buyers* em tantas outras. A função é a mesma, o que muda é só o nome.

Apenas a título de curiosidade, comerciais de custo médio dos grandes anunciantes não raro atingem o preço de algumas centenas de milhares de dólares. Você deixaria a responsabilidade de uma negociação de, vamos dizer, US$500.000,00 na mão de qualquer um?

Os bons RTV conhecem a fundo todo o mercado de técnicos e fornecedores: diretores, fotógrafos, estúdios etc. Sua experiência faz cliente, agência e produtora ganharem tempo, dinheiro e qualidade. Eles sabem, por antecipação, quais as melhores alternativas disponíveis no momento para a realização deste ou daquele filme. Cada vez mais, um elemento indispensável.

Como escolher sua agência

Eis uma questão que apavora alguns novos anunciantes: como saber se aquela agência de Propaganda dará conta do recado, se fará o melhor por sua empresa, isto é, se aplicará os recursos que você determinou da maneira mais eficiente?

Antes de mais nada, é preciso deixar bem claro que ninguém no universo da Propaganda, nem mesmo as maiores agências do mundo, tem bola de cristal e, de fato, sempre vai persistir alguma dúvida sobre a eficácia do que está sendo realizado.

Entretanto, há uma série de cuidados que você pode tomar antes de decidir quem serão seus fornecedores em comunicação para poder dormir razoavelmente tranquilo. Os capítulos a seguir trazem as técnicas, recursos e funções publicitárias com detalhes, o que lhe servirá de apoio nesta escolha.

Bem, as coisas funcionam mais ou menos assim: basta você botar a cara para fora e começar a fazer um folheto melhorzinho, ou uma discreta veiculação na emissora de rádio local — aquele comercial produzido pela própria emissora — ou comentar com alguém que está procurando uma agência e seu telefone vai começar a tocar. É impressionante o faro que os publicitários têm. Portanto, prepare-se para ouvir alguns cantos de sereias.

Então, a melhor coisa é ser cauteloso e tomar o cuidado básico de checar alguns pontos, não necessariamente na ordem apresentada a seguir.

Você pode começar procurando conhecer pessoalmente a agência que o está assediando. Se as instalações forem bem pequenininhas, não faz diferença. O importante é que seja organizada, que tenha cara de uma empresa que quer crescer, que tenha uma certa aura de sucesso no ar. Se tudo for uma zona, fuja como o diabo foge da cruz, pois você acha que quem não cuida da própria casa cuidaria bem da imagem do seu produto? Dê, também, uma avaliada no jeitão das pessoas, se elas têm um ar feliz ou desanimado (se algum deles for desanimado demais, poderá ser qualquer coisa, menos publicitário), se têm pinta de serem verdadeiros profissionais ou se é tudo jogo de cena. É fato que, como em todo ramo de negócios, há sempre o risco de encontrar algum charlatão. Então, vá ver para crer, até porque é um direito básico seu.

Agora, o Atendimento. Provavelmente, foi alguém do Atendimento que acumulou a função de Prospecção e descobriu que você existe, que fez o primeiro contato. Você já pode ligar o desconfiômetro se, ao comentar que deseja conhecer pessoalmente a agência, ele desconversar, dizendo 'claro, claro, será um enorme prazer! Mas acontece que justamente agora estamos nos mudando de sede porque anteontem caiu um meteoro no quintal da casa antiga.'

Bem, caso nada astronômico assim aconteça, vá em frente e agende a visita para o prazo mais curto possível, mas vá primeiro à agência e deixe o eventual almoço ou jantar para depois. É incrível, mas já vi pessoas acreditando que a primeira picanha a gente nunca esquece e acha que o cliente acaba confundindo as virtudes do mestre-cuca com talento publicitário.

Chegando lá, peça para conhecer a estrutura física do lugar, se é bem equipado com os recursos materiais necessários a um bom atendimento, como, por exemplo, linhas telefônicas suficientes para o porte da agência. Pensou que alegria não poder comunicar-se devidamente com *experts* em comunicação? Olhe se as pessoas não trabalham amontoadas; se a 'informatização', tão decantada no primeiro contato, não se resume ao bom e velho microcomputador de alguns anos passados; se a agência tem efetivamente os departamentos mínimos necessários ou se o redator também não fará a mídia e mais um cafezinho excelente como o da vovó; enfim, veja se você considera a estrutura física e de recursos humanos adequada às suas exigências e suficientemente boa para atendê-lo.

Falando em cafezinho, durante aquele clássico cafezinho naquela clássica sala de reuniões, exponha sua curiosidade quanto à carteira de clientes atendidos no passado e no presente. Não se preocupe se a agência perdeu esta ou aquela conta publicitária, porque isto é absolutamente normal e corriqueiro e não depõe necessariamente contra a qualidade do trabalho realizado. Aproveite, isso sim, para perguntar quais eram os problemas de comunicação deste ou daquele cliente e quais foram as soluções propostas. E nada impede que você, ao voltar para sua empresa, faça um telefonema cordial a um ou mais clientes e ex-clientes daquela agência para buscar algumas informações.

A Criação. Já que o maior charme e o maior orgulho de uma agência é a criação, que tal pedir para avaliar seu *portfolio*, ou seja, o conjunto de suas melhores peças já produzidas? Com certeza, você encontrará alguns anúncios maravilhosos. Todo *portfolio* é assim. Mas, sem ser durão como o John Wayne, você tem obrigação para consigo mesmo de ser bastante crítico. Observe se os anúncios não têm cara de mesmice; se os textos são claros, objetivos e criativos, se expõem devidamente o produto e suas virtudes, e estão em bom português; se têm uma boa direção de arte, isto é, se são despoluídos, agradáveis e bem-acabados visualmente; discuta sua adequação em relação ao público-alvo; tente avaliar se a produção não terá sido exagerada em termos de custo para o porte do respectivo anunciante; se a esmagadora maioria dos anúncios for do mesmo cliente, tudo bem, mas observe se não são repetitivos, se há abordagens diferentes e originais; procure, também, verificar se os anúncios não se resumem a 'sacadinhas', aquelas pequenas tolices que alguns caras da criação acham o máximo mas que não dizem absolutamente nada de importante sobre as virtudes do produto anunciado. Sabe quando você acha aquele comercial fantástico, mas não tem a menor lembrança do produto anunciado? Pois é!

Depois, vá à Mídia, ah!, a Mídia. Estes serão os sujeitos que cuidarão de algumas folhas do seu talão de cheques (em linguagem figurada, claro). Meio assim como quem não quer nada, procure dispensar um pouco mais de tempo à pessoa ou às pessoas da Mídia. Verifique se o responsável pelo setor é gente com alguma experiência; se realmente é capaz de dominar os modernos conceitos de mídia ou se parou no tempo e só sabe falar sobre a tabela de preços dos veículos; peça-lhes para comentarem alguns exemplos de estratégias bem-sucedidas e para quais clientes; pergunte, com ar de brincadeira, quais seriam suas propostas para clientes de pequena verba; fique de olho se ele só comenta sobre a verba da Coca-Cola — que investe milhões, e você só tem um pouquinho! — ou se está com os pés no chão quanto à capacidade de investimento dos seus clientes; descubra o que eles estão veiculando no momento para que você possa tentar acompanhar de casa e avaliar se não é demais ou de menos para aquele determinado anunciante; ainda para estimar se eles estão afiados, pergunte-lhe sobre quais meios de comunicação em geral e veículos em particular ele sugeriria para o seu produto; e, por último mas não menos importante, atenção para os recursos técnicos de que eles dispõem, como, no mínimo, pesquisas atualizadas de audiência de rádio e TV, e de leitura de jornais, revistas etc.

Outra coisa, talvez a mais importante: considere a empatia. Já vi muitos casos de um cliente ser melhor atendido por uma agência não em função do tamanho da verba, mas pura e simplesmente devido a uma alta taxa de empatia. Lembre-se que os bons publicitários têm o perdoável defeito de ser apaixonados pelo que fazem e, quando aderem a uma causa, vão às últimas consequências. Sem exagero! Há casos assim, mesmo! Porque a Propaganda é uma daquelas profissões que contêm o bichinho da paixão, que morde e não larga mais. Por isso, no placar que você estabelecer para avaliar as agências concorrentes, marque um gol a mais para aquela pela qual você sentiu maior empatia.

Estes são os parâmetros mínimos para se obter maiores confiabilidade na escolha e probabilidade de sucesso. Só mais uma dica: cruze os dedos e reze.

House-agency

Traduza *house-agency*: agência da casa. Pois bem. Vale a pena fazer alguns comentários a respeito. Uma *house-agency* é uma agência que pertence ao próprio anunciante, ao seu próprio cliente. E por que cargas d'água um anunciante montaria sua própria agência de Propaganda? Evidente que é para economizar uns trocados e manter o controle absoluto das coisas.

Antes, porém, é necessário deixar claro como se processa a remuneração de uma agência de Propaganda. De acordo com a lei 4.680/65 que rege o negócio publicitário, a prestação de serviços em Propaganda é remunerada na base de uma comissão de até 20% sobre os valores de veiculação dos anúncios4. Isto significa que quando um comercial vai ao ar pela TV, por exemplo, a emissora paga aquele percentual à agência que autorizou a inserção. Se o anunciante autorizar diretamente junto ao veículo de comunicação, não terá, diz a lei, este abatimento e pagará o preço integral da mesma maneira, privando-se do know-how de uma agência.

Além disso, sobre os custos dos serviços de produção de anúncios, como fotos, filmes, fotolitos e tudo mais, a agência acresce uma taxa de até 15% daquilo que foi cobrado pelo fornecedor. Há também a possibilidade de cobrança dos serviços executados exclusivamente pela agência, como os valores relativos ao talento de criação e outros. Estes valores podem estar definidos em tabelas próprias de cada agência ou em tabelas publicadas pelos sindicatos patronais da categoria, dependendo da cidade ou estado em que você se encontra. Há, ainda, algumas agências que abrem mão de alguns custos internos, por uma simples questão de cortesia. Para evitar surpresas, pergunte a sua agência qual o procedimento adotado para a cobrança dos custos internos de criação e produção.

Isto é o que manda a lei, embora seja comum a prática de negociação destes percentuais ou outras formas, como o estabelecimento de uma taxa mensal fixa chamada *fee*, quando a agência também abre mão dos percentuais a que teria direito e repassa os custos líquidos ao cliente.

Imagine, agora, um anunciante dos bem grandes, daqueles com verbas astronômicas como 100 milhões de dólares/ano (há quem invista bem mais). Com uma *house-agency*, só nos 20%, já se economi-

---

4 Veja também o site do CENP – Conselho Executivo de Normas-Padrão e entenda melhor como se dá a remuneração das agências: www.cenp.com.br

za 20 milhões de dólares/ano. Divididos por 12 meses, dá mais de 1 milhão e 600 mil dólares, dinheiro suficiente para pagar as contas mensais de uma agência muitíssimo bem estruturada. E por quê será, então, que gente do peso da Volkswagen, Banco Itaú, Brastemp e a esmagadora maioria dos anunciantes de porte não trabalha com *house-agencies*? Simplesmente porque não interessa. Estes clientes sabem que a liberdade de trabalho e de criatividade é que dá o tom à sua comunicação. Sabem que as *houses* tendem a ser subservientes e a sofrer de sérias crises de autocensura, o que é péssimo em Propaganda. E sabem que produzindo sempre Propaganda de primeiríssima linha podem lucrar mais do que economizariam com uma *house*. Pelo que vi até hoje, são raríssimos os casos de *house-agencies* com liberdade total de ação e, em consequência, com resultados de qualidade.

Sabe o que tudo isso tem a ver com o pequeno anunciante? A tentação. Tentação de fazer uma continhas aqui e acolá quando sua verba começa a crescer, e ele passa a achar que dá para economizar alguma merreca. Ou, o que é muito pior, o cliente se considera fantástico também em Propaganda, acha que sabe mais do assunto que qualquer publicitário do planeta. Sei que vai ser difícil acreditar mas, vez ou outra, acontecem casos assim e o cliente inevitavelmente acaba se dando mal. Previna-se.

IV. ATENDIMENTO

Seu publicitário favorito

Já vimos superficialmente quem é o Atendimento e o que faz esta figura tão importante. Lembre-se que Atendimento também pode ser o nome do departamento. Tanto faz. Importante é tê-lo em mente como o elemento fundamental de ligação entre a empresa anunciante e a agência.

Há alguns maledicentes que dizem que o Atendimento é o sujeito que não faz nada. Mas faz tudo. Tanto é o profissional que faz tudo que, saiba o leitor, as agências de Propaganda começaram a existir graças a ele.

Como já foi observado, a Propaganda, tal como a conhecemos hoje começou a mostrar sua cara lá pelo período da segunda guerra mundial. E em alguns países como os Estados Unidos, um pouco antes. Até então, basicamente o que havia eram os chamados agenciadores de anúncios, pessoas que funcionavam como uma extensão autônoma dos departamentos comerciais dos jornais e revistas. Eram vendedores de espaço publicitário. Mas a evolução que Darwin teorizou com sapos, cobras e lagartos — e sei lá que outros bicharocos das ilhas Galápagos — também serviu ao nosso negócio, e os agenciadores montaram escritórios de Propaganda, e os escritórios evoluíram para agências, e as agências continuam evoluindo para empresas de prestação de serviços totais em comunicação.

Durante muito tempo, os profissionais de Atendimento foram conhecidos como contatos, título que, para muita gente, passou a soar meio pejorativo, como que reduzindo a importância capital deste elemento. Hoje, porém, discutir se é contato ou Atendimento é absolutamente irrelevante. O importante é saber que ele representa a ligação entre o anunciante e os diversos departamentos da agência. Portanto, deverá conhecer muito bem o negócio do cliente, e deverá dominar por completo as chamadas arte e técnica publicitárias. Atenção: o Atendimento não é, mas não é mesmo, nem de longe, um leva-e-traz, um *boy* de luxo.

Os requisitos mínimos são a capacidade de saber ouvir, estar sempre com as antenas ligadas em todo o universo do cliente, confrontar as opiniões do cliente com as do seu mercado, conhecer tecnicamente os produtos, ser hábil na conduta de negociações com cliente, departamentos da agência e fornecedores, ser um verdadeiro *gentleman* para conduzir com harmonia os momentos de conflitos e tensões, o que é mais que normal existir.

Enfim, é o gerenciador supremo de todos os processos técnicos e burocráticos envolvidos na conta. Porque ele é, como se diz aos quatro ventos, o advogado do cliente dentro da agência, e o embaixador da agência dentro do cliente. Uma diferença semântica sutil, mas da maior relevância.

A partir de um profundo conhecimento das técnicas publicitárias e das necessidades mercadológicas do cliente, o Atendimento interpretará e ordenar as informações transformando-as em um diagnóstico, o *briefing*, que será o ponto de partida para o desenvolvimento de planejamento, criação e produção da ação de comunicação necessária para resolver o problema do cliente. Convém informar que o *briefing* elaborado pelo Atendimento não é, via de regra, o mesmo *briefing* fornecido pelo cliente. O do cliente tende a ser mais amplo, informando detalhadamente cada característica do produto, público-alvo, distribuição etc. Já o do Atendimento é o *briefing* do *briefing*, isto é, a síntese mais bem elaborada possível, sem omissão dos conceitos fundamentais e indispensáveis.

Interação Planejamento X Criação X Mídia

Faz muitos e muitos anos, havia um comercial de TV cujo anunciante já não lembro mais, que mostrava uma discussão acalorada entre os instrumentos de uma orquestra: o piano assegurava ser o mais importante, o violino dizia que era ele, a tuba retrucava, e até o triângulo se meteu na discussão. O texto encerrava o comercial dizendo, mais ou menos, que 'todos somos importantes em uma orquestra, do triângulo ao piano'. Esta historinha serve para ilustrar o que costuma acontecer em agências de Propaganda. Aliás, em quaisquer outras modalidades de empresas. A criação julga-se *the best*, o centro do universo; a Mídia, o mesmo; o planejamento, mesminho da silva. Sobrou a função de maestro. Adivinhou? Sim, claro, será do nosso herói!

O Atendimento deve fazer o gerenciamento interno das atividades da agência, buscando o maior benefício possível para o cliente. Verificar se o Planejamento planejou, se a Criação criou, se a Pesquisa pesquisou, se a Mídia... bem, se a Mídia fez seu trabalho. Tudo adequado, tudo em consonância. Já pensou se a Mídia prevê, por exemplo, um anúncio de jornal de página inteira e a criação, em cima da hora, apresenta um de ¼ de página? Ou outras discrepâncias do gênero? E este exemplinho boboca é só uma fração mínima do que pode acontecer se o Atendimento não for dos bons.

Historinha real: numa empresa anunciante de bom porte e estabelecida numa importantíssima capital brasileira, seus executivos sofriam da síndrome da subserviência ao chefe. Ou seja, ninguém fazia a menor ideia de como proceder junto à agência, uma vez que o tal chefe apresentava constantes e incisivas alterações de humor. A agência criava, criava e criava. Como ninguém era telepata para saber o que o tal chefão poderia querer, nada daquilo que a agência apresentava servia. O Atendimento esforçava-se para fazer com que o pessoal da agência trabalhasse quase que em regime de escravidão, virando noites em claro para absolutamente nada. Em suma, perdia a agência, cujo pessoal estressava à simples menção do nome do cliente, e acabava por fazer 'qualquer coisa'; perdia principalmente o cliente, que nunca contava com peças de qualidade. E a agência até que tinha seus méritos. Seus profissionais de Atendimento também eram competentes. Então, por que nada funcionava? Simples: o chefão do setor de Atendimento, a despeito de seu conhecimento, era fraco no gerenciamento de atividades e pessoas, absorvendo a tal síndrome de subserviência. Esquecia-se que os outros setores eram compostos por seres humanos que têm outras preocupações, que se cansam, que se esgotam e que, sobretudo, por serem profissionais, viam-se impedidos de fazer um trabalho honesto e de qualidade.

Na verdade, é difícil acontecer tamanha falta de entrosamento entre setores. Boas agências têm meios eficientes de controlar o fluxo de produção de seu trabalho. Mas o fato é que sem a batuta do maestro a orquestra desafina. Um outro exemplo real ilustra melhor ainda.

Falando, novamente, daquela fábrica de tratores agrícolas, houve certo momento em que começaram a ocorrer uns probleminhas de distribuição de verba entre as várias praças do Brasil onde se encontravam os distribuidores, ou concessionários. Uma vez que parte da verba, mais ou menos 25%, era dinheiro destes concessionários, eles se julgavam no direito de querer o máximo de Propaganda nas suas respectivas áreas de atuação.

O pessoal de mídia da agência, por sua vez, fazia um trabalho altamente técnico e, exatamente por isso, algumas localidades acabavam mais privilegiadas que outras, devido a enormes diferenças nos custos regionais de veiculação. Isto nos gerava um sério problema de relacionamento com a rede de revendedores. Os que mais vendiam, por estarem em praças distantes e pequenas, de baixo custo de veiculação, pressionavam por uma aplicação de verba igual à executada nos centros maiores. Mas se isso fosse feito, seriam comprados todos os espaços disponíveis, ao nível do absurdo. E, nos grandes centros, não sobraria dinheiro nem para se fazer um classificado por telefone.

Analisando profundamente a questão junto ao Atendimento, chegamos a um modelo muito pouco ortodoxo de aplicação de verba em televisão, mas bastante razoável e que foi apresentado ao pessoal da Mídia. E aprovado por eles!

Um modelo que também agradou aos distribuidores. Uma solução, enfim, que, não fosse a tarimba profissional do Atendimento e seu profundo conhecimento das virtudes, defeitos e dificuldades do cliente, jamais teria acontecido. E, no final, todos, fábrica, agência e distribuidores, saíram ganhando, porque o bendito modelo funcionou perfeitamente.

Isto é a tal interação, a tal maestria citada acima. O anunciante consciente vê no profissional de Atendimento seu primeiro aliado. Jamais (repito: jamais!) um sujeito que só quer arrancar seu dinheiro, que só quer faturar para a agência 'e que se dane o cliente'. E se, porventura, algo assim vier a ocorrer, o anunciante não lidará com um Atendimento de verdade.

Por outro lado, o Atendimento tem o dever óbvio de zelar pelos interesses da sua agência. Portanto, o anunciante que acha que pode viver arrancando o couro da agência e a pele do Atendimento, procurando negociar tudo em níveis insuportáveis, bem... este anunciante nunca será devidamente atendido, nunca terá uma comunicação de qualidade e — suprema vingança! — também nunca saberá se poderia melhorar seu negócio com a ajuda e em função da sua comunicação. Bem feito!

Administrando o relacionamento

Há anunciantes e anunciantes. Uns sabem muito bem da importância em dispensar atenção adequada ao profissional de Atendimento. Outros não. Azar destes últimos.

Para fazer parte do primeiro time, seja disciplinado para receber o Atendimento. Ele, acima de tudo, também está representando os seus próprios interesses como cliente. Telefonemas e interrupções frequentes de uma reunião com o Atendimento, além de descortesia pessoal, só poderão fazer com que você seja o maior prejudicado. Se você souber aproveitar a bagagem do profissional de Atendimento, ele passará a ser um grande aliado no desenvolvimento do seu negócio. Lembre-se que ele é, por princípio, uma pessoa muito bem informada sobre seu negócio e sobre muitas oportunidades de mercado.

É comum anunciantes de ramos diferentes serem apresentados um ao outro via Atendimento e realizarem grandes negócios entre si.

Quer razão melhor para aproximar-se da agência? Use o Atendimento para isso. Vá pessoalmente, convide para vir. Na fase de escolha, você foi até lá. Portanto, continue indo, estreite os laços de amizade, reforce a empatia. Você não estará 'atravessando' de modo algum o profissionalismo alheio, apenas cuidará dos seus próprios interesses. E passará a ter real noção dos processos de trabalho, o que facilita, e muito, a administração de sua verba e do seu dia a dia como anunciante.

Outra coisa: caso você tenha, por qualquer hipótese, um bom nível de barganha com um fornecedor de publicidade (é padrinho de casamento do dono do jornal em que sempre anuncia, ou seu primo tem uma boa gráfica), você não deve esconder isso da agência. Discuta estas vantagens com o Atendimento, e poderá ter estas vantagens aumentadas. Lembre-se que você não ganha nada por submeter a agência a um constrangimento.

Talvez uma experiência pessoal ilustre melhor o que digo. Durante alguns anos, como já disse, coordenei o departamento de Propaganda de uma multinacional fabricante de tratores agrícolas. Esta empresa era uma divisão 'prima pobre' de uma gigantesca indústria automobilística que tinha uma verba absurdamente maior que a nossa, um departamento de Propaganda absurdamente maior que o nosso e, daí, um poder de barganha absurdamente idem.

A agência que nos atendia, também multinacional, era a mesma da nossa prima rica. Não sei exatamente como era o relacionamento da agência com a outra divisão, mas conosco era pra lá de excelente. Espantosamente excelente. Porque nós nos interessávamos em conhecer as potencialidades da agência e vice-versa, eles nos respeitavam profundamente e, de novo, vice-versa. Parecia um daqueles casamentos fadados às bodas de ouro. O resultado é que, não raro, nós obtínhamos condições de negociação com veículos e fornecedores tão boas ou melhores que as obtidas pela prima grandona. E a nossa verba era, aproximadamente, um oitavo da verba da outra! Vê como publicitários não são os mercenários que se pensa? Então, você, através de uma política de bom relacionamento e atenção ao Atendimento, e parceria com sua agência, também poderá conseguir condições excepcionais de compra de serviços.

Serviços compatíveis com a verba

Falando em serviços, há uma infinidade deles ao seu dispor através de sua agência. Além de todos os citados no decorrer deste livro, você poderá precisar de algo diferente como desenvolver um evento, da ajuda de uma assessoria de imprensa ou da confecção de uma página em rede social. Embora não sejam serviços necessariamente de agências de Propaganda, fale com seu Atendimento. Ele tem todas condições de pesquisar bons fornecedores e negociar excelentes condições para você.

Há quem possa acreditar que compatibilização de verba é coisa de anunciante pequeno, porque a verba é sempre pouca. Na verdade, quanto maior o anunciante, maior o cuidado ao investir cada centavo. Não é porque a Unilever opera com milhões de dólares em comunicação que ela terá disponíveis, digamos, uns dez mil dólares para uma determinada atividade. Normalmente, grandes anunciantes dividem sua verba em frações de acordo com cada programa de vendas e marketing que pretendem desenvolver. Então, é comum que a uma atividade em particular seja destinada apenas uma pequena quantia que, em hipótese alguma, ou muito dificilmente, será desrespeitada. Se está programado um investimento de US$ 10.000,00 para a compra de um determinado modelo de brinde, por exemplo, provavelmente nenhum centavo a mais será despendido nesta ação.

Por isso, procure planejar seus investimentos não apenas de acordo com o tamanho da sua verba, mas fracionando-o em razão das atividades mercadológicas que se pretende desenvolver ao longo de um determinado período.

Quais atividades mercadológicas? Dependerão do seu ramo de negócios, mas se você está inseguro quanto a isso, eis uma excelente razão para você trocar ainda mais ideias com sua agência. Se for das boas, ela dará todo o assessoramento no desenvolvimento de um calendário de atividades e respectiva estimativa de aplicação de verba.

Mas não esqueça que, antes de tudo, você deve desenvolver um modelo de determinação de verba que permita antever com segurança adequada suas necessidades. Assim, você não passará pelo clássico constrangimento de querer dar um passo maior que sua perna.

Discuta este modelo e a verba resultante com o Atendimento. Só assim ele poderá fazer alguma coisa de realmente boa em seu favor. Certos empresários acreditam que informar verba à agência é pior que contar apimentados segredos de alcova. Parece que tudo é confidencial ao extremo. 'Não é nada disso, doutor!', diria um velho amigo meu. O Atendimento deve participar da determinação da verba, do planejamento de aplicação de recursos em função dos períodos de maiores e menores vendas, ataques da concorrência etc. Abra o jogo! O Atendimento representa a agência que o assessora e esconder-lhe informações é o mesmo que sonegá-las ao médico. Depois, não vá se queixar que a dor de cabeça não passa.

Tudo bem, hoje sua verba é deste tamanhinho, bem pequenininha. E daí? Seu objetivo não é crescer? Verba é como criança. Planeje seu futuro, crie hábitos corretos e saudáveis, deixe-a aberta a experimentações porque nada é estático. Quando ela estiver grande, terá crescido sem vícios incorrigíveis e só lhe trará alegrias.

Atendimento & Prospecção

Vamos, agora, ver um pouco mais detalhadamente as duas tarefas básicas do profissional de Atendimento: o atendimento propriamente dito, que é cuidar do dia a dia das necessidades do cliente e a prospecção de novas contas.

Conhecer o cliente, seu mercado e seus produtos, conhecer o Sr. Target, suas crenças e aspirações, conhecer a agência em que trabalha e a Propaganda de modo geral – mercado e técnica –, tudo muito profundamente: isto define as obrigações do profissional de Atendimento. Parece fácil, mas cada passo aí mencionado equivale ao esforço para se chegar à Lua. Por isso, o Atendimento continua sendo, a meu ver, o mais completo dos publicitários.

Por ser o mais completo e por estar presente no cotidiano do cliente, é o principal pilar de sustentação da conta. Portanto, são muito ingênuos ou imprevidentes os donos de agência que colocam jovens inexperientes – e desacompanhados – no atendimento de contas. Da mesma forma que são muito inteligentes os donos de agência que colocam seu melhor profissional na linha de frente, mesmo que este melhor profissional seja ele próprio.

Conhecer o cliente não é apenas saber seu endereço e os produtos que faz. É conhecer em primeiro lugar sua cultura interna, suas crenças e valores, seus principais executivos, as características de cada setor da empresa anunciante e os conflitos entre elas para, a todo momento, estar propondo soluções que amenizem conflitos e estimulem a fluidez de informações, para que, na outra ponta do processo, lá na comunicação externa, a Propaganda, o consumidor perceba mais claramente que aquela é uma empresa que lhe traz soluções e benefícios.

Por falar em conhecer o cliente, isto se estende a tudo o que envolve seus produtos e serviços, como fornecedores de matéria-prima, características físicas e processos de engenharia, sistemas de distribuição física e de mercado, legislação pertinente à natureza do seu negócio, enfim, estar de posse do maior volume de informações possível sobre os ambientes interno e externo da empresa cliente. Neste aspecto, o Atendimento é mais do que um publicitário pura e simplesmente, é um administrador de comunicação empresarial. Pensar apenas em fazer anúncios, diante de um quadro destes, é muito pouco.

Seguindo adiante, conhecer o Sr. Target também não é apenas interpretar pesquisas de mercado ou dados assemelhados. Nada disso. Conhecer o Sr. Target é sobretudo *feeling*, é estar antenado na tábua das marés do comportamento social, de valores morais – predominantes, decadentes e ascendentes – do que é moda e do que não é, e por aí afora. Pesquisas são retratos momentâneos que servem quando muito de bússola ou sextante, mas jamais substituirão a experiência dos marinheiros.

Finalmente, conhecer muito bem a agência em que trabalha tem implicações óbvias, pois se trata de uma empresa que, como qualquer outra, tem virtudes, defeitos e limitações. Profissionais de Atendimento excessivamente ansiosos, que querem oferecer o que a agência simplesmente não é capaz de realizar, são um risco à agência e ao cliente.

É dever deste profissional, além disso, saber exatamente o que faz a Mídia, a Criação, como funcionam os processos de produção gráfica e eletrônica, o que pensam os fornecedores e veículos em geral, quais oportunidades em todas as áreas estão surgindo diariamente e tudo mais que possa, de alguma forma, beneficiar o cliente e, é claro, a agência que paga seu salário.

Escritas aqui, no papel, estas observações parecem muito óbvias. Mas considerando que é mais fácil achar petróleo no quintal de sua casa do que encontrar um excelente profissional de Atendimento na primeira esquina, parece que o óbvio continua mesmo sendo aquilo que só uns poucos privilegiados conseguem ver.

Prospecção

Prospecção é o nome bonito que se dá à caça de clientes para expansão da freguesia. É, claro, um processo desenvolvido obrigatoriamente por todas as empresas de todos os ramos de negócio do universo, e com a Propaganda não poderia mesmo ser diferente. No entanto, quando se fala em agências de Propaganda, esta busca de clientes passa a ter certas peculiaridades que não se aplicam necessariamente a todos os ramos de negócio.

A prospecção constante é a principal garantia de sobrevivência e continuidade de uma agência de propaganda. É uma lavoura onde se deve estar sempre plantando para que se possa permanecer colhendo. Só que, de certa forma, ao contrário das lavouras de verdade com suas épocas muito bem determinadas de safra, na Propaganda deve-se desenvolver mecanismos que permitam colheita ao longo dos 365 dias do ano.

Você poderá argumentar dizendo que não, que o mais importante é a criatividade, o atendimento impecável, a badalação do cliente, e todas essas coisas que habitualmente as agências vendem por aí. A verdade, porém, como veremos logo a seguir, é que tudo isso é muito bonito ENQUANTO se detém uma determinada conta publicitária. Porque anunciantes não são necessariamente os campeões da fidelidade às agências, e não raro as trocam como quem troca de roupa. O bom senso, então, exige que você mantenha uma carteira razoável de clientes em atendimento e outros tantos sempre na mira, não só para aumentar suas receitas, mas para evitar o risco de ficar na mão de um único, ou uns poucos clientes. É claro que ganhar novas contas pode implicar em investimentos, como ampliação de espaços e de estrutura física, contratação de pessoal, essas coisas.

O ideal é você traçar uma meta de número de clientes – dez, por exemplo, e, se possível, com volumes semelhantes de investimento – como lotação máxima de sua agência. Assim, perdendo uma conta, não apenas você só perde em torno de 10% do faturamento, como também não precisará se desfazer, com prejuízo, de espaço, equipamentos e, sobretudo, de gente de talento (artigo raro no mercado).

Mas já que seu cliente é fiel só até um certo ponto, vejamos algumas razões que poderão fazer com que ele deixe de trabalhar com você:

a. Pisão no tomate. Você cometeu algum erro, qualquer erro, coisa que todos entendemos como perfeitamente humana. Menos na Propaganda, essa área circense de negócios mais voltada ao malabarismo e ao equilibrismo, onde se vive na corda bamba, segurando uns dez rojões ao mesmo tempo. Pode ter sido um erro da Mídia, ao não enviar em tempo um material para publicação; pode ter sido na Criação, pela repetida apresentação de campanhas ruins; pode ser no Atendimento, por não repassar uma informação vital. Pode, enfim, ser o que for: pisou no tomate, está com os dias contados. Reverter o problema é possível, mas prepare-se para um esforço colossal.

b. Fadiga do material. Há um desgaste natural em certos relacionamentos comerciais; isso também pode acontecer entre você e seu cliente. São raros os casos de clientes ficarem por anos e anos com uma mesma agência (um longo relacionamento é muito bom, convém notar, pois refina-se muito o discurso mercadológico do anunciante). Mas para os casos em que o relacionamento começou a dar sinais de que está abrindo o bico, existe uma malandragem para que você dê um refresco na situação e mantenha a conta como se ela fosse zero-quilômetro: a rotação de pessoal. Troque, por exemplo, as duplas de criação, fazendo com que a dupla que atendia os clientes A e B passe a atender C e D, e a dupla que atendia os clientes C e D passe a atender A e B. A mesma coisa você poderá fazer na Mídia e no Atendimento. É bom para o cliente, que vê novas ideias começarem a pipocar por todos os lados, é bom para os profissionais, que se mantêm motivados, porque atender uma mesmíssima conta por muito tempo realmente enche a paciência e mata um pouquinho a criatividade. Acima de tudo, é bom para sua agência, que, pela renovação de recursos, mantém o cliente e a receita.

c. A amante argentina. Outra agência prospectou seu cliente e ofereceu condições melhores, como descontos escandalosos na comissão, uns leiautezinhos bonitinhos, um jantarzinho aqui, um almocinho acolá e um papo irresistível ou proposta indecente que pode levar àquelas paixões avassaladoras. E com que frequência isso acontece! Não há como evitar o canto da sereia *porteña*, mas uma dica para se prevenir é manter em alta seu relacionamento com o pessoal comercial dos veículos e fornecedores (gráficas, fotolitos, produtoras etc.) mais importantes de sua praça. Eles sabem de tudo, absolutamente tudo o que se passa, e podem lhe trazer informações mais do que valiosas para sua defesa e posterior contra-ataque.

d. *The man with the golden gun.* Chegou um novo executivo de marketing no seu cliente e quer trabalhar com outra agência com que já trabalhava no passado. Elegantemente, ele mostra à alta administração que sua agência, embora muito simpática e cheia de predicados, não está aparelhada para o novo espectro de exigências técnicas que passará a vigorar ou para acompanhar o planejamento estratégico que ele pretende introduzir na empresa etc. etc. Ele dirá que você e sua agência vêm prestando um ótimo trabalho e que, talvez, numa oportunidade futura... blá, blá, blá. Ou abre uma concorrência faz de conta e põe a agência dele lá dentro. Em suma, ele dispara um tiro cavalheiresco em você. Com bala e revólver de ouro. Mas, ainda assim, um tiro. E enquanto este sujeito estiver por lá, esqueça: você muito provavelmente não reconquista o cliente.

e. O efeito O.b. Houve uma fusão e seu cliente foi absorvido por outra empresa que é atendida por outra agência. Aí... bem, aí ou você é um gênio do Atendimento e da manutenção de contas ou reza para o estrago ser o menor possível. Quando começar a desconfiar que algo assim vai ocorrer, procure deixar claro mais uma vez, alto e bom som, seu conhecimento sobre as realidades de mercado e da cultura interna do cliente, coisa que você domina muito bem e que a agência vindoura não apenas ainda não faz como vai demorar para fazer. Proponha uma partilha: você mantém as contas que já tinha e a agência concorrente idem. Assim, parafraseando Maquiavel, que sugeria 'dividir para governar', você divide para se manter no cliente e para que possa observar de perto o *modus operandi* da nova agência. Na primeira oportunidade, ainda sob inspiração do filósofo florentino, dê uma facada nas costas do seu concorrente e fique com a conta inteirinha só para você! Não se assuste, dá para fazer isso de modo ético, ou, pelo menos, quase: consiga negociações melhores em preços, prazos e descontos com os veículos e fornecedores; reduza ou elimine alguns de seus custos internos; determinados pequenos serviços antes cobrados podem ser dados como cortesia; exija muito mais qualidade de seu pessoal interno e todos seus fornecedores, para que a diferença no resultado final dos anúncios e campanhas inteiras seja visível para o cliente. Antecipe-se ao concorrente. Já dizia Neném Prancha: 'Quem pede, recebe. Quem desloca tem preferência.'

Como prospectar

Da mesma forma que numa pescaria, onde o que manda é a capacidade de se manter esperando calmamente, e, no final, já com o saco na Lua, vale pegar o peixe até no tapa, prospectar é um ato igualmente de paciência e sem nenhuma metodologia 100% garantida. Em outras palavras, o que você achar que deve fazer para pegar um novo cliente está valendo. Óbvio que você tem bom senso e ética que não lhe permitirão expor-se de maneira indevida no mercado.

As grandes agências têm, em alguns casos, gente especializada só nisso, que fica fuçando o planeta à cata de alguma informação valiosa sobre contas que estão para trocar de agência, empresas que vão se estabelecer no país, ou na cidade, ou quais concorrências públicas e privadas (já falaremos disso) estão em vias de acontecer.

Você que não é nenhuma mega-agência pode agir da mesma forma. Aí, o mais importante é manter uma rede de relacionamento e informações sempre operante. Lembra dos tais contatos comerciais de veículos e fornecedores? Pois é, eles continuam valiosíssimos: se existe alguém que pode ajudar você a alavancar seu negócio é aquela turma. Porque assim como eles visitam frequentemente sua agência, também vão aos concorrentes cujos funcionários, muitas vezes, naquele famoso cafezinho/papo de recepção acabam cantando inocentemente a bola sobre uma conta que está para sair ou uma prospecção a um cliente em vias de contratar nova agência. Sacou? Trate-os com muito carinho!

Mas independentemente de quem venha a ser seu cliente e os meios aos quais você tenha lançado mão para obtê-los, eu, por ser daqueles que acreditam muito em empatia, sugiro que você faça um planejamento de contas a prospectar. Veja quais são os setores de atividade com que você e sua equipe se identificam melhor, ou que você tenha melhores condições técnicas de atender.

Contas de varejo, por exemplo, são uma loucura. As noites de sexta-feira não acabam nunca; o cliente não manda as ofertas no horário combinado, e o jornal de domingo fica ameaçando, dizendo que não dá mais tempo para nada e a edição já está fechando. Você está preparado para atender uma conta assim? Seu pessoal é 'ponta-firme' para aguentar a maluquice? Seu sistema de trabalho é ágil para criar e produzir toneladas de anúncios em cima da hora?

Ou sua realidade se adaptará melhor a outro gênero de anunciante? Aquele que planeja um pouco melhor, que dá um pouco mais de prazo para a realização dos trabalhos, que tem bons cronograma e calendário promocional? Um cliente assim é mais confortável de se atender, mas, em contrapartida, você talvez precise contratar profissionais bem mais experientes, que custam, evidentemente, mais caro. Nota: com isso não quero dizer que o varejo é atendido por profissionais de menor porte, mas, neste caso, muitas tarefas são simples, quase mecânicas e o pessoal júnior da Criação ou do estúdio dá conta numa boa!

Certos segmentos de negócios também podem exigir algum conhecimento técnico prévio, como os ramos de informática e máquinas e implementos agrícolas ou de transporte, por exemplo. Você está preparado? Você tem afinidade com o segmento de negócios do cliente que você espera atender? Planeje bem aonde você quer chegar com sua agência já a partir da prospecção de clientes.

De qualquer modo, uma coisa é fundamental em prospecção: manter-se em evidência, através de ações de relações-públicas, como, por exemplo, procurar atender a uma conta beneficente, criar ações comunitárias, escrever regularmente para publicações voltadas à Propaganda, ao marketing e à administração de empresas, disponibilizar informação de interesse no site de sua agência – como faz o publicitário norte-americano Roy Williams –, fazer um barulhão danado sobre as ações mais bacanas que você desenvolveu para seus clientes, enfim, tudo o que for possível fazer, mas que não tenha cara de prospecção direta.

E cuide de ter um ótimo *portfolio*, fisicamente falando. Nada de improvisar com aquelas pastinhas meia-boca compradas na papelaria da esquina. Crie algo inesquecível – impresso e na internet –, e faça valer sua parceria com os fornecedores, mais seu eventual poder de barganha, para imprimir publicar um portentoso material de apresentação a custo zero ou bem barato. Certa vez, uma ex-aluna me perguntou sobre como deveria ser um *portfolio* de sua pequena agência de Propaganda. A melhor resposta que encontrei foi 'completo, informativo, criativo e bonito, bonito, bonito'.

Concorrências

Cedo ou tarde, você participará de uma concorrência formal, com todos os salamaleques jurídicos e burocráticos de direito, o que, é bom que se diga, enche solenemente o saco. Concorrências muito formais, normatizadas, ocorrem tanto no setor público quanto no privado, embora neste último as exigências sejam habitualmente menores.

O setor público é obrigado, por força de leis as mais variadas, a desenvolver processos de concorrência amarrados, chatos e cansativos de se participar. Estas concorrências do setor público – estatais, prefeituras, governos de estado etc. – são obrigatoriamente abertas a todos os que desejarem participar e que cumpram um verdadeiro rosário de exigências. Para saber as concorrências que estão em vias de se iniciar, consulte regularmente os diários oficiais e sites de órgãos públicos. E, a menos que você tenha consigo alguém com muita experiência em concorrências públicas, não deixe de ter um bom advogado ao seu lado, acompanhando o levantamento de documentos, certidões e tudo mais.

No setor privado as coisas costumam ser um pouco mais tranquilas, embora nada impeça que algum paranoico de plantão resolva copiar as exigências do setor do público e fazer daquela concorrência um processo inesquecível. Na verdade, é muito comum alguém da diretoria da empresa anunciante já ter em mente um rol de agências com as quais gostaria de trabalhar, por razões que vão de simples simpatia à convicção de que a agência reúne condições técnicas mais do que suficientes para fazer um bom trabalho. E o melhor meio para você descobrir onde vão rolar as concorrências privadas é – adivinhe! – apelar para sua CIA ou KGB particulares: os contatos comerciais. Também não se espante se aquele *portfolio* que você deixou lá atrás, no passado, no escritório de um anunciante, ou aquela notinha no jornal dizendo que você fez uma campanha para deficientes visuais, por exemplo, gerarem frutos e você receber um telefonema ou carta-convite para participar de alguma concorrência.

Seja como for – pública ou privada, com edital ou carta-convite – as concorrências formais normalmente exigem que você prepare três envelopes: o primeiro, com proposta técnica, detalhando sua estrutura, apresentando os currículos dos profissionais que estarão envolvidos com as necessidades cotidianas do anunciante e sua visão estratégica dos produtos e do mercado daquele cliente. Um segundo envelope será para a documentação exigível, como certidões disso, certidões daquilo, contrato social, referências creditícias, bancárias e mais um amontoado de papéis cujo volume deverá variar em razão da natureza da concorrência e do futuro cliente. Por último, deverá ser apresentado um envelope com uma proposta criativa – anúncios, campanhas inteiras, sabe-se lá – desenvolvida a partir do *briefing* previamente fornecido.

Anote, ainda, algumas dicas e cuidados básicos a tomar nos processos de concorrência:

a. Horário de apresentação. Por favor, chegue antes, bem antes do estipulado, principalmente se tratar-se de concorrência pública.

Nesses casos, não há jeitinho brasileiro coisa nenhuma. Já vi agência sendo impedida de entregar seus envelopes por atrasar exatamente um minuto. O representante da agência, amigo meu, havia chegado com antecedência, o pessoal da comissão de concorrência o conhecia e o havia visto na porta de entrada. Só que no ultimíssimo instante, ele, tranquilo, foi ao banheiro. Voltou com exatamente um minuto de atraso e teve sua entrada impedida. Não desafie a pontualidade dessas comissões.

b. Checagem e rechecagem dos documentos. A ser feita meticulosamente, em casa e diante da comissão julgadora. Repasse a lista de documentos exigidos mais de uma vez, certifique-se de que está tudo lá mesmo e, ao chegar o momento da entrega, procure exigir que todos os membros da comissão chancelem os documentos e suas cópias um a um.

c. Cuidado com fraudes. Você deve tentar checar a eventual inclusão, pelos demais concorrentes, de dados fraudulentos, como curriculum fantasma (de um ou mais profissionais que não são da agência e apenas emprestam seus nomes), contas que já não são mais atendidas etc., pois, se houver alguma falha ou trambique, é aí que você pega. Depois, não pega mais. Ou, sabendo antecipadamente quem participará, tente fazer uma verificação do nome da empresa no mercado, para ver se não tem algo errado, como títulos protestados, execuções judiciais etc. Com esta informação você poderá impugnar a participação daquele concorrente.

d. Sigilo é tudo. Assim como sua rede particular de espionagem vai muitas vezes agir em seu favor, não seja ingênuo de acreditar que não farão o contrário. Por isso, selecione entre seu pessoal apenas uns poucos que desenvolverão todo o material daquela concorrência e exija firmemente deles o mais absoluto sigilo, mesmo junto aos demais colegas de trabalho, sobre o conteúdo daquilo que será apresentado, principalmente referente a criação. Lembre-se que nada impede que alguém comente com alguém que o tema da campanha era tal, que a estratégia era não-sei-quê, e que para esta informação toda chegar ao conhecimento do seu concorrente...epa! Já chegou lá!

Briefing

Tem-se em vendas e marketing dos quatro cantos do mundo que *briefing* é um documento bem elaborado onde se faz convergir o filé mignon da informação mercadológica de um produto. Há, até, quem assegure haver uma conduta metodológica imprescindível à elaboração de um *briefing* tecnicamente correto. Faculdades normalmente ensinam assim.

'Resumo da ópera' talvez seja a expressão corriqueira que melhor defina o *briefing*.

Seja na forma preferencial de um documento escrito, seja informalmente num bate-papo com o profissional de Atendimento, o *briefing* é o conjunto de informações mercadológicas que deverão ser passadas à agência para que ela possa começar seu trabalho.

Quanto mais completo o *briefing*, melhores condições a rapaziada da agência terá para desenvolver uma solução para o problema do anunciante.

Falei problema? Pois é isto mesmo. Seja o desenvolvimento de toda uma estratégia de comunicação para um longo período, seja o desenvolvimento de um logotipo, um anúncio emergencial ou de oportunidade, ou uma campanha de lançamento de mais um produto que irá compor a linha do anunciante, nunca é demais lembrar que Propaganda serve para resolver um problema mercadológico específico. E só existe solução em comunicação se houver um problema muito bem equacionado.

No momento em que o anunciante responde às questões formuladas no planejamento, ele já terá a matéria-prima essencial a um bom *briefing*, palavra inglesa que, aliás, quer dizer resumo. Basta colocá-las em ordem e verificar o que é realmente importante ser passado adiante.

E atenção: *briefing*s prolixos geram comunicação confusa.

Então, o *briefing* é a condensação das informações importantes que serão passadas à agência, resultando no tal problema bem equacionado.

Mas muita atenção para não cair no erro primário de certos anunciantes e pensar que uma relação de informações é *briefing*. Não é mesmo! Ele é, na verdade, um grande questionamento. Portanto, antes de se meter a achar que está 'brifando' alguma coisa para o publicitário do seu coração, veja se você, anunciante, não está apenas entregando uma listinha de características do seu mercado e do seu público-alvo à agência, em vez de passar um problema muitíssimo bem equacionado em termos mercadológicos, e que deverá ser respondido pela agência em termos publicitários. Transformá-lo em relação de dados sem análise profunda é pura perda de tempo e dinheiro seu e da agência, é puro *bullshit*.

Eu, pessoalmente, acho que *briefing* é coisa simples, porém profunda: não é encher linguiça em cinquenta páginas, cem páginas, duzentas páginas de baboseiras que ninguém vai ler. Não, nada disso! *briefing*, para mim, é FAZER A PERGUNTA CERTA. Respostas certas são fáceis de encontrar. Pergunte-me algo sobre biologia marinha, assunto de que não entendo patavinas, mesmo assim poderei encontrar a resposta, seja em livros ou consultando um especialista do setor.

Fazer a pergunta certa é muito diferente, porque você está sozinho diante de um mercado que quer algo de você, mas não lhe diz claramente o quê. A pergunta certa é a mãe de seu planejamento estratégico de vendas e, obviamente, de comunicação com o Sr. Target. Diz a lenda que, certa vez, a Guiness perguntou-se 'qual é realmente nosso produto? É cerveja? Não, nosso produto é diversão'. E investiu – dinheiro e anúncios – na ideia de diversão, até mesmo adquirindo *pubs* e salas de cinema. O que, no final das contas, a ajudou a vender muita, mas muita cerveja mesmo. Os caras da Guiness apenas fizeram a pergunta certa, dispensando, com toda certeza, as tais duzentas páginas de papo-furado. Quantas vezes você já viu algum empresário se perguntando a si mesmo 'qual é a natureza mesma do meu negócio? O que eu vendo de fato? Vendo sapatos ou vendo conforto, vendo automóveis ou vendo segurança, vendo passagens aéreas ou vendo rapidez? O que de fato as pessoas compram de mim?!? E o que de fato elas gostariam de ouvir a respeito do que eu faço em benefício delas?

O dia a dia da Propaganda está repleto de casos onde campanhas bem brifadas, no sentido de buscar perguntas certas, são sempre melhores em resultados finais.

Em suma, o *briefing* – que pode estar contido em apenas uma ou duas linhas de texto – é um instrumento orientador de vendas futuras, não um descritivo de patrimônio ou a crônica de eventos mercadológicos passados. *Briefing* é saber dirigir, não é ter o mapa da estrada.

O publicitário Roy Williams, em seu livro *Os mundos mágicos do mago da publicidade*, nos dá uma pista muito interessante sobre o que, afinal, deve ser a essência de um *briefing* excelente. Ele diz:

"CEOs, se vocês não reservarem tempo para convencer seus redatores de anúncios, como esperam que eles convençam o mundo? Sua função em vendas é comparativamente fácil. Seus redatores de anúncios estão ansiosos e suas mentes estão abertas, assim como eles estão dispostos a conceder-lhe sua total atenção. Será que o mesmo pode ser dito de seu cliente, a pessoa que estes redatores de anúncios precisam alcançar? Um processo de venda começa com os redatores de anúncios. Se você possui uma empresa, vender sua empresa para seus redatores é a única venda mais importante que você jamais terá de fazer."

Briefing é isso mesmo: um documento de vendas, de estímulo às vendas, um desafio. Pode estar no papel, pode ser no cara a cara. Tanto faz. Portanto, neste sentido, esteja sempre atento à elaboração de *briefing*s claros, enxutos, porém completos. É o desafio de fazer com absoluta perfeição a primeira venda do produto. É um desafio que você realmente tem de enfrentar!

Quero também apresentar algumas observações sobre o modelo um pouco mais formal, digamos assim, de elaboração de *briefing*. Para tanto, recorro ao meu amigo Epson Andrade de Carvalho, experiente profissional de marketing:

"Imagina-se que um briefing *seja um documento preparado pelo anunciante e entregue a uma agência de propaganda, contendo todas as informações relevantes e suficientes para a criação de uma campanha, mensagem ou qualquer outra ação de comunicação.*

Na verdade, o que funciona é a composição a quatro mãos. Seja por despreparo das partes, seja por pressão do tempo – a origem não importa – o processo do trabalho conjunto é que enriquece o projeto, e o envolvimento cria condições favoráveis ao insight *criativo.*

A premissa é a total confiança no relacionamento anunciante/ agência, afinal a agência trabalha com todos os componentes estratégicos do anunciante: marca, clientes e dinheiro.

Quando, e se, existir um plano de marketing, um plano de produto ou um plano de negócio, o anunciante deve discutir com os responsáveis pelo atendimento, criação, mídia e planejamento todos os detalhes que possam determinar o êxito dos objetivos. É impressionante como este debate traz à tona questões não percebidas e muitas vezes vitais.

Muito embora não exista na prática uma estrutura única que oriente a confecção de um bom briefing, *alguns pontos são obrigatórios:*

a) A primeira coisa a ser discutida e esclarecida é o escopo do trabalho solicitado e a expectativa do anunciante quanto ao desenvolvimento e resultado do serviço prestado. Se não houver concordância neste primeiro passo, pare.

b) Conhecer a estratégia e objetivos da empresa e as outras ações de marketing que serão desenvolvidas paralelamente ao trabalho encomendado torna-se essencial para o alinhamento e integração dos esforços.

c) Outro tópico que precisa ser dissecado à exaustão é o mercado-alvo, aprofundando-se o conhecimento das características demográficas, geodemográficas, psicográficas e todas as informações referentes a utilização do produto ou serviço.

d) Não podem pairar dúvidas a respeito do posicionamento da marca existente ou da proposição de posicionamento no caso de um lançamento.

e) Os produtos e ações concorrentes devem ser tão conhecidos quanto os produtos e ações do cliente da agência. Por meio de quadros sinópticos comparativos, e principalmente imparciais, os produtos devem ser confrontados em termos de características, atributos e benefícios.

f) Como último lembrete, o registro da verba de propaganda deve ser estipulado à luz da expectativa do anunciante e da realidade dos custos envolvidos. Não se deve cair na armadilha de aceitar uma verba insuficiente que frustre os resultados desejados ou, no senti-do oposto, uma verba generosa o suficiente para criar desconfian-ças futuras no relacionamento entre agência e anunciante."

Pois é: falou pouco mas falou bonito. Em resumo, *briefing* é um profundo e principalmente constante exercício intelectual.

V. PLANEJAMENTO

O futuro está nas suas mãos

Antes de começar a falar sobre planejamento, devo ser sincero e informar que este é um assunto complicado de se comentar, não em razão de ser algo de outro planeta, mas são tantas as abordagens possíveis, tantas as técnicas empregadas e considerações a respeito que, se eu fosse me aventurar a falar sobre tudo, escreveria outro livro. Por isso, o que você vai encontrar adiante é muito mais um direcionamento *en passant* acerca do assunto do que um mapa detalhado do terreno. Acho mais importante ajudá-lo a desenvolver um método próprio que passar um modelão para decoreba.

Na prática, se você checar como dez agências preparam o planejamento de comunicação de seus clientes, você encontrará dez metodologias diferentes. Umas, mais completas; outras, meio pobrezinhas. Agências multinacionais normalmente são bons exemplos de planejamento competente.

Mas vamos ao que interessa: planejar nada mais é, dizem os *experts*, que tentar, previamente, orientar os acontecimentos no sentido que desejamos para obter os resultados que desejamos. E não devemos nos esquecer de acrescentar uma pequena dose de futurologia.

Planejamento em Propaganda não foge à regra. Resume-se a um conjunto de atividades bem calculadas, para que a comunicação do cliente siga na direção esperada e produza os resultados esperados.

Planejamento de Vendas e Marketing X
Planejamento de Comunicação

Já que a Propaganda é filhotinha de vendas e marketing, o planejamento de comunicação também é filhote do planejamento de vendas e marketing. Filhote, não clone. Talvez, uma definição razoável seja 'o planejamento das atividades de comunicação levando-se em consideração todas as ferramentas de vendas e marketing aplicáveis ao caso'. Óbvio de novo.

As primeiríssimas perguntas a serem feitas são:

1. Qual é o real problema do cliente?
2. Qual é mesmo o real problema do cliente?

Propaganda, vendas e marketing, bom senso e matemática servem para resolver problemas. Por isso, o planejamento das atividades de comunicação deve estar a serviço de alguma finalidade muito bem definida. Para saber o que fazer, que tal algumas perguntinhas básicas?

Aonde queremos ir?

Onde estaremos em determinado momento?

Quem são os concorrentes principais?

Qual é a nossa estratégia de comunicação?

Qual é a estratégia de comunicação do concorrente?

E o Sr. Target, como vai? Vai bem?

Quantas faces socioeconômicas e culturais tem o Sr. Target?

Ele é um só?

Ele tem família?

É ele quem decide a compra?

Ou só paga a conta?

Ou não decide, nem paga, mas influi pacas?

Qual sua parcela de renda disponível para comprar nosso produto?

O que ele espera da categoria em que nosso produto se enquadra?

O que ele espera de nosso produto, especificamente?

O que ele tem encontrado no produto concorrente?

Que imagem ele tem do nosso produto?

E da nossa marca?

E do produto concorrente?

Como será que andam os conceitos de vida do Sr. Target?

Seus hábitos de consumo dependem mais de sua renda pessoal ou de seu comportamento?

Qual é o seu padrão estético?

Que linguagem melhor se adapta à sua realidade?

Que mensagem fundamental vamos levar até ele?

E através de quais meios de comunicação?

Quanto tudo isto vai custar?

Por qual período de tempo?

Que atividades serão desenvolvidas a cada momento?

Como vamos distribuir a verba do cliente por este período?

Como vamos controlar estas despesas?

Como vamos checar a eficiência da nossa comunicação?

Onde fica a igreja mais próxima pra gente rezar pra que tudo corra bem?

Estas e dezenas de outras perguntas que o seu desconfiômetro mercadológico dignar-se a perguntar formam o conjunto de informações indispensáveis ao seu planejamento de comunicação.

Quero aproveitar para comentá-las uma a uma.

1. Qual é o real problema do cliente?

Tenho por hábito insistir que Propaganda não serve para se fazer anúncios, serve para resolver problemas! Problemas de vendas, problemas de posicionamento no mercado, problemas de ataques dos concorrentes, problemas decorrentes de conjuntura etc. Como problemas diferentes exigem respostas diferentes, a comunicação resultante não poderá, é claro, ser sempre de mesmíssima natureza e teor para tentar solucionar equações distintas entre si. Daí a necessidade de se conhecer bastante bem o problema que vamos tentar resolver com a Propaganda (isto parece tão óbvio, porém...).

2. Qual é mesmo o real problema do cliente?

Quando partimos de premissas apressadas normalmente optamos por caminhos errados. Daí a obrigatoriedade de pensar muito bem sobre qual é o real problema do cliente. Escolhido o destino de nossa viagem (fazer a pergunta certa), vamos arrumar as malas, isto é, pensar na série de detalhes que, sem dúvida, contribuirão para o sucesso da iniciativa.

3. Aonde queremos ir?

Diz uma velha frase feita que 'quando você não sabe para onde vai, nenhum caminho o leva lá'. Planejamento exige objetividade de metas: vamos ganhar participação de mercado nas praças onde já atuamos; vamos penetrar novos mercados; vamos aumentar a lucratividade; vamos procurar novos públicos-alvo; etc. etc. Escolha um objetivo fundamental e persiga-o, e provavelmente você o alcançará (não estou dizendo que será fácil necessariamente). Posso afirmar com tranquilidade que a uma meta fixada corresponderá um exclusivo planejamento publicitário que se tornará obsoleto se, no meio do caminho, mudar-se a meta. Se mudar a meta, será bom refazer os cálculos do seu planejamento e, muito provavelmente, o teor da campanha que tiver sido criada em função dele.

4. Onde estaremos em determinado momento?

Aqui surge a ideia do cronograma, preferencialmente aqueles cronogramas projetados sobre a realidade possível, nunca sobre metas fantasiosas. Estabelecer um cronograma excessivamente ambicioso (e isto é muito frequente), seja em prazos, seja em resultados esperados, é pedir para sofrer, pois provavelmente ele nunca atingirá os objetivos. Além disso, cronograma é apenas um parâmetro a ser consultado – e ajustado – quase que diariamente.

5. Quem são os concorrentes principais?

Concorrentes são aqueles sujeitos abençoados que nos ajudam a ter a melhor noção possível de quem somos. Sem eles, nunca saberemos se estamos bem ou mal, investindo e vendendo muito ou pouco, se nossa imagem de marca é positiva ou negativa etc. Convém, no nosso planejamento, incluir sempre um tópico de atividades de acompanhamento da concorrência.

Em Propaganda há vários de meios de se conhecer, inclusive, quanto seu concorrente está investindo, por qual período, em quais meios e quanto ele está gastando em cada um deles. Só pelas mídias escolhidas, por exemplo, já dá para se ter uma razoável ideia de sua estratégia de comunicação, se é que ele tem alguma (mas isso você já saberá, porque o acompanha atentamente, não é?).

6. Qual é a nossa estratégia de comunicação?

Escolas de jornalismo ensinam o famoso 'quem, quando, onde, como e por quê?'. Acho que em Propaganda podemos fazer uma adaptação: 'para quem, quando, onde, quanto custa e dizendo o quê?'. Comunicação empresarial no seu sentido mais amplo deve ser, acima de qualquer outra coisa, coerente.

A Coca-Cola é um exemplo perfeito (sempre que posso uso a Coca-Cola como exemplo-padrão, porque ela é de fato um show como anunciante). Há décadas, vem dizendo essencialmente a mesma coisa, embora com roupagens sempre atualizadas. Sua arquirrival, Pepsi, vez ou outra gagueja, variando forma e conteúdo de sua comunicação pelo critério 'ao Deus-dará' (pelo menos é o que me parece). O resultado não poderia ser outro: em share-of-mind (parcela de memorização de determinada marca) a Coca-Cola vence todas. E vende todas.

7. Qual é a estratégia de comunicação do concorrente?

Nosso concorrente é a Coca-Cola ou é a Blenfas-Cola? Ele se planeja ou faz a chamada comunicação interfemural (nas coxas)? Sem mais comentários.

8. E o Sr. Target, como vai? Vai bem?

Aqui começamos a analisar nosso público-alvo bem de perto. Vamos procurar saber a quantas anda sua vida, seus hábitos, sua disposição em gastar seu suado dinheirinho em produtos como o nosso, e mais uns mil eteceteras como demonstrados a seguir.

9. Quantas faces socioeconômicas e culturais tem o Sr. Target?

Vê-se, com bastante frequência, empresas segmentando seu público-alvo a partir de uma, e apenas uma – duas, no máximo! – variável socioeconômica: mulheres de vinte e cinco anos ou mais, classe AB, por exemplo.

Porém, pela cada vez maior variedade de oferta de bens, serviços, canais de venda e veículos de comunicação voltados, cada um deles, para uma faceta específica de hábitos e comportamentos dentre as tantas possíveis que se encerram em um grupo de consumidores, fica realmente inócuo pensar-se no consumidor sob apenas uma ou duas perspectivas.

Lamentavelmente – e para desespero dos acomodados em vendas e marketing – o Sr. Target é, cada dia mais, uma equação mercadológica; nem de longe ele é, atualmente, representado por uma continha aritmética do gênero 2+2=4. Nem de longe. Posicionamento de produto deve estar, imagino, a serviço desta equação que o Sr. Target agora passa a representar.

As questões adiante nos mostram algumas variáveis que deverão ser consideradas neste 'cálculo'.

10. Ele é um só?

Decisão, influência, ato de compra, são expressões muito importantes na hora de estudar os hábitos comerciais e de consumo do Sr. Target.

Certamente todos conhecem os termos decisor, influenciador de compra e formador de opinião (os dois últimos, no fundo, a mesma coisa). O que talvez nem todos anunciantes se deem conta é que as facetas do Sr. Target sejam bem mais diversas que apenas a de decisor ou influenciador de compra. Pois saiba o leitor que há vários tipos de clientes: iniciador, influenciador, decisor, comprador e usuário; todos responsáveis e envolvidos com a decisão final de trocar seu dinheiro pelo nosso produto.

Vamos conhecê-los mais de perto:

a) Iniciador. Meu filho Miguel, nove anos, diante de um refrigerante na lanchonete ou no supermercado. Quem inicia o processo de compra e de decisão por produto e marca é ele, muitas vezes de maneira soberana. A sede é dele, só dele (vontade de beber o refrigerante nem sempre é motivada pela sede; para isso, veja adiante *O marketing e as necessidades humanas*), mas as outras motivações que levam à compra são nossas, de pais e mães.

b) Influenciador. De volta ao supermercado, o Miguel pode ter iniciado o processo de compra, pedindo uma Coca-Cola, mas a Manuela, mãe dele, achou por bem convencê-lo a provar a nova água de coco disponível em embalagens longa vida, 'porque é mais saudável para você, filho! Além do mais, amor, Coca-Cola já tem bastante em casa, e você pode esperar até chegarmos lá, né? Não vou gastar dinheiro novamente com o mesmo produto!' Com isso, quero dizer que pode haver os mais inimagináveis motivos para o influenciador resolver agir: disponibilidade financeira, senso de proteção, razões culturais diversas, hábitos arraigados de consumo... Convém, enfim, conhecer bem de perto o influenciador, caso ele seja um ente muito presente, como nos casos de produtos infantis, ou aqueles outros produtos que, de alguma forma, envolvam afeto ou procedimento ético, sobremaneira.

c) Decisor. É aquele alguém que tomará, definitivamente, a decisão de compra. Nem sempre, como no exemplo acima, ao escolher o que o menino finalmente deverá consumir, o decisor seremos eu ou minha mulher; lembre-se que o comprador da rede de supermercados, que nos deixou apenas a opção A e a opção B, em detrimento da opção C que habitualmente consumimos, tem tudo a ver com o processo de decidir a compra. Houvesse disponibilidade da opção C, teríamos comprado, mas o tal sujeito do departamento de compras de certa forma 'decidiu' o contrário (e há quem diga que Propaganda e marketing só se dirigem ao consumidor final...).

d) Comprador. O próprio; quem tira dinheiro do bolso e o dá em troca daquilo que for, seja para quem for e pela razão que for. Pode ser o Miguel, meu filho, contabilizando alguns tostões da mesada para comprar sua Coca-Cola; podemos ser eu ou minha mulher, comprando água de coco para ele; pode ser o funcionário do departamento de compras da rede varejista que, diante de uma série de dados numéricos, decidiu-se por comprar água de coco em vez de suco de acerola concentrado (daí o fato de não havermos nem lembrado, naquele instante, da possibilidade de comprar suco de acerola – tão rico em vitamina C! – para o Miguel). Daí, também, a importância de boa comunicação no ponto de venda.

e) Usuário. A companhia de aviação optou por um determinado modelo de avião porque, no final das contas, eu, simples passageiro que não tenho a menor participação no processo de projeto/desenvolvimento/ comercialização de aeronaves, simplesmente prefiro tal modelo (se é que realmente a opinião do passageiro tem algum peso na decisão de compra de uma aeronave). Claro que, individualmente, num caso assim, não valho muita coisa, já que a decisão ocorre puramente sobre dados estatísticos. Aliás, nunca é demais lembrar que estatísticas não valem para o indivíduo, só para grupos. Também é muito importante dedicar atenção redobrada ao CRM, sigla em inglês para Gerenciamento do Relacionamento com o Cliente, uma ferramenta fantástica que, em outras palavras, individualiza o marketing, tratando milhares e milhares de clientes um a um, coisa que a Propaganda convencional não consegue fazer.

***

É evidente que os exemplos são ilustrativos, e nada além disso; mas acredito que já dá para extrapolar os raciocínios em benefício do produto que for. Também quero lembrar que as relações não são tão estanques quanto o modelo didático aqui apresentado, e que tudo é muito variável.

Exemplificando novamente, por mais que sua família seja numerosa e influente nos seus hábitos de consumo, é pouco provável haver influência familiar na hora em que você, sozinho ao volante, decida-se por abastecer o carro num posto desta ou daquela bandeira. Bem, a menos que a Shell tenha retomado aquela promoção que dá as miniaturas de Ferrari que o Miguel tanto gosta; e eu, que acabei comprando água de coco para ele, por 'influência' da minha mulher, aproveito para me redimir do pecado de não haver adquirido a Coca-

Cola, procurando o posto Shell mais próximo para encontrar a tal Ferrari miniatura, sob a desculpa de que 'foi coincidência, parei só para abastecer!'

11. Ele tem família?

Os argumentos anteriores já podem dar uma razoável dimensão do que significa a realidade familiar nos hábitos de compra do público-alvo. Assim, se nossas pesquisas ou nosso faro (tino) comercial indicarem que estamos tratando com pessoas altamente sujeitas à influência familiar, nosso problema aumenta na exata proporção do tamanho médio destas famílias. Que encrenca administrativa!

12. É ele quem decide a compra?

Produtos farmacêuticos éticos, por exemplo, sobrepujam, normalmente, quaisquer relações afetivo-familiares. O Sr. Target, nem de longe, decide sobre o medicamento e/ou tratamento que lhe será dispensado na maioria dos casos mais sérios que envolvam sua saúde; a decisão é do médico, e ponto final.

A decisão de compra também está diretamente relacionada ao canal de vendas. Encontramos bom exemplo em peças e acessórios para automóveis. O veículo que você adquiriu diretamente da fábrica, via concessionário, traz pneus cuja marca e modelo certamente não serão questionados. A decisão foi do comprador da fábrica. Na hora da reposição, entretanto, a decisão é unicamente sua. Daí a necessidade de tratarmos a comunicação levando variáveis como esta em total consideração. E com todo cuidado pois, a cada momento no mercado, o decisor varia.

13. Ou só paga a conta?

Quer exemplo melhor do que um exame de raio-X em uma clínica especializada? O paciente – no caso um usuário – apenas tem de submeter-se ao exame indicado e ponto final. Impensável discutir com o radiologista sobre a marca favorita de aparelhos de raio-X (quero aproveitar para fazer uma crítica às escolas de Propaganda que, via de regra, só ensinam seus alunos a lidar com produtos de consumo de massa; nunca eles são nem minimamente preparados para vender, digamos, um tomógrafo computadorizado aos donos de hospitais).

No plano doméstico, a condição de pagador exclusivo também acontece com muita frequência, e basta lembrarmos, por exemplo, do cinema dos filhos: nós, pais, apenas pagamos o ingresso e não nos é dado o menor direito de interferir na escolha.

14. Ou não decide, nem paga, mas influi pacas?

Há casos em que o administrador da comunicação tem de fazer um esforço extra para ficar razoavelmente seguro da eficiência de sua Propaganda. E, para exemplificar mais uma vez, voltamos ao terreno dos medicamentos éticos.

Você (iniciador) ficou doente. Seu médico (decisor) optou por um medicamento que lhe foi apresentado pelo propagandista da indústria farmacêutica (influenciador), e que parece ser o mais indicado para o seu caso (agora você também é o usuário). Você pede à sua esposa (compradora) para que vá à farmácia comprá-lo; lá, o balconista (influenciador já de segundo nível) irá convencê-la de que um concorrente, que tem a mesma matéria-prima, é mais barato. Ela concorda com o balconista porque 'já havia escutado algo de bom' (sabe Deus que influenciador terá sido este) sobre o tal produto. E por aí vai.

Convém que todos estes 'ingredientes' sejam cuidadosamente considerados em seu planejamento de comunicação, porque, num panorama cada vez mais competitivo, não podemos nos dar ao luxo de perder deliberadamente uma única venda! A decisão de anunciar o quê para quem torna-se cada vez mais delicada.

15. Qual sua parcela de renda disponível para comprar nosso produto?

Os marqueteiros criaram uma expressão que define com perfeição o assunto: renda discricionária; em bom português, quanto sobra no bolso do Sr. Target para aquisição da nossa classe de produtos e, particularmente, do nosso produto?

O pessoal do mercado imobiliário normalmente tem um faro bem apurado para estas questões. Não é sem razão que o valor da parcela mensal do financiamento do apartamento dirigido, por exemplo, a casaizinhos recém-casados 'bate certinho com o que a gente pretendia gastar, né, amor?'

Conhecer a disposição de investimento do Sr. Target no nosso produto pode ser item de vida ou morte.

16. O que ele espera da categoria em que nosso produto se enquadra?

Quando segmentamos o público-alvo, heterogêneo, em partes homogêneas (e é para isso que serve segmentação de mercado), obtemos vários subgrupos do Sr. Target, e cada um destes subgrupos é orientado a uma expectativa principal.

Se nossa categoria de produtos é o automóvel, teremos, então, grupos distintos voltados ou para o status, ou para a economia, ou durabilidade, ou segurança etc. Daí, inclusive, a natureza da comunicação deverá obedecer critérios não apenas de adequação de mensagem, mas até de escolha do meio a ser prioritariamente utilizado (ver, a respeito, capítulo Criação).

17. O que ele espera de nosso produto, especificamente?

Quando já temos história como anunciantes, inevitavelmente associamos uma promessa mais clara ao nosso produto: qualidade, inovação, resultado, confiança, melhor preço ou seja lá o que for. Por exemplo, ninguém mais discute que 'OMO lava mais branco' ou que um Volkswagen 'você conhece, você confia'.

Daí, quantas vezes já nos perguntamos se a percepção que o Sr. Target tem do nosso produto e/ou da nossa marca corresponde mesmo a esta promessa? Devemos, obviamente, orientar nossa comunicação nesse sentido, o de estimular esta percepção, esclarecendo pontos que, eventualmente, permaneciam obscuros.

18. O que ele tem encontrado no produto concorrente?

Qual foi a última vez em que investimos um centavinho sequer em pesquisa de mercado para saber se, voltando à ideia de promessa de produto, nosso concorrente não tem sido mais ou menos eficaz do que nós mesmos, se sua comunicação não tem sido mais ou menos crível e agradável do que a nossa?

19. Que imagem ele tem do nosso produto?

Certas categorias de produtos, mais do que outras, exigem atualização constante, seja esta atualização de caráter físico e tecnológico (caso de microcomputadores e automóveis), seja mera perfumaria, como é o caso literal da maioria dos xampus e sabonetes que encontramos no mercado, com sua formulação igual há séculos, mas sempre com o tal do 'agora em nova embalagem'. Sabões em pó, por exemplo, não são nada mais do que pasta sulfonada + perfume + branqueador óptico. Sempre! No entanto, não é impressionante como as donas de casa juram de pés juntos que a marca A é infinitamente superior à marca B?

Nossa comunicação, portanto, deve refletir esta atualização pelo uso correto de linguagem verbal e não-verbal igualmente atuais (porém sempre adequadas ao Sr. Target, evidentemente).

20. E da nossa marca?

Sou dos que acreditam piamente que marca é a comunicação mais eloquente da cultura de sua empresa. O cuidado com que se trata a marca é o cuidado com que se trata todo seu negócio, seja ele do ramo ou do porte que for.

Assim, se tivemos a competência de construir, mesmo que devagar, uma marca respeitável, será sempre bem mais fácil vendermos nossos produtos, e bem mais difícil para a concorrência vender os dela.

Investir em comunicação de marca é sua apólice de seguro para as tormentas tão frequentes do mercado.

Curiosamente, empresas brasileiras, ao contrário das multinacionais, nem ao menos contabilizam o valor (expresso em moeda!) atribuído à marca na coluna de ativos de seus balanços contábeis. O que você tem feito com sua marca?

21. E do produto concorrente?

Vale o escrito acima. Como é que o concorrente está tratando a marca dele? Tomara que com descuido, pois aí está uma oportunidade imperdível para desenvolvermos algumas ações pontuais de comunicação institucional, por exemplo, mostrando que por trás do nosso nome existe uma história de qualidade e credibilidade etc. Isto é um tiro de canhão na marca concorrente.

22. Como será que andam os conceitos de vida do Sr. Target?

As últimas décadas foram caracterizadas pela expansão em ritmo alucinante dos meios de comunicação e, como uma das consequências disso, pela democratização de muitos países que viviam à sombra das mais elementares liberdades civis, como a de livre expressão.

Decorrência direta desta *glasnost* mundial foi o surgimento igualmente acelerado, ao menos nos países ocidentais, de entidades de defesa de direitos civis, de direitos do consumidor, de proteção a florestas, animais e ao meio ambiente de modo geral, de proteção aos direitos das crianças, das minorias étnicas e demais entidades congêneres.

Inevitavelmente, chamaram a atenção das sociedades, que passaram a dar crédito e apoio a estas iniciativas todas. Criaram-se novos valores sociais. E o consumo de bens e serviços, é claro, atrelou-se, como era de se esperar, a estes novos valores criados (ou despertados).

Assim, nada mais importante que o anunciante contemporâneo apresentar-se de alguma forma em consonância com ao menos alguma das demandas sociais, como tem sido o caso, no Brasil, de empresas associadas, exemplificando, a uma Ação Criança, Fundação Mata Atlântica ou a tantas outras correlatas. Participação ativa desta natureza talvez não ajude a vender mais, diretamente, mas não participar certamente já está começando a atrapalhar a vida de muitos administradores.

Fica imprescindível conhecer a posição do Sr. Target acerca destas demandas e, a partir disso, apresentar-se de alguma forma, na comunicação, como socialmente responsável.

23. Seus hábitos de consumo dependem mais de sua renda pessoal ou de seu comportamento?

Bobagem maior do que associar hábitos de consumo automaticamente à renda do Sr. Target não pode haver. Renda significa apenas possibilidade de acesso, não decisão em comprar. Em inúmeros casos, o hábito do consumo está muito mais associado a fatores culturais (ou até mesmo de histórico familiar) que ao tamanho da conta bancária.

Prova incontestável do que afirmo encontra-se nos office-boys de São Paulo. Esses garotos têm renda pequena, muitos deles beirando o salário-mínimo. No entanto, não é raro encontrá-los calçando tênis que custam duas ou mais vezes seus reduzidos proventos. Nem mesmo o risco de assaltos (exatamente em função de estarem usando tênis caros) os desestimula a comprar tais produtos; fazem crediários a perder de vista, mas os compram mesmo assim. Um rápido passeio pelo comércio da região central da cidade confirma o que digo.

No extremo oposto, não será difícil encontrar pessoas de alto poder aquisitivo que simplesmente negam-se a adquirir determinados produtos, sob o argumento de que os referidos produtos 'não valem' o que custam.

E, neste instante, convém lembrar que o preço (fator objetivo, expresso em moeda corrente) não necessariamente representa valor (fator subjetivo, expresso em opiniões e crenças de caráter cultural).

A Propaganda bem conduzida tem, no mínimo, o mérito de aproximar preço nominal da atribuição de valor. Assim, diz-se comumente que Propaganda agrega valor, isto é, aumenta a percepção de valor intrínseco (e psicológico) do que nos é ofertado para que se possa aumentar também o preço em unidades monetárias.

Ótimo exemplo está nos jeans de *griffe*; pois como explicar que um mesmo produto, fabricado com a mesma matéria-prima do mesmo fabricante, e montado pelas mãos das mesmas costureiras das mesmas oficinas (chamadas facções) possa ter, dependendo da etiqueta que lhe seja costurada, preços finais de vitrine variando em até quinze ou vinte vezes; o mesmíssimo produto que custa dez reais no bairro do Brás chega a custar duzentos reais, ou mais, nos bons shoppings da cidade (já trabalhei com confecções dentro e fora do Brasil; sei do que estou falando). E este proprietário de *griffe* não tem nada de ladrão; pelo contrário, merece poder cobrar bem mais caro, pois está se remunerando pelo investimento feito no desenvolvimento de imagem de marca. Perfeita lógica capitalista.

Portanto, atenção ao valor que sua comunicação poderá estar ou não agregando ao seu produto final. A Propaganda faz parte, queiram alguns ou não, do composto de ações e decisões relacionadas diretamente à competitividade no mercado. Passa a ser, consequentemente, assunto relacionado à mais pura e sofisticada administração de empresas do que imagina a vã filosofia popular.

24. Qual é o seu padrão estético?

Quero chamar sua atenção para uma significação mais ampla do conceito de estética: mais do que a ideia de belo, estética também pode significar um modo de se relacionar com o mundo, de ver a vida. Assim, conhecer os valores, digamos, filosóficos do Sr. Target não deverá ser encarado como diletantismo, frescura ou preocupação de quem não tem mais o que fazer, como já ouvi muitas vezes. É, isso sim, uma preocupação objetiva e voltada para vendas.

A comunicação do seu produto ou serviço deverá refletir com exatidão estes valores estéticos detectados no seu público-alvo. E muito cuidado com uma armadilha fácil de cair, que é nivelar a comunicação muito por baixo ou muito por cima, isto é, achar que as classes economicamente menos favorecidas têm, por definição, mau gosto e que os milionários só se relacionam com o luxo e o requinte estético. Tolice das grandes pensar assim.

Comunicação empresarial é conhecer muito bem o Sr. Target e, acima de tudo, fugir dos pré-conceitos tal qual o Diabo foge da cruz. Pré-conceitos, aliás, expressão que deu origem a preconceitos, é o pior veneno com que o anunciante poderá se inocular.

25. Que linguagem melhor se adapta à sua realidade?

Decorrência direta do tópico anterior sobre estética, a escolha da linguagem a ser empregada na comunicação tem tudo a ver com a maneira com que o Sr. Target se relaciona com a vida e o mundo.

Dependendo, por exemplo, da faixa etária, a opção poderá ser por uma linguagem mais verbal. Dependendo da promessa do produto, a linguagem poderá ser predominantemente visual, como é o caso dos cosméticos (note que eu disse 'poderá', porque em Propaganda não devemos trabalhar com imposições de nenhuma espécie).

Ajustar linguagem da comunicação à realidade do Sr. Target é uma das primeiras tarefas a ser pensada no momento em que o planejamento passa a se preocupar com conteúdo e forma da mensagem, isto é, aquilo que conhecemos pelo nome de criação publicitária.

26. Que mensagem fundamental vamos levar até ele?

A lista dos pecados mortais em comunicação é encabeçada, sem o menor traço de dúvida, por um vício que eu poderia aqui chamar de ansiedade informativa, ou seja, aquela mania absolutamente insuportável que muitos anunciantes têm de querer dizer tudo, e mais um pouco, no espaço reservado ao anúncio seja no meio que for.

Se compreendemos que temos uma promessa clara de produto, que este produto oferece, portanto, um benefício igualmente claro para o Sr. Target, para que complicar na comunicação? Nosso planejamento deve chegar à mensagem X, apenas X, e não ao alfabeto inteiro. Insisto: todo nosso esforço de comunicação deverá ser orientado para levar apenas UMA mensagem fundamental ao Sr. Target.

De novo, a Coca-Cola: 'Dá mais vida'; 'É isso aí'; 'Sempre'. Que tal se a Coca-Cola resolvesse dizer tudo o que existe no seu processo de fabricação, ou que a fábrica obteve um certificado ISO 9000, que ganhou o prêmio da associação não-sei-das-quantas e todas estas demais baboseiras que enchem de orgulho a diretoria da empresa, mas para o que o Sr. Target está solenemente se lixando?

27. E através de quais meios de comunicação?

Planejamento de comunicação envolve obrigatoriamente planejamento de mídia, ou seja, a distribuição do esforço publicitário pelos vários meios de comunicação e, dentro deles, pelos veículos especificados como de melhor alcance do Sr. Target.

O planejamento de mídia é mesmo, como eu já disse anteriormente, a engenharia da Propaganda, tal é sua objetividade no trato da coisa toda. E, dependendo da natureza do negócio – mais do que do volume de dinheiro disponível – eu envolveria no planejamento de mídia as ações relativas a assessoria de imprensa e de relações-públicas, embora isto, sem dúvida, vá parecer pouco ortodoxo para muitos publicitários.

28. Quanto tudo isto vai custar?

A resposta é consequência direta do planejamento de mídia. No entanto, mais importante que fazer uma conta matemática qualquer para se chegar a um montante financeiro, é ter previamente desenvolvido um modelo razoável de determinação de verba. Muitos empresários, especialmente os pequenos e médios, têm enormes resistências à ideia de 'gastar' com Propaganda, pois têm a sensação de tirar parte substancial do lucro do bolso, têm sensação de prejuízo.

Sobre este assunto, quero citar um argumento de Peter Drucker, que nos mostra que o lucro é o custo de manter-se em atividade. Por extrapolação, podemos dizer que, ao aplicar parte das receitas (não do lucro) em comunicação, o empresário comprará a possibilidade de um futuro mais risonho. Diz Drucker: 'Nunca é demais repetir que lucro é uma ilusão contábil. (...) A atividade econômica pode ser definida como o comprometimento de recursos certos e já existentes – o milho para semear – à expectativa futura de uma colheita. As expectativas futuras são sempre carregadas de um risco, e um alto risco. Todavia, nenhuma atividade econômica é possível sem riscos, da mesma forma como nenhuma agricultura é possível sem guardar uma parte da colheita como semente para o próximo ano. (...) Todos aceitam esse fato quando se trata de um fazendeiro consumir o milho que seria usado como semente na próxima safra. Mas quando se trata de um empreendimento comercial ele é raramente aceito, provavelmente como resultado da ilusão ou fantasia do lucro. Todos sabem que as sementes do milho não são lucro para o fazendeiro, embora sejam um excedente de produção. Mas ninguém, nem mesmo os executivos de empresas, reconhecem que o lucro mostrado nos balanços das empresas também não é lucro; é milho para semear. São os custos de se manter em atividade – custos reais e genuínos, embora diferidos'.

Assim, posso ir até um pouco mais além, argumentando que o investimento em Propaganda é o custo de comprar uma parcela do mercado, para que se possa obter o lucro razoável que custeie, por sua vez, sua continuidade no negócio, o que exige, por sua vez, investimento em Propaganda! Círculo virtuoso é o nome dessa coisa.

Quer ver um bom exemplo? Em 1933, a iniciante indústria de cosméticos Revlon, havia faturado algo em torno de US$ 4.866,00. Em 1934, o faturamento saltou para US$ 11.246,98. As despesas correspondentes foram:

Mercadorias compradas	US$ 4.792,26
Salários	US$ 813,80
Aluguel	US$ 330,00
Diversos	US$ 161,29
Transporte e postagem de encomendas	US$ 345,67
Material de expedição	US$ 71,71
PROPAGANDA (em publicações setoriais)	US$ 978,32
Telefone	US$ 136,88
Viagens e outros	US$ 772,13
TOTAL	US$ 8.402,06

Observamos que, de todas as despesas operacionais, o segundo item de maior aplicação de recursos foi exatamente a Propaganda, só perdendo para a aquisição de matérias-primas. E que a Revlon naquele ano aplicou 11,64% do total de investimentos nestas tão sedutoras ferramentas de vendas: os reclames. A propósito, as vendas em 1935 ultrapassaram os US$ 68.000,00, mais de seis vezes o faturamento do ano anterior. E, convém lembrar, os primeiros anos da década de 1930 foram marcados pelo desastre da Grande Depressão norte-americana, ocasião em que toda a economia andava muito mal das pernas. Que o exemplo da Revlon sirva como mais uma lição ao nosso empresário caboclo que, diante de qualquer pequeno abalo da economia brasileira (abalos normalmente imaginários) retrai seus investimentos em Propaganda, ou seja, em vendas, exatamente no momento em que se faz necessário vender mais para suportar melhor a tormenta.

29. Por qual período de tempo?

O período de tempo mais recomendado para sua Propaganda é 'sempre'. No *dia a dia*, porém, nada como o bom e velho cronograma de barras para ajudá-lo a administrar a bagunça toda. É um processo que requer apenas conhecimento do amplo espectro de atividades publicitárias para que se possa estimar com alguma certeza os tempos demandados em cada uma das tarefas a serem realizadas.

Fundamental, no entanto, é ter em mente que o período de tempo planejado deve ser – e isto é escandalosamente óbvio, mas nem todos se lembram – absolutamente coerente com os 'tempos e movimentos' do seu mercado.

30. Que atividades serão desenvolvidas a cada momento?

É o vulgo calendário promocional cruzado com a sazonalidade do seu mercado específico.

31. Como vamos distribuir a verba do cliente por este período?

Dependendo do modelo de geração de verba adotado em cada empresa, esta distribuição variará em intensidade (sem contar, claro, com a sazonalidade), pois há desde modelos rígidos, que não permitem aporte de verba ao longo do período, até os muito flexíveis, alguns deles atrelados aos resultados periódicos de vendas. É o típico argumento, em suma, do 'cada caso é um caso'.

32. Como vamos controlar estas despesas?

Custos, em Propaganda, estão muito propensos a grandes flutuações. Acredito que isto se deva aos altos percentuais relativos a custos de serviços envolvidos, muito mais do que custos de produtos manufaturados. O papel em que se faz leiaute e arte-final, por mais que se gaste neste item, tem custo irrisório perto da remuneração do diretor de arte. A lata de película 35mm definitivamente não pesa tanto na verba quanto o custo das dezenas de profissionais envolvidos numa produção de comercial para televisão. O que a Propaganda vende aos clientes é apenas e tão-somente talento e experiência acumulados. E isto tem um custo diretamente proporcional à qualidade de quem o atende! São pouquíssimos os ramos de negócio onde a famosa relação custo X benefício é tão verdadeira quanto na compra de serviços de Propaganda.

Daí, conhecer profundamente o metiê publicitário é fator de racionalização de despesas. O anunciante pode obter este conhecimento sendo criterioso na escolha de sua agência de publicidade, na escolha de seu gerente de Propaganda ou através da contratação de um consultor em comunicação empresarial. De qualquer modo, havendo conhecimento das peculiaridades do meio somado à experiência no manejo da coisa toda, a otimização de despesas paga perfeitamente bem qualquer profissional responsável pelo gerenciamento – e bons controles – da Propaganda.

33. Como vamos checar a eficiência da nossa comunicação?

Desenvolvimento de métodos de controle de resultados do investimento publicitário é uma das coisas que mais são desprezadas pelo anunciante, particularmente os pequenos e médios. Temos, ao menos, o consolo de saber que isto não é exclusividade brasileira pois, até onde sei (após conversar algumas vezes com publicitários norte-americanos e europeus), a bagunça realmente é globalizada e também fala inglês, francês e alemão.

However, o pulo do gato está na disciplina também para desenvolver os tais métodos de acompanhamento de resultados. Porque, muito frequentemente, o anunciante fica atônito, não sabendo se o resultado obtido – bom ou ruim – foi graças à qualidade de sua comunicação, fatores conjunturais favoráveis ou puro chute que deu certo. Importadores, por exemplo, sofrem demais quando há disparadas do dólar em relação à moeda nacional; inevitavelmente põem parte da culpa pelo fracasso de vendas em sua publicidade 'que não foi agressiva o suficiente' e todas essas coisas. Anunciantes ligados à agroindústria ficam ressabiados com os resultados da comunicação, curiosamente nos mesmos períodos em que a balança de exportação pende negativamente para seu lado etc. etc. Enfim, por pura indisciplina anterior, muita gente acaba botando a culpa onde ou em quem for mais conveniente. Acho que isso é da natureza humana.

34. Onde fica a igreja mais próxima pra gente rezar pra que tudo corra bem?

Definitivamente, ninguém tem bola de cristal, muito menos os gurus de plantão. De fato, no final das contas, planejamento de Propaganda exige alguma dose de torcida para que as coisas se encaminhem de acordo com o esperado.

Planejamento serve de bússola, não é nenhum curso de pilotagem, e muito menos exercício de futurologia que diga antecipadamente o que se vai encontrar à frente; mesmo porque o caminho que você está prestes a seguir com sua comunicação ainda não foi trilhado por ninguém mais, porque sua comunicação é apenas sua; acredite: só sua.

Há dois mil e quinhentos anos, em seu livro A Arte Da Guerra, Sun Tzu disse que 'com muitos cálculos pode-se vencer; com poucos não se pode. Que chances a menos de vitória tem quem não faz nenhum cálculo!'

O marketing e as necessidades humanas

Quero retomar uma discussão que, por tudo o que se escreveu e observou a respeito, já me parecia mais do que enterrada, tanto no arquivo morto das empresas orientadas ao marketing, quanto no subsolo das bibliotecas das faculdades e demais escolas superiores do ramo. A discussão é: marketing cria necessidades?

Curiosamente, vez ou outra me perguntam a respeito. Pessoalmente, estou convicto que nem propaganda, nem marketing ou o que quer que seja cria qualquer necessidade no ser humano, nada que ele já não tenha desde o início dos tempos.

Criar é gerar o novo e, a menos que a ciência do futuro consiga alterar a natureza mesma do ser humano, será impossível criar-se alguma necessidade nova em quem quer que seja. Só o exposto já bastaria, a meu ver, para dar a questão como encerrada. No entanto, vejo aqui uma boa oportunidade para fazer uma breve digressão, buscando algo além de um simples raciocínio de poucas linhas – embora, sem dúvida, convincente – para tentar liquidar de vez a fatura.

Evidentemente, como tudo em marketing e comunicação empresarial, o máximo que podemos fazer é fornecer respostas subjetivas, procurando sempre, é claro, o maior grau de embasamento e refinamento possíveis para chegarmos às respostas esperadas. Pode-se argumentar o contrário – e isto é previsível – de que há objetividade à farta nas decisões do setor, dada a imensa profusão de métodos de cálculo empregados atualmente em Propaganda (planejamento de mídia etc.) e vendas e marketing (cálculos de potencial de mercado, de participação, CRM, e todas essas coisas técnico-científicas).

Tudo isso, porém, serve apenas ao propósito de redução de riscos. Insisto que em Propaganda e marketing não pode haver, como na matemática ou no cálculo estrutural da engenharia, objetividade na previsão de resultados, por serem, as primeiras, áreas que trabalham, no final das contas, com a imponderável e imprevisível natureza humana.

Por tratar-se, então, de natureza humana, devemos pisar, mesmo que muito levemente, no terreno da psicologia. E vamos buscar este refinamento de resultados, esta diminuição de riscos, no trabalho dos fundadores de dois ramos do estudo da psicologia, a humanista e a social, respectivamente Abraham Maslow e Gustave Le Bon. Claro que experts em psicologia do consumidor e especialidades afins têm em mãos ferramentas bem mais modernas e 'calibradas' que as acima citadas que vou apresentar rapidamente a seguir, mas isto de fato não me preocupa tanto assim porque, afinal, Propaganda e marketing, no Brasil, não são mesmo muito afeitas a grandes metodologias e teorizações mais profundas. Além disso, as teorias apresentadas a seguir ainda são, sem dúvida, absolutamente atuais.

Com elas, vou tentar fundamentar um ponto de vista que tenho sobre a ideia do marketing gerar ou não necessidades, e sobre o qual falarei mais tarde.

Maslow

Em 1943, o psicólogo norte-americano Abraham Harold Maslow publicou nos meios científicos o trabalho Motivação e Personalidade. Nele, defendia o princípio de que as necessidades fundamentais do ser humano poderiam ser dispostas numa hierarquia bastante bem--definida, a saber: fisiológicas, de segurança, de relacionamento, de estima e, por fim, de auto-realização.

Segundo ele, procura-se a satisfação de uma necessidade só após a satisfação da necessidade anterior, ou seja, vamos procurar segurança só após matar a fome ou a sede e/ou demais necessidades, digamos, primaríssimas, incluindo aí sono, fome, sede, descanso, excreções etc. E assim, sucessivamente, passa-se da satisfação de uma necessidade à seguinte. Esta conclusão, é bom que se note, tem gerado inúmeros equívocos de interpretação. Há quem acredite que as necessidades estejam hierarquizadas no tempo, isto é, abandona-se, por exemplo, a necessidade de autorrealização a cada vez que se tem fome. A proposta de Maslow não é esta. Ele advoga, evidentemente, que a insatisfação de uma necessidade não exclui a priori a existência de outra. É um modelo ilustrativo, uma forma didática de apresentar suas conclusões.

Esmiuçando as necessidades que Maslow vê como fundamentais do ser humano, podemos entender por: a) fisiológicas as necessidades relacionadas à mecânica do corpo humano; em b) segurança temos proteção e abrigo necessários à sobrevivência; c) relacionamento traduz o desejo de cada um de ser aceito pelo grupo de que participa e com o qual convive, dando maior sentido de importância a sua vida; d) estima, como prestígio e domínio de espaço conceitual; e, finalmente, e) autorrealização, traduzida pela necessidade de se buscar conhecimento, compreendê-lo e, sobre isso, desenvolver algum sistema, alguma escala própria de valores.

Posto isto, e entendendo necessidade como procura pelo suprimento e solução de qualquer espécie de privação, o ser humano desenvolverá todos os esforços ao seu alcance para evitar desde a dor e a fome até a solidão, o desprezo, o abandono, o esquecimento. Fará de tudo para obter o máximo de bem-estar e aceitação no meio de seu convívio, seja ele natural, familiar, profissional, acadêmico, desportivo etc. A este propósito, veremos adiante que Gustave Le Bon parte de um princípio muito aproximado.

Queremos ser consultados, reconhecidos, admirados, respeitados, amados, bem-vindos, solicitados... enfim, queremos ser notados por toda e qualquer forma que nossa cultura – nossos hábitos e costumes – repute ética, recomendável e socialmente aceita.

Já houve quem dissesse que a Teoria da Hierarquia das Necessidades foi criada sob encomenda do pessoal do marketing. Na verdade, não foi, ao que me consta, exatamente assim. De qualquer modo, criada a pedidos ou não, é uma teoria que cai como uma luva aos propósitos mercadológicos. Pela simples razão de que Maslow nos deu o ordenamento de raciocínio necessário às decisões do *dia a dia* em Propaganda e marketing. Ficou fácil o reconhecimento de quais necessidades os consumidores possam procurar satisfazer pela aquisição deste ou daquele produto ou serviço. Ficou fácil projetar Propaganda a partir daí.

Le Bon

Gustave Le Bon é um pouco anterior a Maslow. Considerado o fundador da psicologia social, nasceu em meados do século dezenove e viveu até 1930. Com a publicação de As opiniões e as crenças, nos primeiros anos do século vinte, Le Bon introduz um conceito muito interessante: a partir da ideia fundamental de que a todo e qualquer ser vivo interessa exclusivamente procurar o prazer e evitar a dor (prazer e dor entendidos no sentido mais amplo que estas palavras possam ter), chega, entre outras conclusões, à existência de cinco tipos de lógica existentes no ser humano. Até então, entendia-se lógica como algo meramente aristotélico e/ou cartesiano (e ainda hoje, sabemos, vulgarmente é assim).

Mas podemos interpretar lógica, depois dos argumentos de Le Bon, como não apenas este modelo clássico de raciocínio, onde x+y=z ou 2+2=4, mas como um conjunto de padrões que regem as várias manifestações do comportamento humano, do biológico ao psicológico, do individual ao social.

Através de cada um dos cinco tipos de lógica, por explicar nosso comportamento em relação à sociedade e ao mundo que nos cerca – e que, por consequência, facilita nosso entendimento acerca da comunicação – veremos como é fácil estabelecer paralelos entre cada um deles e os variados apelos ao consumo normalmente encontrados em Propaganda e marketing

Segundo ele, a atividade humana é governada por diferentes formas de lógica: biológica, afetiva (relacionada ao sentimento), coletiva, mística e racional. E todas estão presentes em cada um de nós, variando apenas a intensidade com que se manifestam, isto é, os pesos com que os diferentes tipos de lógica se distribuem variam de indivíduo para indivíduo, e de acordo com as condições ambientais momentâneas.

A Lógica Biológica é a essência, o fundamento daquilo que rege a vida. Existe e se manifesta em absolutamente todos os seres dos reinos animal e vegetal, ou seja, onde há vida sob qualquer forma.

Por envolver os instintos, interfere diretamente nos nossos hábitos intelectuais e afetivos. Assim, questões ambientais de toda ordem têm papel rigorosamente determinante no comportamento do consumidor. É uma lógica diretamente relacionada às necessidades fisiológicas apontadas em Maslow. Quero salientar que em Propaganda e marketing, apelos à Lógica Biológica nunca, ou raramente, funcionam. E isto se dá porque simplesmente não temos o menor controle sobre nossa Lógica Biológica. Como veremos adiante, mesmo quando vendemos produtos relacionados à fisiologia (alimentos, bebidas etc.), apelamos a outros tipos de lógica.

Posso, assim, assegurar sem medo que não se satisfaz a sede com os refrigerantes dos cartazes, nem a fome com os alimentos anunciados, e nem mesmo a necessidade de manter-se a integridade física pela aquisição de um automóvel blindado ou tanque de guerra particular. O apelo contido nos comerciais do gênero é dirigido a outro endereço psicológico.

Vejamos, agora, a Lógica Afetiva. Entendemos sentimento e razão como distintos, e não é difícil observar que o sentimento vem antes do conhecimento. O cuidado delicado que a mamãe crocodilo dispensa ao seu filhote é prova disso. Pois a Lógica Afetiva rege o inconsciente. Daí, temos que simpatia e antipatia, amor e ódio, podem ser controlados, mas não podemos determinar a nosso bel-prazer seu surgimento. Portanto, deduz-se também que a razão não a explica. Le Bon nos pergunta: como controlar o amor? Ele vai mais longe e nos mostra que a Lógica Afetiva controla nossa percepção do mundo, e é a base de toda nossa moral política, religiosa e social.

Em Propaganda e marketing, nada pode ser mais clássico, nada ilustra melhor que o exemplo dos apelos mercadológicos das margarinas. Ricas em óleos insaturados, com fatores Ômega 3 e mais uma série de componentes 'indispensáveis' à vida moderna (como se o metabolismo humano e demais requisitos biofísicos houvessem sofrido alterações com a Revolução Industrial), suas mensagens de persuasão são dirigidas às mamães e donas de casa de todo o planeta, via comerciais que as conduzem a um mundo de sonhos, o mundo das famílias perfeitas que todas elas 'sabem' que têm, embora do ponto de vista puramente objetivo isto raramente se verifique (faça a experiência de descrever um comercial de margarina a uma dona de casa qualquer e você verá do que estou falando).

Mudam, é claro, os nomes dos produtos e o roteiros dos filmes de TV. Mas o que nunca muda é estarem estes esforços mercadológicos a serviço da satisfação afetiva (não biológica, embora, no exemplo, trate-se de alimentos, que suprem, por definição, necessidades fisiológicas) daquelas mamães que invariavelmente decidem sua compra. O que esta comunicação diz, subliminarmente, é 'demonstre afeto a todos e você vai receber afeto de volta'. Não há, por mais 'fisiologicamente satisfeitos' que estejam os protagonistas dos anúncios, apelo algum à Lógica Biológica. Daí, até concluir que alimentos 'saudáveis' não foram concebidos para necessariamente proteger sua vida – e a vida daqueles que você ama – não é um caminho tão difícil assim. Ou seja, o marketing das margarinas não criou, aqui, necessidade alguma que não estivesse presente já na mulher de Neanderthal, carinhosa que seguramente foi com seus filhotes. Guardadas as diferenças e proporções, o mesmo ocorre com qualquer outra categoria de produtos, principalmente os de consumo de massa.

Continuemos: Lógica Coletiva. É uma peculiaridade de nossa *psyché* que só se manifesta quando estamos envolvidos em grupos ou multidões e, nas palavras de Le Bon, estimula ações contrárias à lógica afetiva.

As ocorrências de troca de insultos e até mesmo violência física entre diferentes torcidas de futebol é prova cabal e contundente desta afirmação. Sozinhos, provavelmente não agrediríamos um torcedor do clube adversário se ele cruzasse, também sozinho, nosso caminho. Evidentemente, as ações grupais não se manifestam apenas pela ira; ao contrário, demonstram muitas vezes amor. É muito comum o espírito de solidariedade manifestar-se com maior exuberância nos grupos que nos indivíduos, e o que se passa nas ocorrências de catástrofes também representa demonstrações cabais de prevalência da Lógica Coletiva a serviço da solidariedade.

Em grupo, nosso comportamento muda. Não sem razão, os esforços de Propaganda e marketing dirigidos principalmente aos adolescentes (em uma fase de autoafirmação e carência de aceitação no grupo, como Maslow também já nos ensinou) apelam corriqueiramente à Lógica Coletiva. A assertiva de que 'liberdade é uma calça velha azul e desbotada' só ganhou notoriedade por entrar em consonância com um misto de lógica afetiva ('venha para o grupo, nós o receberemos bem') com lógica coletiva ('você agora é parte do grupo e está fortalecido'). Não se criou, mais uma vez, nenhuma necessidade inédita à natureza humana.

Lógica Mística. Le Bon nos afirma que este tipo de lógica é exclusivo da humanidade, animais não a conhecem, é um poderoso motor da ação, não é inconsciente como a afetiva e inspira atos contrários aos nossos interesses.

Em outras palavras: como explicar que seres humanos, cuja lógica biológica lhes pede preservação e integridade físicas, atem-se a explosivos e, em nome da religião (extremistas religiosos) ou do imperador japonês (pilotos kamikazes), deem cabo orgulhosamente das próprias vidas? Ou que se chicoteiem a si mesmos até sangrar ou se deixem crucificar de verdade (fanáticos cristãos filipinos), em nome da redenção ou em benefício da satisfação divina? É facilmente observável que a história política e religiosa dos povos demonstra a força da Lógica

Mística. Nela, causas naturais são entendidas como caprichos e vontades de seres superiores, de entes ignorados porém 'mágicos'.

As superstições são ótimos exemplos. É sabido que todos nós, mesmos quando nos consideramos muito 'racionais' nos deixamos governar por apelos místicos variados. Mais uma vez, como explicar nossa 'certeza' interior de que um dia vamos ganhar na loteria? Que dizer, ainda, daquela olhadela no horóscopo diário?

E a Lógica Mística não se enfraquece pela contraposição da razão. Por isso mesmo, é um terreno fertilíssimo para os esforços em Propaganda e marketing, particularmente aqueles relacionados à promoção de vendas. Porque, 'Acredite, telespectador! Participando da nossa promoção, você VAI GANHAR um milhão!' Ora, nenhum concurso ou promoção que espere quinhentos mil participantes tentará convencê-lo a participar com um slogan sonoro do gênero 'Venha! Participe! Você terá uma chance em quinhentas mil de ganhar!'.

Se a Lógica Mística se enfraquecesse pela contraposição de argumentos racionais, qualquer apostador da loteria que olhasse o verso do volante de apostas desistiria imediatamente de seu intento, pois lá está escrito claramente que suas chances de ganhar em determinadas modalidades são inferiores a uma em cinquenta milhões. Isto mesmo: menores do que uma em cinquenta milhões! Mas, bem, Deus, o santo ou sabe-se lá que outro ente mágico, está mesmo de prontidão para dar uma mãozinha aos aflitos...

Diante destes argumentos, portanto, se eu afirmar que Propaganda e marketing não criam necessidade mística alguma, temo ofender sua inteligência, leitor.

Finalmente, vejamos a Lógica Racional, a que todos estamos habituados a tratar apenas por 'lógica'. Le Bon nos diz que a Lógica Racional compreende vontade, atenção e reflexão.

Por vontade entenda-se a faculdade de decidir-se pela prática de um ato. Por atenção, a concentração, por determinação da vontade, em um objeto ou ideia; é, segundo ele, o primeiro filtro da informação e primeiro motor do intelecto. Por último, reflexão, como capacidade de raciocinar, combinando e comparando elementos físicos e sensoriais.

Esta Lógica Racional, em estado puro, não é de grande valia para os esforços de Propaganda e marketing. Ou, melhor, quando se usa do verniz racional para dar brilho ao coletivo, afetivo ou místico, aí sim 'convencemos' o cidadão.

Exemplos melhores que os do 'invista seu futuro e o de seus filhos no nosso banco' são difíceis de encontrar: é o afetivo envernizado de racional. Por consequência, dizer que 'de agora em diante você não vai mais poder viver sem nossos serviços financeiros' é raciocínio decorrente. Mesmo nos casos em que o slogan pretensamente racional seja 'Cartão de Crédito. Precisar, não precisa', ainda assim temos puro revestimento de falsa Lógica Racional sobre necessidades básicas de segurança, afeto e quetais (é óbvio que ninguém precisa de cartão de crédito; a prova está nos últimos cem mil anos de existência humana. Então, por que razão gastar dinheiro em publicidade para dizer-se o óbvio?).

Conclusão

Terminado o breve passeio pelos terrenos de Maslow e Le Bon, algumas conclusões são imediatas. Primeiro, vemos que a comunicação orientada por diferentes tipos de lógica, ou praticada por interlocutores com lógicas igualmente diferentes, ou efetuada em 'ambiente' psicológico adverso gera conflito e não se realiza plenamente (ver Maslow: tente comunicar-se com alguém morrendo de fome ou em pânico para ir ao banheiro!).

E isto é mortal para qualquer esforço de Propaganda e marketing; é como se falássemos línguas absolutamente diferentes (de certa forma, não deixam de ser linguagens) com nossos interlocutores que, em Propaganda e marketing, são conhecidos por público-alvo ou target group.

Vimos também que as lógicas afetiva, coletiva e mística são um terreno fértil para a comunicação subliminar. Exemplos também não faltam ao longo da história da humanidade ou mesmo no *dia a dia* contemporâneo. Voltando a Gustave Le Bon, autor do princípio das cinco diferentes modalidades de lógica, arrematamos com sua máxima: para mover é preciso comover.

Sabemos, enfim, que as necessidades humanas são sempre as mesmas e estão direta e exclusivamente relacionadas a características biológicas, fisiológicas e emocionais gravadas desde os primórdios da espécie humana no código genético de cada um de nós.

Não criaremos novas necessidades nem, tampouco, modificaremos as características das necessidades que possuímos desde sempre. Dizer objetiva ou subjetivamente que um determinado automóvel dá status é, por exemplo, apelar para sua necessidade de reconhecimento e aceitação na comunidade (Maslow) e apontar para a satisfação de uma necessidade preexistente de afeto (Lógica Afetiva de Le Bon).

É impossível criar-se a 'necessidade' de status; cria-se, isso sim, uma figura, uma ilusão chamada status através da qual satisfaz-se necessidades outras já existentes. Basta que se analise detidamente forma e conteúdo da comunicação publicitária contemporânea (e mesmo, em alguns casos, da jornalística) exibida das mais variadas maneiras para que, cruzando-se os dados das teorias aqui expostas e de demais teorias semelhantes, se conclua que os mecanismos são sempre e obrigatoriamente os mesmos.

O ponto que deixei para mais tarde, antes de iniciar considerações sobre Maslow e Le Bon, é que acredito que pela via de Propaganda são criadas, repito, não mais do que ilusões, e pela mecânica psicológica destas ilusões criam-se apegos a marcas e produtos, não necessidades destas mesmas marcas e produtos; na óptica sociopolítica talvez possamos enquadrá-las também como as tais 'ilusões necessárias' citadas por Noam Chomsky ao analisar a orientação ideológica da grande mídia jornalística e publicitária ocidental contemporânea. São ideias bastante semelhantes.

No final das contas, Propaganda e marketing criam a comoção necessária para que o consumidor encaminhe-se em direção ao produto oferecido/anunciado ('para mover é preciso comover').

A diferença entre apego e necessidade não é puramente semântica, porque necessidades podem ser fisiológicas, apegos não. Apegos têm caráter psicológico, emocional ou dê-se o nome que se queira.

O que entendo por apego está, por exemplo, no âmago da ideia de fidelidade a uma determinada marca ou produto. Porque uma marca (da cruz cristã ao logotipo da Coca-Cola) é nada mais que o resumo, a suprema síntese do conjunto de ideias ali representadas.

Veja uma cruz na torre da igreja mais próxima e não serão necessárias mais explicações; idem ao ver a estrela de três pontas da Mercedes-Benz, ou qualquer outra marca de razoável reconhecimento. Subliminarmente, dizem 'aqui você encontra satisfação para a necessidade X, ou para a necessidade Y'. A diferença de eficiência nesta comunicação dependerá, naturalmente, da maneira como esta comunicação foi desenvolvida ao longo do tempo (mas isto já é assunto para outro trabalho). Assim sendo, podemos repetir com tranquilidade que Propaganda e marketing jamais criaram, ou criarão, necessidades humanas de qualquer espécie ou em qualquer intensidade.

Análise de Público-alvo: pesquisa

Depois de tanto analisar o íntimo do Sr, Target, onde, diabos, vamos encontrar todas as demais informações para rechear nosso *briefing*? Pesquisando o mercado, claro!

Pequenos anunciantes têm na experiência sua principal, senão única, fonte de pesquisa. Após alguns anos de barriga no balcão, descobre-se muito de interessante acerca das necessidades do Sr. Target e do mercado como um todo.

Porém, existe sempre o risco de deixar que as observações transformem-se em convicções sedimentadas, onde o jogo de cintura vai por água abaixo e vem à tona, em contrapartida, a arrogância do Dr. Sabe-Tudo e o desprezo pelo que é novo no quadro mercadológico. Empresas guiadas por gente assim tendem a desaparecer, mesmo que demore um pouco mais. Portanto, alguma atenção, humildade e canja de galinha nunca farão mal a ninguém.

Se não for assim, responda-me, estimado leitor: por que será que a Coca-Cola, que tem uma quantidade absurda (repito: absurda) de conhecimento acumulado sobre seu mercado, mantém o eterno exercício da análise de público-alvo através de constantes pesquisas? Será que, liderando o mercado de refrigerantes há tantas décadas, eles já não teriam aprendido tudo? Já não teriam adquirido suficientes calos na barriga?

E não é só ela. Todas as grandes empresas de todos os ramos de atividade — automobilística, farmacêutica, química, brinquedos, cigarros, eletroeletrônicos e uns mil eteceteras — investem os tubos em pesquisas para que se façam análises cada vez mais acertadas sobre os movimentos, os fluxos e contrafluxos do mercado. E é bom não esquecer que mercado é um negócio dinâmico e complexo, composto não só de compradores, mas também de fornecedores e concorrentes; é um todo.

O bom marqueteiro, ou o bom publicitário, é como um surfista: sabe observar o vai e vem da maré e decide por aquela marola que irá se transformar em uma tremenda onda.

Pesquisa é a forma de se observar o vai e vem do mercado. Por isso, só por isso, é contínua nos grandes anunciantes. Não é razão mais que suficiente?

Embora, aqui, a intenção seja prioritariamente ajudá-lo a raciocinar em termos genéricos, vamos um pouquinho ao específico. Tecnicamente, pesquisa de mercado está subdividida em:

- pesquisa primária, ou de dados primários. É o tipo de pesquisa 'encomendada', ou seja, aquela que é feita sob uma determinada necessidade. Define-se qual é o universo que se quer conhecer, extrai-se uma amostra representativa deste universo e aplicam-se questionários criados especialmente para esta finalidade. Para ficar mais claro, vamos a um exemplo hipotético bem simplificado: a Brastemp quer saber qual o perfil do Sr. Target ou, melhor, Sra. Target, que comprará um determinado modelo de lavadora de roupas pela primeira vez. Neste seu caso, parte-se de algumas premissas básicas como 'serão donas de casa de determinada faixa etária?, serão solteiras?, estão às vésperas do casamento?, ou vão morar sozinhas?, trabalham fora ou não?, têm filhos?, o namorado, noivo ou marido influi na decisão de compra?', 'homens que vivem sozinhos compram lavadoras?', e por aí vai. Qualquer que seja o perfil esperado, milhões de pessoas estarão enquadradas. Este é o universo. Então, após uma pré-pesquisa para ajuste do público-alvo, parte-se para a pesquisa mesmo e aplicam-se, por exemplo, 1.000 questionários às pessoas de características pré-determinadas. Esta é a amostra, isto é, um grupo pequeno que representa estatisticamente o grupo total. Daí, começa-se a tirar conclusões. E também pode-se partir com maior segurança para as ações como, adivinhe!, a nossa querida Propaganda.

Os exemplos mais popularmente conhecidos de pesquisa de dados primários são as pesquisas eleitorais. Pesquisa primária exige profundo conhecimento de estatística e há empresas especializadas que prestam este tipo de serviço, os institutos de pesquisa de mercado.

- pesquisa secundária, ou de dados secundários. É a pesquisa feita a partir de dados já existentes e que não foram coletados para aquela necessidade específica. Dados que já estejam em publicações variadas, jornais, livros e sabe-se lá onde mais. Outro exemplo: uma empresa resolve sondar as possibilidades de participar de um mercado que ainda não conhece em profundidade. Vai buscar informações em literaturas, entidades de classe, especialistas, concorrentes (quem disse que não dá?), órgãos públicos e em todo e qualquer lugar que possa representar uma fonte confiável de informações. Um fabricante de televisores terá no censo populacional e na PNAD excelentes fontes de pesquisa secundária para tentar determinar o potencial de mercado no momento em que pretende também lançar aparelhos de discos *blue ray*. É o tipo de pesquisa que se faz 'dentro de casa' (na própria empresa ou através de consultorias especializadas).

As pesquisas ainda podem ser divididas em quantitativas ou qualitativas. Nas quantitativas, sabemos que X% dos motoristas preferem tal marca de automóvel; nas qualitativas, descobrimos porque. Nas quantitativas, observamos que Y% das donas de casa rejeitam determinada marca de detergente; as qualitativas mostram que o detergente, na verdade, tem cheiro um pouco desagradável ou a embalagem simplesmente é feia.

Bem, isto é assunto que vai longe demais. O importante é você ter em mente a necessidade de manter-se sempre em dia com as tendências do seu mercado, não sofrendo de excesso de confiança no seu faro. Aprenda sempre mais sobre pesquisa de mercado, fique aberto à experiência, mantenha um olho atento sobre o que os anunciantes grandões estão fazendo, leia publicações especializadas sobre vendas e marketing, participe de sua entidade de classe e exija que ela patrocine pesquisas em nome do bem comum. Faça o que for necessário, mas nunca perca a vontade de tentar enxergar o que vem por aí. Lembre-se das ondas do surfista. Deite-se na prancha que vai levá-lo adiante, nunca em berço esplêndido.

Análise de Concorrência

Um sujeito de 1,90 m de altura pode ser considerado alto. Mas ser for o pivô de um time de basquete da NBA, é um nanico. Afinal de contas, é alto ou baixo? Depende do referencial, você dirá. Portanto, sem algum referencial não é possível sabermos se o tal sujeito é verdadeiramente alto ou baixo.

E a sua empresa, vai bem ou vai mal? Sua comunicação é boa ou ruim? Depende da performance da concorrência, do mercado como um todo. A concorrência é seu melhor referencial. Desprezar seus movimentos é puro suicídio.

Já vimos algo sobre o Sr. Target em análise de público-alvo e análise de mercado. Mas mercado é um conceito mais amplo que inclui, infelizmente, os concorrentes. Então, sem querer ser muito marqueteiro num papo sobre Propaganda, não posso deixar de fazer alguns breves comentários sobre análise de concorrência. Até porque, como vimos desde o início, Propaganda é parte de vendas e marketing. A seguir, vão algumas referências sobre o assunto e, de modo sumário, apresento exemplos de ferramentas que se prestam bem à tarefa.

Comecemos. Um mercado tem um tamanho determinado num determinado instante. Evidentemente, ao vender mais, você tomará espaço de alguém. Seu concorrente vendeu mais? Lá se foi um pouquinho do seu espaço.

Daí, fica fácil concluir que sem o conhecimento da concorrência, é impossível o conhecimento do seu próprio negócio. Sendo impossível o conhecimento do seu próprio negócio, também será impossível estabelecer algum posicionamento competitivo, alguma estratégia de vendas e marketing. Sem estratégia de vendas e marketing, haverá estratégia e planejamento de comunicação dignos deste nome?

Sun Tzu também afirmava:

1. Se você conhece o seu inimigo tão bem quanto a si mesmo, não precisa temer o resultado de cem batalhas;

2. Se você conhece a si mesmo, mas não ao inimigo, cada vitória será acompanhada de uma derrota em contrapartida;

3. Se você não conhece seu inimigo e nem a si mesmo, perderá todas as batalhas.

Portanto, à luta, senhores. Ao longo das últimas décadas, muitas têm sido as técnicas desenvolvidas para a gestão de vendas e marketing e Propaganda, sempre com um olho nos movimentos da concorrência.

Um exemplo de ferramenta bastante interessante neste sentido é a matriz BCG, que leva este nome por ter sido desenvolvida pelo Boston Consulting Group, importante empresa americana de consultoria.

Através desta matriz, é possível visualizar o posicionamento mercadológico de um produto em função de variáveis como tendência de fluxo de caixa, taxa de crescimento de mercado e participação de mercado.

O cruzamento destas variáveis resulta em quadrantes conhecidos como Criança Problema, Estrela, Vaca Leiteira e Abacaxi. Dependendo da fonte de consulta, você poderá encontrar nomenclatura diferente, mas o princípio é sempre o mesmo.

A matriz BCG substitui a clássica curva de ciclo de vida dos produtos, por ser mais abrangente. Criança Problema é aquele período de incógnita, quando o produto está dando seus primeiros passos, sua participação de mercado é pequena e são necessários maiores investimentos financeiros, o que representa tendência negativa de fluxo de caixa. Estrela é o patamar seguinte, quando o produto já apareceu, já está começando a dar seu show particular, mas não dá lucro nem prejuízo. Vaca Leiteira é o que o próprio nome diz: a alegria da empresa, um produto que vende muito e já se pagou. Por fim, o Abacaxi, produto com o pé na cova.

A movimentação no sentido Criança-Problema — Estrela — Vaca-Leiteira indica o ciclo de vida do produto (se chegar no quadrante Abacaxi, um pepino o aguarda). O ideal, portanto, é sua movimentação no sentido demonstrado na matriz BCG abaixo.

Observe: quando um produto nasce, está no estágio Criança-problema; sua participação de mercado é evidentemente baixa e seu fluxo de caixa tende ao negativo, porque são exigidos uma série de investimentos para o seu lançamento. Se tudo correr bem, aumentará a participação de mercado e começará a apresentar indicação positiva de fluxo de caixa, entrando na fase Estrela. Nesta fase, a tendência é a de não gerar lucro, nem prejuízo; o produto é apenas uma promessa que brilha. Com o passar do tempo, poderá atingir o estágio de Vaca-leiteira, quando os investimentos de capital já foram feitos e o que vier é lucro. Aí, é bom lembrar a importância dos investimentos em comunicação, para não perder participação de mercado e o produto virar um belo Abacaxi pouco ou nada rentável.

Veja o caso da Coca-Cola. Líder absoluta do mercado de refrigerantes e nunca pára de anunciar. É um produto Vaca-leiteira, sem dúvida, e muitos poderiam argumentar que ficar torrando uma grana preta em Propaganda é bobagem. 'Ora, mas quem não conhece Coca-Cola? Pra que gastar tanto?'. Contudo, ela simplesmente não pode se dar ao luxo de perder mercado, para não virar refrigerante sabor *pi-*

neapple. Por isso, investe. Anuncia continuamente. E este é um dos segredos do seu sucesso: continuidade na comunicação. Você, mesmo com pouco dinheiro em comparação a ela, deve fazer o mesmo.

Na verdade, o uso da matriz BCG exige alguma tarimba e as conclusões a que se chega são bem mais profundas.

Dispondo de alguma informação, você também poderá analisar o comportamento do seu concorrente e tentar fazer as correções de curso necessárias, inclusive no que tange à sua comunicação. E comparando o posicionamento do seu produto com a concorrência mais próxima ou seu mercado como um todo, você já poderá saber como agir, e em que estratégias apostar suas melhores fichas. A matriz oferece, enfim, uma excelente radiografia do seu momento competitivo. Conheça-a em profundidade e você terá mais uma excelente ferramenta de auxílio à tomada de decisão em vendas e marketing e comunicação.

Além da matriz BCG, outro instrumento interessante é a Análise de Cadeia de Valor. A rigor, um instrumento de vendas e marketing facilmente adaptável à análise da sua Propaganda e a dos seus concorrentes. É uma maneira de se observar onde e como estamos agregando valor ao nosso produto e como a concorrência também o faz.

Antes, é bom relembrar que valor, que é subjetivo, não é sinônimo de preço, que é objetivo. Preço é atribuído em moeda; valor é atribuído de modo diferente, de acordo com a importância que o Sr. Target dá ao produto. Para exemplificar com maior facilidade, vamos imaginar que o anunciante seja um revendedor de automóveis. A fidelidade a uma determinada marca faz com que o Sr. Target disponha-se a pagar um determinado preço por um modelo de automóvel e não pague, de jeito algum, preço igual por um similar concorrente. É evidente: ele dá maior valor à marca. Portanto, valor subjetivo termina por resultar em preço objetivo. Mas, como ocorre este processo de valorização?

Diz a teoria, e a prática confirma muito bem, que o primeiro ponto através do qual podemos agregar valor ao nosso produto é a logística de insumos, isto é, verificarmos a confiabilidade dos nossos fornecedores e se somos confiáveis para eles, a qualidade de seus produtos e onde podemos reduzir custos com matéria-prima e componentes. Em outras palavras, uma boa venda começa com uma boa compra. Podemos tirar proveito deste conceito na nossa comunicação, informando ao Sr. Target que ele está adquirindo um produto de boa origem (o supermercado Carrefour faz isso, particularmente nos produtos hortifrutigranjeiros, ao adesivá-los com o selo de 'garantia de origem').

E, o que é mais importante, ficar de olho no concorrente para ver se ele não está tentando agregar valor ao seu produto já a partir da logística de insumos. Preste atenção na Propaganda que anda por aí e observe como grandes anunciantes às vezes tocam neste ponto.

Depois, vamos às operações, a atividade central do negócio. Basicamente, as operações são a somatória dos bens de capital, recursos humanos e os processos pelos quais o pessoal utiliza os bens de capital. Ainda no exemplo do revendedor automobilístico, uma oficina de primeira linha com gente de gabarito e bem treinada agrega valor. Falando em Propaganda do gênero, será que foi à toa que a Volkswagen veiculou, certa vez, um comercial mostrando com ineditismo um automóvel Gol sendo montado por robôs? A propósito, você já anunciou a qualidade do seu pessoal e das suas instalações? E o seu concorrente?

Logística de distribuição é o passo seguinte. É o como levar os produtos do ponto de manufatura ou revenda até o consumidor, com rapidez, pontualidade, integridade e, fundamentalmente, adequação às necessidades do usuário/consumidor. Basta um mínimo de bom senso para se perceber quanto isto é importante, e para desconfiar se não será o caso de se pensar o que pode ser feito a respeito. E, claro, contar isto ao Sr. Target.

Agora entra em cena o que para muitas empresas parece ser a única estrela do show: vendas e marketing. De fato, é o que mais aparece e, por isso mesmo, há quem pense que os esforços junto ao mercado devem ser concentrados apenas aí. Ledo engano. Mas, como vendas e marketing têm, em última análise, a tarefa de levar ao consumidor o melhor conceito sobre o produto e um bom motivo para comprá-lo, eis mais um ponto importante onde maior conhecimento e informação de qualidade agregam valor. Você conhece o consumidor tão bem quanto o concorrente o conhece, mesmo nos detalhes mais sutis? Sua Propaganda é de boa qualidade técnica e mostra claramente suas preocupações em bem atendê-lo com excelentes produtos? Ou é deixada uma brecha para o concorrente? Hoje, mais que nunca, o consumidor quer ser bem tratado, ter a sensação de individualidade e poder ver coisa bonita e bem-feita.

Chegamos ao quinto e último item da cadeia de valor: o pós-venda. Aqui estão incluídos assistência técnica, serviços de atendimento ao consumidor, política de devolução de mercadorias e todas as comodidades imagináveis que possam ser oferecidas. E isto ainda não basta. Importantíssimo você ter em mente a necessidade de trabalhar constantemente as informações colhidas no pós-venda, pois só assim você saberá em qual item estará pecando ou acertando, onde o concorrente poderá vencer e, acima de tudo, qual o grau de satisfação do Sr. Target. E satisfação do consumidor é igual à continuidade de vendas e maior valor agregado. Nunca é demais ressaltar que, com a atual tendência à equiparação tecnológica entre fabricantes e produtores dos mais variados bens e serviços, o pós-venda passa a ser um importante diferencial sensível para o consumidor. E não custa muito mantê-lo bem informado. Parafraseando o slogan da Volkswagen, o consumidor conhece, o consumidor confia. E dá maior valor ao seu produto.

A análise da concorrência não pára por aí. Há muitas outras ferramentas de vendas e marketing aplicáveis à administração e ao planejamento de Propaganda, com farta literatura disponível. Você, novo anunciante, deve procurar conhecer o máximo possível a respeito, porque é você quem corre os riscos e paga a conta da sua comunicação. Mexa-se.

Determinação de Verba

O publicitário, no seu dia a dia profissional, encontra, com frequência, anunciantes que só descobrem que não fizeram a devida provisão de recursos para investimento em Propaganda exatamente na hora... de fazer Propaganda! Tanto mais isso acontece quanto menor é o hábito do empresário em anunciar.

Imagine uma pequena loja de calçados que resolve anunciar uma promoção. O proprietário chama a sua agência de Propaganda — muito provavelmente tão pequena quanto ele, se é que ele tem uma agência — e pede um 'orçamento'. A agência levanta alguns custos de mídia, por exemplo, e apresenta. A partir daí, ele vai decidir se aplica ou não aquele valor em Propaganda.

Já que os custos no setor não são o que se possa chamar de baratos, ele acaba ficando constrangido e tenta, com todas as suas forças, negociar o impossível: uma campanha nos padrões dos melhores concorrentes, mas com aplicação de verba infinitamente inferior.

Se ele tivesse uma maneira, qualquer que fosse, de estimar previamente o investimento, não estaria sujeito a surpresas com custos e, mais importante ainda, a agência poderia trabalhar com condições excepcionalmente mais produtivas e de maiores possibilidade de acerto. Todos, cliente e agência, sairiam bem mais satisfeitos com os resultados.

Ora, então por que não considerar o investimento em comunicação como um componente de custo do produto? As grandes empresas fazem isso; e é por isso mesmo que sabem quanto vão gastar, onde e como. Tudo muito bem planejado e, por consequência, muito bem executado.

Como exemplo, e apenas como exemplo, segue abaixo uma tabela com percentuais de investimento em Propaganda em função do faturamento. Estes percentuais não são obrigatórios para cada ramo de negócios, mas representam algum parâmetro.

Indústria Automobilística	1% a 2%
Produtos Alimentícios	5% a 10%
Cosméticos	10% a 20%
Alguns Produtos Domésticos de Limpeza	20% a 30%
Produtos Farmacêuticos Populares	até 30%

Mas, como determinar a verba? Que percentuais aplicar? Não há regras fixas, cada caso é um caso. A priori, deve-se levar em conta a experiência que vai sendo adquirida. Há empresas que aplicam percentuais diferentes para cada linha de produtos. Outras, partem de um faturamento geral e determinam a verba por produto em função dos esforços mercadológicos que cada um deles requer. Existem as que vão só pelo faro, pomposamente chamado de experiência gerencial. E por aí vai. Vamos a alguns destes modelos de determinação de verba que você poderá implantar na sua empresa ou, ao menos, inspirar-se neles para desenvolver o seu próprio modelo.

1 – percentual sobre vendas. Muito usado por aí, tem a vantagem de permitir uma estimativa do investimento publicitário a partir das previsões de vendas futuras. Só que tem as seguintes desvantagens: se as vendas caírem, o investimento também cai e o concorrente toma seu espaço na memória do Sr. Target; além disso, dá sempre ao anunciante a impressão de lançar mão de seus suados lucros, gastando-os com esta 'bobagem' de ficar fazendo reclames só pra engordar publicitários. E ninguém gosta de sentir a mão ficando maior do que o bolso, como diria o saudoso Joelmir Beting. Como última desvantagem, não há planejamento que resista.

2 – experiência gerencial. Como já disse, é o vulgo chute. Alguém consulta uma bola de cristal qualquer e sai anunciando a verba. Já vi coisa assim funcionando em uma multinacional: o diretor financeiro, grande alquimista, simplesmente anunciava a verba disponível para o ano e pronto. Tentei estabelecer algum critério lógico e não consegui; perguntei e não obtive resposta. Será que seu critério era algum segredo íntimo? Evite a experiência gerencial. Se for usá-la, faça-o pisando sobre ovos.

3 – programas de marketing. Apresentada como extensão melhorada da experiência gerencial. É simples: após reuniões e mais reuniões entre gerentes de vendas, marketing, finanças e o que mais for, nasce uma série de atividades de Propaganda e marketing que serão desenvolvidas ao longo do ano sob a premissa de que produzirão determinados resultados. Faz-se uma lista de atividades que julga-se indispensáveis como, produção de anúncios, compra de mídia, feiras e eventos, brindes, despesas com assessoria de imprensa etc. Terminada a lista, estima-se quanto cada atividade custará, soma-se tudo e obtém-se a verba. Genial, não? É importante rezar para que nada de surpreendente aconteça ao longo do período.

4 – verba incorporada ao custo unitário. Grosseiramente falando, o preço final de um produto qualquer é o resultado da composição de custos fixos industriais, de matéria-prima, mão de obra, outros custos administrativos e impostos. Por que não incluir o investimento publicitário rateado pela produção? Parte-se de uma estimativa de investimento anual versus produção total, descobre-se quanto cada unidade do produto terá de custo de Propaganda incorporado e, aí sim, fixa-se o preço. Com isto, elimina-se aquela sensação desagradável de ver o lucro diminuído; dá-se uma melhor oportunidade ao planejamento; a verba cresce junto às vendas e permite mais comunicação para se tentar ainda mais vendas. Se as vendas por acaso caírem, a manutenção de um patamar básico de verba, uma espécie de garantia de investimento, ajudará nos momentos difíceis.

Há quem espere que as coisas caiam do céu, mas se uma empresa quer vender mais, aumentar sua participação de mercado, deve pagar por isso. Esta é a razão principal pela qual muitas pessoas consideram Propaganda um investimento, não uma despesa. Os americanos completam: 'na natureza não há refeições grátis'.

E se comprar Propaganda deve obedecer a algum critério lógico e razoavelmente técnico, ao fazer um esforço extra em investimento publicitário, ao apostar em uma estratégia de vendas e marketing traduzida na forma de anúncios, você tentará 'comprar' seu sucesso futuro. Pense nisso.

Aplicação de Verba / Controle e Avaliação de Resultados

Determinada a verba, como será que se distribui este dinheirão todo? E como se sabe que está valendo a pena?

Basicamente, a verba será dividida em duas partes desiguais: produção e mídia (veiculação).

A produção envolve a confecção dos anúncios, e aí entra toda sorte de custos: criação (é, talento também tem preço!), fotos, fotolitos, gráfica, jingle ou spot de rádio, filme ou VT etc. Diz uma regra informal que os custos com a produção não devem ultrapassar 20% do total da verba. Particularmente, concordo com isso, mas sempre com a ressalva de que 20% do total é um percentual alto. Se a criação da sua agência tiver conseguido uma ideia fantástica de baixos custos de produção, VIVA! Lembra quando eu falava da aproximação com a agência? Então. Qual é o problema em você expor aos criativos suas eventuais dificuldades com maiores custos de produção, explicando a todos que, por uma razão qualquer, você precisa economizar uns trocados para melhorar sua mídia? Se o problema não for esse, melhor ainda. Deixe que a agência produza profissionalmente, com a melhor qualidade possível.

Vou a um caso real para deixar mais claro o que estou dizendo. Tenho visto, com regularidade, anunciantes do setor imobiliário gastando com cachês de atores mais ou menos famosos, de seis a sete vezes mais do que concordam em pagar pela produção de um comercial de TV. Sabe o que pode acontecer? A produção não ter meios para nada, e ser obrigada a abrir mão de alguns recursos. Vi, certa vez, uma gravação onde não havia maquiagem para um casal de atores de novelas muito famosos e nem, pasme!, sapatos adequados ao figurino. O infeliz do diretor acabou sendo obrigado a mudar os planos de enquadramento, o pessoal de produção estava P da vida, e os atores constrangidos, tudo ajudando a empobrecer o comercial. E só porque procurou-se economia sem critério, porque não havia o menor planejamento de nada. Tudo na base do achômetro. Portanto, se sua verba é muito curta, procure ideias concebidas para execução barata, onde você não precise abrir mão da qualidade e nem esteja sujeito a atropelos ou ao ridículo de sonhar alto sem meios de realização.

Bem, agora a maior fatia do bolo: a verba de mídia, no mínimo 80% do total. Sua importância está na exata proporção da eficiência com que você espera ver sua mensagem atingindo o maior número de pessoas pelo maior número de vezes. Portanto, muito cuidado com o planejamento da sua mídia. Não se deixe levar pela ansiedade de querer estar em todos os lugares ao mesmo tempo. Se só dá para veicular no jornal, então só veicule no jornal. Cabe ainda alguma mídia em rádio? Ótimo! Mas vá sempre com cuidado. Espalhar anúncios por todos os lados sem recursos para frequências eficientes é jogar dinheiro no lixo. Quer ver?

Certa vez, um cliente de uma pequena agência de que participei, entrou na conversa de uns produtores e contratou diretamente a realização de um filme caro para suas posses. Considerando que já havia comprometimento de verba com jornais e revistas, o que sobrava mal daria para uma programação razoável em televisão. Quando fomos informados do seu 'excelente negócio', ainda tentamos dissuadi-lo daquela produção, mas já era tarde. Resultado: o filme foi realizado e até que ficou muito bom... mas, na hora do vamos ver, só deu para três inserções em uma única emissora de São Paulo. E também deu dó.

Por essas e outras, a aplicação de verba é obrigatoriamente assunto de muita análise, muita discussão. Não banque o maria-vai--com-as-outras, acreditando que só porque seu concorrente fez isso ou aquilo você também deverá fazer; ou porque algum *expert* do assunto garantiu. Você (É... VOCÊ MESMO!) deve arregaçar as mangas ao lado de sua agência para, juntos, planejarem o método mais adequado de aplicar sua verba.

Agora, chegamos ao momento em que o coração vai bater mais forte: a avaliação dos resultados da sua comunicação. Aqui, sempre é bom estar em dia com as lições de casa em estatística e matemática.

Investimento X, retorno em vendas Y; investimento 2X, retorno 2Y; investimento 3X, êpa!, o retorno continua em 2Y? Então, o retorno não é proporcional ao investimento? Claro que não. Há um ponto de saturação, um momento em que o volume de Propaganda passou da conta, e isto significa dinheiro fugindo pelo ralo.

Sinceramente falando, vi muito pouca gente administrando objetivamente o retorno da sua comunicação. Mesmo algumas multinacionais não o fazem de maneira eficaz. Já ouvi, até, consultores americanos garantindo que, lá nos EUA, nem a metade dos anunciantes tem controles precisos. E olha que os caras são o país das estatísticas!

Antes de mais nada, lamento informar que a avaliação de resultados é obrigação somente sua como anunciante. Você deve manter sua agência informada; talvez eles até o ajudem a desenvolver algum processo. Mas a obrigação é sua.

Ao que tenho notícia, não existe uma formuleta mágica para isso. O que eu posso sugerir são três passos básicos:

1) procure, à medida do possível, montar uma pesquisa junto aos compradores do seu produto para saber por quais meios eles tomaram conhecimento da sua comunicação;

2) anote todas as variáveis relativas à sua comunicação, como sazonalidade, meios de comunicação mais frequentemente utilizados, percentual de aplicação por meio, critérios e volumes da Propaganda da concorrência etc., e seus volumes de vendas, claro;

3) De posse destas informações, comece a fazer todos os cruzamentos e levantamentos de hipóteses possíveis. Cálculos, muitos cálculos. Lentamente, um quadro da situação irá se formar em sua cabeça. A partir daí, inicie experimentações, substituindo um meio por outro, ou momento de veiculação, ou linha de argumentação e criação dos anúncios.

Como você viu, nada além de simples bom senso administrativo. Com o passar do tempo você ficará cada vez mais seguro sobre onde e como aplicar seus recursos para obter o melhor retorno possível, o que dará, de quebra, maior fôlego para reinvestimento em Propaganda. É um processo sem fim. Demanda tempo e esforço, mas vale muito a pena, porque o lucro é só seu.

Cronogramas

Finalmente, é bom saber quando as coisas todas deverão acontecer, não é mesmo? Então, mais uma vez convém colocar os prazos no papel. E um bom instrumento é o simples e famoso cronograma de barras como demonstrado adiante.

O mais importante é ter em mente o princípio do dead line, isto é, o prazo final para que as coisas aconteçam. Estabelecer seus prazos por um critério destes, que é determinar as datas partindo do fim para o começo, ajuda a evitar surpresas futuras.

Que bom que você já sabe quando o processo deverá se iniciar, não é verdade? Então, este será o seu 'Dia D'. Uma data que será respeitada, custe o que custar. Aqui, o máximo de rigidez é pouco. Respeitar a data estabelecida para o início do processo não dá chance a que as coisas sejam empurradas com a barriga e aumenta a possibilidade de êxito da ação a que você se propôs.

Vamos a uma ilustração hipotética das bem simples.

Uma pequena fábrica de sorvetes finos, mas anunciante frequente na região em que atua tem, evidentemente, um mercado fortemente sazonal. Sua comunicação deverá estar totalmente planejada em tempo suficiente para que comece a ser veiculada um pouquinho antes do início do verão. Haverá lançamento de novos sabores, e isto deve ser informado. A comunicação também preverá um reforço de comunicação no sentido de manter em alta a lembrança — o *share of mind* ou parcela de memória que existe na mente do Sr. Target — dos sabores campeões de vendas. Também será necessário antecipar-se à concorrência, que normalmente de boba não tem nada. Bem, se for das bem bobocas, oba!

Estuda-se aqui, estuda-se acolá e chega-se à conclusão de que é suicídio deixar o início da comunicação para depois da segunda quinzena de outubro, por exemplo. O dia 5 de outubro será excelente.

Então, há muito o que ser feito. Planejamento de comunicação, criação, produção gráfica e eletrônica, planejamento e compra de mídia etc. Algumas atividades tomam um determinado tempo e só podem ser realizadas após a conclusão da anterior. Outras, independem das demais. No Dia D, tudo deverá estar prontinho. Dê uma olhada no quadro a seguir e veja como o nosso amigo sorveteiro planejou sua comunicação:

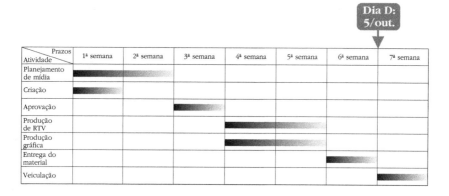

É um cronograma bastante simples. Quando for fazer o seu, cada uma das atividades descritas será inevitavelmente desdobrada em muitas outras. Um só exemplo: o item produção gráfica inclui muitas variáveis, como fotografia, fotolitos, provas de prelo, orçamentação junto às gráficas etc. Da mesma forma, os demais podem ser subdivididos até o seu limite de exigência. O fato é que na data prevista, 5 de outubro, o filme já estava na emissora de TV, o jingle na rádio e os fotolitos nos jornais e revistas.

Se não tiver ocorrido nenhum imprevisto muito sério, a Propaganda do sorveteiro atingirá o Sr. Target no exato instante em que ele começar a sentir vontade de um excelente sorvete de graviola, um novo lançamento que a pesquisa informal indicou que daria certo, além de um outro de chocolate com pedaços de amêndoas (um clássico daquela sorveteria que o Sr. Target, se não fosse lembrado, poderia haver esquecido).

Lembre-se: o Sr. Target não está necessariamente morrendo de vontade de tomar sorvete de graviola; ele deverá, isso sim, aceitá-lo muito bem se for devidamente informado e estimulado. O concorrente... bem, o concorrente vinha trabalhando no chute, como sempre, e hoje acha que o nosso amigo sorveteiro é um sujeito de tremenda sorte, 'puxa, esse cara acertou na mosca. Um dia, vou ter uma sorte assim!'

Foi só mais um exemplinho simples, simples. Na verdade, as coisas são bem mais complexas na metodologia, mas absolutamente iguais no raciocínio.

Exercite-se, e deixe o Sr. Target cada vez mais empolgado com seus produtos. E o concorrente praguejando contra você!

VI. CRIAÇÃO

'Se nós tivéssemos sempre a opinião da maioria, estaríamos ainda no Cro-Magnon e não teríamos saído das cavernas. O que é preciso, portanto, é que cada qual respeite a opinião de qualquer, para que desse choque surja o esclarecimento do nosso destino, para própria felicidade humana.'

Lima Barreto, 19/out/1918

Hora do show!

Já vimos que a Criação é a 'fábrica' da empresa Agência de Propaganda. Que é de lá que saem os comerciais que tanto nos deliciam ou que, muitas vezes, infelizmente, nos aborrecem.

Faz uns poucos anos, a Criação era a estrelíssima do show, a Liza Minelli em Cabaret. Tudo girava em torno dela (da Criação, não da Liza). Agências com alto potencial criativo conquistavam as melhores contas publicitárias com a mesma facilidade com que o Garrincha driblava seus Joões.

Algumas das maiores agências que existem hoje nasceram a partir do talento de caras de criação. Uns sujeitos com a espantosa capacidade de enxergar o óbvio que ninguém vê, mas um óbvio que faz toda a diferença. Porque criação nada mais é que originalidade, aquele ângulo de abordagem impensado, aquele ponto de vista inédito que sempre esteve diante dos olhos de todo mundo mas ninguém viu. É por isso, só por isso, que, em terra de cego, quem tem um olho é rei.

Ainda hoje, após um período de maior valorização de outros setores das agências, a Criação, se não reina absoluta, continua com seu prestígio assegurado. E não poderia ser diferente. Nos trabalhos desenvolvidos por lá, está depositada a maior fatia de esperança do anunciante. Porque, enquanto tarefas mais técnicas como a mídia permitem uma razoável certeza do seu desempenho futuro, a Criação oferece apenas uma possibilidade de acerto, pois sempre lida com conceitos muito subjetivos. Claro, existem meios de se reduzir a incerteza, como os pré-testes de campanhas, sobre os quais falaremos adiante. Mas seria uma irresponsabilidade afirmar-se, categoricamente, que uma determinada estratégia criativa resultaria em sucesso garantido.

Mas este é um capítulo voltado exclusivamente à criação de anúncios, abordando alguns detalhes que julguei importante comentar. Evidentemente, trata-se apenas de uma série de lembretes úteis sobre o dia a dia da tarefa, e que, em hipótese alguma, pretende substituir o insubstituível acúmulo de experiência na função. Criação publicitária não se ensina; aprende-se à medida que é mais e mais praticada. É a velha história do 1% de inspiração e 99% de transpiração. Observar atentamente o mundo à sua volta ajuda muito, bem como estar atento à maneira como outros profissionais trabalham – e sempre trocando figurinhas com eles.

Sua prática deve ser sinônimo de esforço conjugado a uma ótima base de informações, vulgo cultura geral. É bem verdade que tem gente que nasce um pouco mais voltada para a coisa, gente com certos talentos inatos que lhes favorecem trabalhar melhor com criação publicitária, da mesma forma que alguns nascem com dons musicais ou de raciocínio matemático incomuns.

A despeito do que muita gente pensa, criar para a Propaganda não é exclusividade de imortais. Você, cidadão comum e ilustre desconhecido, pode ser perfeitamente um cara criativo, é só uma questão de treino. Verdade seja dita, há o talento inato, certos sujeitos 'nasceram para isso', mas Propaganda também não exige nenhum Beethoven.

Mas antes da criação publicitária propriamente dita, temos de ver o conceito de criatividade, e estabelecer mais adequadamente o que é uma coisa e o que é outra.

Criação publicitária é uma técnica, ou conjunto de técnicas, algo que se pode aprender, e nada além disso; a criatividade, conceito bem mais amplo, no entanto, é uma condição inerente à natureza humana, que não se aprende, mas pode ser aprimorada. É um processo análogo ao da musculação: quanto mais você exercita, maiores e mais fortes ficam seus músculos; a criatividade bem exercitada faz o mesmo pelo cérebro.

Isto quer dizer que você, leitor, se ainda não domina grandes técnicas para a confecção de reclames em geral, fique sabendo que é potencialmente tão criativo quanto o mais criativo dos publicitários. Aliás, este mito da criação publicitária ser um dom quase divino está certamente com os dias contados. Basta que se dê uma olhadinha no que a última década representou para o negócio da Propaganda, atividade cada vez mais sujeita ao imediatismo normalmente impensado e ávido por resultados. Ou que se dê uma olhadinha nos salários médios do pessoal de criação. Pois acabou-se a era dourada de só meia dúzia de agências de propaganda dominando o cenário dos principais anunciantes e abocanhando a quase totalidade das verbas disponíveis. Tudo se pulverizou: agências, hoje, há à farta, de todos os tamanhos, em todas as esquinas de todas as cidades e para todos os tipos de anunciantes; estes últimos, idem, e, o que é mais preocupante para a turma dos 'antigamentes', lentamente eles vêm aprendendo a questionar os publicitários sobre as melhores alternativas para aplicação de seus suados caraminguás.

Daí, nada mais pertinente, de início, que tratarmos sobretudo da criatividade. Mesmo porque empresas de todos os setores e portes têm dado especial atenção às SOLUÇÕES criativas apresentadas por PESSOAS criativas. E o publicitário, antes de qualquer outra coisa, deve se preparar para ser antes um solucionador de problemas que um fazedor de anúncios (eu já disse em outra oportunidade que Propaganda serve para resolver problemas – de venda, de imagem etc. – do anunciante; Propaganda, portanto, definitivamente não serve para fazer anúncios).

Existe um exercício fantástico que você pode treinar em casa e, se no final das contas mesmo assim não conseguir criar grandes anúncios, saiba que sua vida vai dar, no mínimo, um pequeno salto qualitativo, porque criatividade aplicada ao *dia a dia* profissional ou pessoal (até no afetivo, acredite!), traz resultados que é melhor você não comentar em público, sob pena de passar por mentiroso.

O ser humano tal qual o conhecemos, o homo sapiens, tem aí uns duzentos mil anos; faz só quatrocentos que o Leonardo da Vinci inventou o guardanapo que hoje usamos nas refeições. Há menos de um século, nosso querido conterrâneo Alberto Santos Dumont aplicou criativamente um conceito ginasial da física e inventou o avião; de quebra, também inventou o relógio de pulso, o que não exigiu nem mesmo conhecimento primário, apenas um pouquinho de observação sobre uma necessidade humana e uma maneira inédita de resolvê-lo.

O exercício que comentei acima é fácil e você pode fazê-lo a qualquer hora e para resolver qualquer problema: através da fórmula Análise + Esquentamento + Incubação + Iluminação chega-se à propalada criatividade. Simples assim.

1 – Análise.

Criação publicitária existe para resolver um problema mercadológico do anunciante. Outra vez: existe para resolver um problema mercadológico do anunciante. Então, deve-se começar obviamente analisando o problema. Se for o lançamento de um produto, vamos revirá-lo do avesso, observar tudo o que for possível a seu respeito. Embalagem, cor, sabor, serviço agregado, preço, ponto de venda, consumidor, concorrência... caramba! Namore o produto, apaixone--se por ele. Meninos, pensem que é a Cláudia Schiffer; meninas, pensem no Tom Cruise. Tudo o que for possível deve ser analisado.

2 – Esquentamento.

Feita a análise mais completa que estiver ao alcance, vai-se ao ponto seguinte que é conhecido como esquentamento, um processo que não serve para preguiçosos intelectuais. Deve-se pensar. Muitíssimo.

Pensar no que poderemos fazer com o bendito produto; que novos usos dar a ele; ao que associá-lo; tudo, enfim que possamos conjecturar sobre nosso mui amado produto. E sem auto-censura; deixe vir à tona os pensamentos mais brilhantes ou mais idiotas. Depois, você passa na peneira e vê o que sobra para ser aproveitado. Pensou bastante? É pouco! Não é hora de se cansar e entregar os pontos; vamos pensar no produto até cansar! O produto é lindo, é maravilhoso, é o máximo, ele vai vencer e vender! Vamos queimar os miolos.

Ainda a este respeito, proponho um exercício bastante simples: determine o tempo que você quiser para concentrar-se em um exercício físico qualquer, como abdominais, flexões, levantamento de peso, ou sei lá o quê. Vamos, determine um tempinho que seja. Um minuto está bom? Faça o exercício que você mesmo escolheu com total concentração, sem pensar em absolutamente nada. Ok? Bem, agora, tente concentrar-se em um único raciocínio por apenas ¼ do tempo que você determinou: no nosso exemplo, 15 segundos sem pensar em outra coisa. Seja sincero consigo mesmo e você verá que é muito mais fácil a concentração total no exercício físico que no exercício intelectual. Portanto, pensar exige esforço, muito esforço. Aposto uma merreca (Mr$ 1,00) como você vai concordar comigo.

Vamos esquentar a cabeça. Esquentamento é isso mesmo.

3 – Incubação.

Como é? Esquentou tanto que ficou cansado? E o que se faz depois de tanto exercício? Relaxa-se. O processo intelectual é igual ao físico e, por isso, exige descanso após muito esforço.

Então, agora é hora de esquecer do problema. Isso mesmo: esquecer! Aliás, do que mesmo eu falava?

Acontece que esta maravilha que é a mente humana tem uma capacidade espetacular de ficar trabalhando continuamente, mesmo quando não queremos que ela trabalhe, mesmo quando não estamos nem aí para o problema. Exatamente como um poderosíssimo computador, nosso subconsciente vai processando milhões de possibilidades de cruzamento de informações e elegendo as alternativas mais viáveis de solução do problema a que nos propusemos.

O momento da incubação deve ser respeitado. Esqueça deliberadamente o problema. Vá fazer coisas agradáveis. Namore. Pegue um cinema ou viaje. Trabalhe em outra coisa, outro projeto. Namore outra vez. Sei lá! Mas esqueça o problema. Faça isto e você, cedo ou tarde, vai ter uma surpresa inesquecível. Aposto mais Mr$ 1,00.

4 – Iluminação.

Este é o nome da surpresa que você vai ter. Como num passe de mágica, plim!, surge uma resposta inesperada e incrivelmente pertinente para a solução daquilo a que você se propôs.

Prepare-se para uma sensação inesquecível como o primeiro beijo. Você vai ficar, mesmo que só por um instante, se achando o máximo. Ótimo, ache-se o máximo! Aquele sujeito que está acima do comum dos mortais! Não se reprima! Sinta-se um novo Arquimedes com seu *eureka*! particular. Você tem esse direito. Simplesmente porque você acabou de ter uma ideia que ninguém jamais teve antes. É lindo! Uma delícia! Experimente que vale a pena. E fique sabendo que é assim que funcionam as cabeças dos tais criativos 'geniais'.

É como andar de bicicleta. Pode ser difícil nas primeiras tentativas, e ser criativo é difícil mesmo, mas logo você deslancha e sai por aí 'arrepiando' e causando furor entre os que o rodeiam. Mas, atenção para o detalhe que vai fazer a diferença: o pensamento fora do quadradão. Rompa, ao menos por um instante, com todos aqueles conceitos adquiridos ao longo da sua vida e que você acredita 'automaticamente', sem contestação. Chute o balde! Brinque! Faça uma molecagem saudável, ora! Sem isso, você fica na mesmice e, por consequência óbvia e direta, não conseguirá fazer, criar, nada que o diferencie do que o comum dos mortais tem feito ao longo dos últimos zilhões de anos. Caretões não são, definitivamente, sujeitos criativos. Irreverentes, como veremos logo adiante, são sujeitos criativos.

Criativos experientes fazem tudo isso automaticamente, nem se dando conta do processo. É comum ouvir de alguns deles que as ideias 'simplesmente pintam' na cabeça.

No livro Criatividade Em Propaganda, Roberto Menna Barreto traçou um perfil irretocável do processo criativo e da personalidade do homem criativo. Mais tarde, foi além, apresentando-nos o B.I.P., com B, de bom humor; I, de irreverência, e P, de pressão.

Vejamos.

Bom humor, no sentido de alto-astral. Não significa, como alguns imaginam, ser um engraçadinho de plantão, capaz de piadinhas infames e sacadinhas bobocas a toda hora. Nada disso. Significa bom humor no sentido de se relacionar com o mundo sempre com estado de espírito elevado, estar de bem com a vida. Assim, sem este bom humor presente, nada de criatividade! Gente deprê, macambúzia, sorumbática, borocochô e baixo-astral não é criativa, por definição e por impossibilidade ambiental.

Irreverência. Ser irreverente não é ser mal educado nem arrogante; não é atropelar velhinhas na rua por pura diversão. A irreverência necessária à criatividade é a capacidade e a coragem de questionar tudo o que se apresenta como definitivo, de olhar criticamente aquilo que já vem pronto e com o quê todo mundo imediatamente concorda. O irreverente é, por princípio, inimigo mortal da expressão 'ora, mas sempre foi assim!' Se acreditássemos automaticamente nas baboseiras do 'sempre foi assim', ou de seu equivalente 'nunca foi assim' (o que dá no mesmo), não apenas estaríamos nas cavernas, como disse Lima Barreto: nada, absolutamente nada do que temos à nossa volta que tenha sido fruto da concepção humana existiria. Não teríamos remédios, lâmpadas, vidro nas janelas, postes, computadores, vassouras, óculos, papel higiênico, fechaduras, microscópios, tijolos nem foguetes espaciais. Nada! Você poderá estranhar o fato de eu atribuir nota dez em criatividade ao inventor da parede ou o da sola do sapato, porque estas coisas, como uma infinidade de outros objetos que nos rodeiam, já nos são tão familiares que fica mesmo um pouquinho difícil reconhecer, ali, alguma criatividade. Mas, acredite: o sujeito que chegou à conclusão de que, com a explosão populacional, faltariam cavernas e partiu para a construção de uma caverna artificial – que conhecemos corriqueiramente por nomes tais como casas, cabanas, barracos, mansões etc. – foi realmente um gênio criativo, junto ao outro sujeito que, por falta de espaço, empilhou as cavernas artificiais, dando à tal pilha o nome de edifício! Tanto isso é verdade que, em pleno século vinte e um, continuamos morando em cavernas artificiais, empilhadas ou não! E aquela fogueirinha que iluminava as cavernas dos nossos ancestrais, recebe atualmente o nome de lâmpada elétrica! Aproveite para gozar os amigos, pedindo-lhes que apaguem a fogueira ao sair da sala! O irreverente, por tudo isso, é o sujeito que reúne as melhores condições para a criatividade. Olhe à sua volta, observe o que está lá, tente imaginar como eram as coisas antes da existência de tudo isso e por quanto tempo as mesmas coisas devem ter sido daquela maneira anterior, e imagine que, um dia, alguém desafiou o 'sempre foi assim' para mudar o mundo. À exceção do mitológico Ícaro, que tentou voar mas se esborrachou solenemente, o homem sempre viveu no chão, até que Santos Dumont, muito irreverente, resolveu que as coisas não seriam mais assim e que o homem poderia de fato voar. Surgem milhares de exemplos semelhantes, diariamente, bem diante do nosso nariz.

Pressão. No sentido de escassez de tempo ou de recursos materiais ou econômicos. Sabe aquele velho ditado 'a necessidade é a mãe da invenção'? Pois é isso mesmo. Criatividade é uma característica humana que tende a vir à tona na razão direta da escassez de tempo ou de recursos. Ou, preferencialmente, de ambos.

Vamos a dois exemplos de fora da área da Propaganda onde o B.I.P. se manifestou de forma clara, didática e incontestável, trazendo resultados surpreendentes.

Em março de 1998, o médico-cirurgião Francisco Gregori Júnior[5], de Londrina, Paraná, diante da iminência da morte de uma sua paciente na mesa de operações, uma vez que o tecido de seu coração já estava comprometido, esgarçando-se com facilidade, o que o impedia de fazer a sutura com linha e agulha, não teve dúvida: pediu à enfermeira que mandasse o office-boy do hospital comprar um tubo de cola Super Bonder no posto de gasolina da esquina e, para espanto geral, PLOFT!, colou as partes do coração da paciente septuagenária.

Em entrevistas a rádios e televisões, ao ser perguntado sobre o ineditismo do gesto, ele comentou que, havia poucos dias, vira sua filha dar uma bronca no netinho que acabara de colar os dedos com Super Bonder. Daí, veio-lhe a ideia de colar o coração da paciente. Ora, lembrar de travessura de criança numa sala de cirurgia, diante de uma mulher com o peito aberto e coração lacerado à mostra, e ainda com outro cirurgião a seu lado sugerindo que simplesmente fechassem a incisão, o que significava deixá-la morrer... bem, vá ter bom humor e alto-astral assim na...

A irreverência está no fato de que ele simplesmente mandou os compêndios e a literatura médica toda para o espaço, pois, até então, ao que se saiba, colar corações com cola comprada na esquina não se poderia chamar de procedimento médico muito requintado.

E, finalmente, pressão de tempo e recursos: ou ele fazia algo de imediato ou a paciente morreria; ou ele improvisava diante da impossibilidade do uso de linha e agulha ou a paciente morreria do mesmo jeito.

---

5   Dá um Google aí pra saber mais.

Então, pimba! Criou! Resolveu um problemão, contra todas as evidências.

Outro fato com os mesmíssimos ingredientes vi narrado na televisão pelo craque do basquete Oscar Schmidt. Aconteceu na final de um torneio pan-americano de basquete no final da década de 1980. De um lado, a Seleção Brasileira comandada pelo Oscar. Do outro, ninguém menos que a Seleção Norte-Americana, com todos aqueles armários da NBA. Portanto, um jogo claramente perdido por antecipação. Não deu outra. Ao final do primeiro tempo, os americanos venciam com vantagem de uns vinte pontos. No intervalo, o Oscar chamou a rapaziada e disse algo como: 'olha, pessoal, vamos lá apenas jogar bola e nos divertir para cima desses caras!'

Terminado o segundo tempo, o Brasil venceu o jogo e o campeonato. Onde está o segredo? Bom humor: 'vamos nos divertir para cima desses caras!' Irreverência: e daí que são os tais americanos? Pressão: temos só vinte minutos.

Acho que com estes dois exemplos consegui convencê-lo de duas coisas: a primeira, é que você pode ser tão criativo quanto a mais criativa das pessoas; a segunda é que a criação publicitária é decorrência menor da criatividade humana.

Como eu disse no início, criatividade é treino, exercício constante, somado a uma boa base de informação. A propósito, veja o que diz Richard Citowic, um neurologista norte-americano, sobre criatividade:

'As pessoas criativas são como um cachorro com um osso. Elas se recusam a abandonar a ideia. Meditam sobre o problema em seu local de trabalho, assim como na maioria dos lugares mundanos. Mastigam a ideia exatamente como um cachorro mastiga o mesmo osso durante horas. E assim como o cachorro protege o osso com segurança entre suas patas quando não o está mastigando ativamente, as pessoas criativas alimentam uma ideia mesmo quando não estejam ativamente pensando nela. As marcas da verdadeira criatividade são: (1) capacidade de perceber quais os problemas que têm melhores probabilidades de dar resultados e, daí, valham o esforço de tentar resolvê-los, (2) confiança de que você pode solucionar os problemas que escolher resolver e (3) persistência obstinada que mantém você no mesmo caminho enquanto outros desistiram. A criatividade não resulta de visões mentirosas que chegam pelos sonhos ou circunstâncias fortuitas. Criatividade e persistência são sinônimos.'

Falar muito mais do que tudo isso é chover no molhado. Se você for muito criativo como ser humano, Propaganda você tira de letra!

Diz o ditado que a necessidade é a mãe da invenção. E o que será o problema do anunciante senão a necessidade de, em última análise, inventar meios e argumentos inusitados de vender mais o seu precioso peixe? Ou descobrir e inventar novos usos para ele?

Vamos adiante.

Como funciona a Criação

A esmagadora maioria das agências de Propaganda têm nas 'duplas de criação' um de seus pontos nevrálgicos. As duplas são compostas por um redator e um diretor de arte. Grosseiramente falando, um faz o texto; o outro, a imagem.

O redator, evidentemente, além de ser um sujeito criativo, deve ter um bom domínio do idioma pátrio e, à medida do possível, de algum outro idioma. Alguém com a capacidade de perceber, sempre, que comunicação não é o que ele escreve, mas o que o Sr. Target entende. Então, é obrigatório ter uma percepção apurada e bem desenvolvida acerca das variantes de emprego do idioma e da tradução de conceitos que cada segmento de público utiliza. É não usar demais o tchê para falar com os cearenses. Deve, também, estar sintonizado com as tendências linguísticas que se desenham no horizonte, com novos conceitos de comunicação interpessoal. E, finalmente, ter um excelente poder de síntese para dizer de maneira clara, objetiva e eficaz o que deve ser dito.

Já o diretor de arte é, acima de tudo, um esteta. Alguém que não é necessariamente um Rembrandt, mas que domina com firmeza a linguagem visual para poder conceber anúncios bonitos e adequados à realidade estética do Sr. Target. O bom diretor de arte não precisa ser fotógrafo, tipógrafo, pintor nem ilustrador, mas tem de conhecer perfeitamente os meandros destas e de outras formas de comunicação para poder empregá-las com bom gosto e refinamento, e produzir peças visuais, no mínimo, agradáveis de serem vistas.

Ambos, contudo, só serão dignos do cargo que ocupam se forem profissionais de excelente cultura geral; que falem de futebol à Ética de Spinoza; de receita de *lasagna* a política do Paquistão (minha mãe fazia uma *lasagna* sensacional. Se quiser, dou a receita). E devem ser observadores obsessivos, que veem em tudo o que os cerca a possibilidade de extrair matéria-prima para um futuro anúncio. Generalistas, leem de tampinha de garrafa a outdoors; de revistinhas de sacanagem do Carlos Zéfiro ao Evangelho de São Mateus. Vão ao cinema, teatro, museus, estádios de futebol, ou não vão a nenhum destes lugares mas estão sempre a par do que acontece por aí. Pois sabe-se lá qual informação será necessária, e quando. E, sem informação, não há criatividade possível. São, enfim, pessoas cujo limite é o próprio universo. Talvez, por isso, alguns deles sejam tachados de excêntricos, pândegos ou porras-loucas.

Descritos assim, redatores e diretores de arte devem ser páreo duro até para o Steve McQueen (sem dúvida, um dos mais magníficos porras-loucas). Nada disso. São pessoas normais, apenas têm sua orientação voltada para uma concepção original das coisas.

Sua rotina de trabalho... bem, não existe rotina. Cada dia é diferente, cada problema é novidade, e cada solução é inédita. Talvez a única coisa rotineira seja o fluxo de trabalho empregado no desenvolvimento das peças publicitárias.

A partir do pedido de criação recebido, ou *job* como é mais conhecido, a dupla, após chegar a uma primeira ideia viável, faz um *rough*, ou rascunho da peça publicitária. Serão feitos tantos *roughs* quanto necessários até que se chegue a um modelo razoável e convincente. O jargão publicitário também prevê a 'mancha', que nada mais é que um tipo de *rough*. É comum pedir-se ao diretor de arte para manchar o anúncio.

Depois disso, vai-se dando um melhor acabamento até que se produza um leiaute, isto é, a ideia já começa a tomar uma forma mais compreensível aos olhos do leigo. Neste ponto, o anúncio já tem cara de anúncio e pode ser apresentado ao cliente para a devida aprovação e/ou correções. O leiaute, muitas vezes, não apresenta o texto definitivo, nem mesmo um texto legível. Pode-se usar um NONON NONON em lugar das palavras, apenas para se observar como o volume de texto se comporta no leiaute. Este NONON NONON, que também pode ser um trecho qualquer de texto em latim, é conhecido como ilusão de texto ou *body type*[6]. Hoje, com a informática, os leiautes já saem, na maioria das vezes, com imagens e textos reais, o que facilita em muito sua aprovação, pois não é de se esperar que todos clientes saibam ler um leiaute.

Uma vez aprovado o leiaute, é feita a arte-final, o anúncio de verdade já pronto para ser enviado ao veículo a que ele se destina. Até há uns poucos anos, a arte-final, por suas características técnicas só era perfeitamente compreensível visualmente por pessoas habituadas. A informática, mais uma vez, alterou a cara das coisas e o que se vê na tela é o que se verá impresso.

Da arte-final será feito um fotolito para impressão. Normalmente, a arte-final é enviada on-line ou em disquetes de grande capacidade de armazenamento de dados para os fornecedores de fotolito (já é raríssimo de se ver, mas também poderá ser produzida em pranchas especiais de cartão, particularmente no caso de anúncios em preto e branco).

E quando os nossos queridos gênios criativos resolvem idealizar um comercial de televisão? Tem leiaute? Tem. Só que se chama *story board*, que nada mais é que uma sequência de quadros impressos ou desenhados em papel com as cenas mais significativas do filme acompanhados dos respectivos trechos de texto do roteiro. Em alguns casos, principalmente quando se quer impressionar muito o cliente, é feito o *animatic*, espécie de *story board* gravado em vídeo.

É importante ressaltar que a criação, na verdade, só termina na finalização, seja do anúncio impresso, seja do comercial de televisão ou rádio, pois até o último instante sempre é possível e admissível a inclusão de um detalhe enriquecedor.

Assim, o processo de criação só vai terminar de verdade quando o filme, *spot* ou jingle de rádio forem ao ar, ou o anúncio estiver impresso na revista ou jornal.

---

6   Pra facilitar, na Internet existem uns sites geradores de *lorem ipsum*, que é a mais clássica
     ilusão de texto usada em design gráfico.

Fazer anúncios

Criação publicitária, como tudo mais em Propaganda, tem o propósito indiscutível de destacar o produto ou serviço no meio da multidão de produtos e serviços concorrentes – diretos e indiretos –, e de comunicar seus dotes e virtudes a quem queira, eventualmente, comprá-los.

Vejamos, então, em primeiro lugar, o que é comunicação. Etimologicamente, comunicação significa tornar comum, acessível a todos. Por consequência, também é transportar uma mensagem do ponto A ao ponto B, do anunciante ao Sr. Target. Considerando, assim, que a primeira preocupação da criação publicitária seja tornar uma informação comum e acessível a todos, ainda mais por se tratar de comunicação de massa, e que todos os milhões de Srs. e Sras. Target a quem o anúncio se dirige são pessoas necessariamente diferentes em todos os sentidos, exceto na provável capacidade de compra e interesse que podemos despertar-lhes pelo produto, os anúncios devem ser claros na forma, límpidos em conteúdo, cristalinos em informação. 'Acessível a todos' valida definitivamente a ideia de que COMUNICAÇÃO É O QUE O OUTRO ENTENDE, não o que você diz. Conceito que fica tão mais importante de ser sempre levado em consideração à medida que quanto mais pessoas conseguirmos atingir com nossos anúncios, tanto melhor. Por serem os investimentos em Propaganda normalmente elevados, deve-se, assim, impedir o artifício do chute na mensagem publicitária, e que se brinque de gastar irresponsavelmente o dinheiro do cliente.

Daí, nada de criar aquelas peças publicitárias tão herméticas que nem o mais dedicado estudioso da filosofia consegue entender, como gostam de fazer alguns colegas de profissão.

Ao lado da clareza da peça publicitária (clareza essa que faz a comunicação começar a ter sentido), temos a preocupação de fazer com que o transporte da informação do anunciante até os corações e mentes do Sr. e da Sra. Target se dê com total eficácia, rapidez e otimização de verba pelas melhores relações de custo versus resultado. Daí a necessidade do envolvimento do criativo com as características físicas dos meios de comunicação, isto é, com a mídia (ver O comportamento do sr. Target diante dos meios de comunicação, mais à frente).

Mas o que pode concorrer mais para a ineficácia da peça publicitária? O que pode atrapalhar o bom entendimento da mensagem e o bom transporte da informação? É o ruído, fenômeno que impede o pleno entendimento da mensagem e, portanto, prejudica seriamente a comunicação. Mas o que é ruído em comunicação? Creio que podemos defini-lo como qualquer coisa que, por afetar um dos nossos cinco sentidos, em maior ou menor grau prejudica a realização plena da comunicação.

A manifestação do ruído começa pelo meio físico, ou melhor, no caso da Propaganda, pela escolha de meio inadequado ou pelo descuido técnico com imagem e som, o que, lamentavelmente, não é raro de se observar.

E evitar escolha de meio inadequado é crucial. Não é sem razão que nas maiores agências de Propaganda investe-se os tubos no desenvolvimento contínuo de metodologia e conhecimento em planejamento de mídia.

Descuido técnico é representado, muitas vezes, por filmes mal acabados, som com chiadeira, fotos feitas por amadores, fotolitos e impressão de qualidade inferior, e por aí vai. A desculpa são os custos um pouco mais elevados do material de primeira linha. Uma desculpa que vai desaguar na velha conversa do barato que saiu caro.

Um outro comportamento que é certeza de geração de ruído é o desprezo pelo idioma, seja próprio ou estrangeiro, ou a recorrente desatenção para com os regionalismos, ainda mais num país de tamanha variedade cultural como o nosso. E atenção: lembre-se de que muito do que se diz correntemente por aí, popularmente, simplesmente não se escreve num anúncio.

Um dos mais perversos ruídos que também podemos encontrar na comunicação de massa é o jargão profissional. É a linguagem própria de alguns meios, cujos resultados são normalmente bastante infelizes, exceto nos casos em que se fale exclusivamente com pessoas do mesmo ramo, ou em que se pretenda claramente ironizar alguma situação.

Elementos visuais da própria peça publicitária também podem significar ruído. Um desequilíbrio nos pesos das imagens, uma tipologia inadequada, excesso de alguma cor aqui ou acolá, tudo isso joga contra a clareza da informação e, portanto, dos resultados que se poderá esperar do anúncio ou qualquer outra peça aparentada.

Eis um bom exemplo: vi no supermercado uma embalagem de achocolatado em pó com um detalhe intrigante e irritante. Antes, informo que odeio baratas. Pois o detalhe era um *splash* no rótulo, com cor de barata, tamanho de barata e um monte de perninhas por toda volta que pareciam perninhas de barata! Um horror! Como havia uma pilha imensa de latas do produto, parecia que o planeta estava sendo tomado por um batalhão destes repugnantes insetos! Por mais que eu quisesse me concentrar nas informações contidas no rótulo, não dava: eu via ali as malditas baratas, e a comunicação que, acredito, o fabricante esperava estabelecer comigo foi para o vinagre. Aliás, aproveitando a deixa, dizem que vinagre espanta pulgas e baratas.

Por último, o pior ruído, que é o preconceito. O preconceito mata impiedosamente um produto. É óbvio que, aqui, não nos referimos a preconceitos de natureza étnica ou de posição socioeconômica – seria absurdo se os encontrássemos explicitados nos anúncios por aí. Falo de preconceitos e demais informações subliminares muitas vezes tidos como inofensivos, como o gorducho inevitavelmente bonachão, o mecânico sempre sujo de graxa, o caipira que não tira a camisa xadrez e o chapéu de palha desfiado nas bordas etc. Isto é um perigo. Não podemos correr o risco de perder um único consumidor sequer, o preço disso é muito elevado. Então, ao criar um anúncio, faça a verificação cuidadosa de todos os possíveis ruídos lá contidos. Pois Propaganda, a menos que tenha sido encomendada para outra finalidade, não está lá para expressar opiniões políticas, sociais ou religiosas. PROPAGANDA COMERCIAL, EMBORA DEVA SER EXECUTADA COM ÉTICA, NÃO É GUARDIÃ DE IDEOLOGIAS, CRENÇAS E COSTUMES; É INSTRUMENTO DE VENDAS E COMO TAL DEVE SER ENCARADA.

Assim sendo, o publicitário deve ver-se a si mesmo como um vendedor acima de tudo, e ter na criação publicitária a fonte inesgotável dos maiores argumentos de vendas do mundo. A despeito do seu ambiente informal de trabalho, do convívio com grupos supostamente sofisticados de pessoas, do acesso a locais mais ou menos da moda e exclusivos, e de não carregar um talonário de pedidos dentro da pasta, insisto que o publicitário é sobejamente o primeiro vendedor do produto que anuncia. Nada além disso.

Algumas dicas para um bom texto publicitário

Não vou tomar seu tempo com determinada questiúncula corrente alhures, acerca de dever o texto publicitário ser curto ou longo. De cara, já vou afirmar que o texto de um anúncio não pode mesmo é ser pedante como a frase anterior (questiúncula corrente alhures, acerca de...? Que horror!). Faço a seguir algumas observações baseadas na experiência do *dia a dia*, e alerto que são apenas observações, porque não creio em normas rígidas para nada, muito menos para a elaboração de um texto publicitário.

a) Texto curto ou texto longo?

Muita gente – por achar que as novas gerações de consumidores representam o que não se poderia chamar exatamente de letradas, por seus níveis insuficientes de leitura e crescente apego à imagem – acredita que textos publicitários devam ser curtos ou, até, inexistentes. É o pessoal que advoga a comunicação eminentemente conceitual, seja lá o que isso signifique. Por falar nisso, existe um 'conceito' por aí que diz que a atual geração (nascidos nos anos oitenta e após) é predominantemente formada por Xers (leia-se écsers), isto é, a turma do X, das opções por múltipla escolha, da linguagem de videogame, em suma, gente que não gosta de ler e quer receber a informação já mastigada, prontinha para digestão. Esta rapaziada estaria em contraposição aos *boomers*, no caso eu, nascido no boom populacional da década de 1950, e meus contemporâneos, os quadradões que estudaram filosofia e latim no colégio e foram obrigados a ler na marra Machado de Assis e demais expoentes da literatura em língua portuguesa (eu era um sortudo e não sabia).

Se partimos deste princípio de Xers, *boomers*, geração isso, geração aquilo, corremos apenas o risco de alimentar preconceitos que, como já vimos, são puro veneno para a boa comunicação. O que é indispensável é conhecer bastante bem o público-alvo para falar com ele de modo a mais facilmente persuadi-lo para as virtudes do produto anunciado. Em outras palavras, faça seu texto publicitário do tamanho que você achar que deve fazer e em função do que o seu *feeling* disser.

b) Use palavras simples.

Nada desse negócio de querer ganhar o Prêmio Nobel de literatura com um anúncio. Embora devamos respeitar a inteligência do Sr. Target, temos a obrigação de lembrar sempre que a simplicidade, no caso, é a mãe dos resultados. Anúncios, embora valham-se de texto e arte, não são obras artísticas a priori; são peças construídas em função de uma expectativa de vendas! Daí, a necessidade da simplicidade, o que não nos desobriga do bom gosto e dos argumentos inteligentes.

O Sr. Target não é uma pessoa só, são milhões de pessoas com bagagens culturais e vocabulários necessariamente diferentes, então não podemos nos arriscar com o uso de termos estranhos àquilo que consideramos o conhecimento do homem médio.

c) Coloquial é bom.

Propaganda é, por definição, um ato de persuasão. E ninguém melhor para nos persuadir do que um amigo próximo, certo? A linguagem coloquial representa exatamente alguém próximo, em quem podemos confiar. O produto passa a ser esse alguém em quem podemos confiar!

Claro que não se trata, principalmente no caso da mídia eletrônica, daquele locutor com voz de travesseiro sussurrando no ouvido do Sr. Target. O coloquial, aqui, tem o sentido de proximidade, mas – atenção! – tenha sempre muito cuidado na escolha das ideias, e das palavras que as expressarão, pois, por falarmos com grupos, não iremos nos arriscar a ofender as suscetibilidades individuais de quem quer que seja, por mínima que possa parecer esta ofensa.

d) Informativo.

É evidente que tudo depende das circunstâncias, do *briefing* específico, mas não poderemos jamais relegar para segundo plano o caráter informativo que o anúncio deve ter sobre características e virtudes do produto.

Se o produto tem algum ingrediente inédito, por exemplo, explique o que é e para que serve. Se houver espaço e oportunidade, mostre como este ingrediente age.

Se o produto ou serviço incorpora alguma nova tecnologia, estude-a o suficiente para estar seguro de que seu texto é realmente esclarecedor.

Algum benefício ou alguma promessa muito facilmente identificáveis devem estar claramente estampados lá no anúncio. Nada de rodeios, e nada de presumir que o Sr. Target vai entender suas intenções geniais, porém ocultas. Clareza e conteúdo na informação é metade do sucesso garantido!

e) E nada de preguiça.

O publicitário, particularmente aquele que trabalha em Criação, é sobretudo um artesão. Por isso, fazer um bom texto publicitário também é buscar a perfeição. Tá, raras vezes isso é possível, porque o Atendimento e o cliente não saem mesmo do pé, ficam enchendo o saco, querem tudo para ontem etc. Mas, quando dá, é seu dever de redator brincar com o texto até a beira do esgotamento. Pesquise, vá à biblioteca mais próxima, vá à Internet, procure literatura e referências sobre o tema. Escreva e reescreva o anúncio mil vezes, troque palavras, experimente sonoridades, mude as abordagens, tente o humor, tente o sentimentalismo, tente o apelo à razão, tente ideias antagônicas, tente o escambau... pois sabe-se lá qual poderá ser o resultado. Tire a primeira frase, se não fizer diferença, é porque ela estava a mais; continue fazendo o mesmo com as demais frases. Faça isso também com algumas palavras, e preste muita atenção aos vícios de linguagem, coisas como 'vai estar fazendo' em lugar de um simples 'fará', ou 'temos a certeza' em vez de 'temos certeza'.

E, para matar a pau, enxugue ao máximo textos e ideias, porque a síntese na sua comunicação é o pulo do gato da Propaganda eficaz.

Invente!

O bom texto publicitário deve, enfim, ser trabalhado como se trabalha na confecção de um mosaico, unindo peças (as palavras) as mais variadas para obter um resultado surpreendente. Eis mais uma razão para se esforçar continuamente no desenvolvimento de um bom vocabulário, coisa que se obtém, nunca é demais lembrar, pelo exercício constante da leitura de todos os gêneros literários e de tudo que possa estar ao seu alcance.

Uma coisa eu garanto: o texto que nascer depois de muita transpiração do redator será, certamente, um ótimo texto publicitário.

f) Cuidado com redundâncias.

As redundâncias de texto/imagem ocorrem, mais frequentemente, nos filmes publicitários, e são um desperdício de recursos. Exemplo: a imagem mostra uma maçã. E o texto diz: maçã.

Agora vejamos de outra forma. A imagem mostra uma maçã e o texto diz: a tentação do sabor. Faz muita diferença, não?

Evitar a redundância significa ganho de tempo e de espaço que poderá ser utilizado para o desenvolvimento de algo mais, como um novo argumento, uma ideia acessória etc. Se, num filme de trinta segundos, por exemplo, tivermos redundância texto/imagem, teremos aí os mesmíssimos trinta segundos de informação. Mas se o texto ocupar trinta segundos com a informação X, e a imagem ocupar trinta segundos com a informação complementar Y, o filme continuará com trinta segundos de tempo, mas com sessenta segundos de informação. Pura malandragem para fazer o anúncio crescer; é fermento de publicitário!

Um outro cuidado a se tomar é evitar o reaproveitamento do mesmo texto para diferentes mídias (muita gente apela para este recurso). Isto, porque diante de cada mídia o comportamento do Sr. Target poderá alterar-se, e um texto que eventualmente funcione bem na TV talvez não repita o mesmo desempenho no rádio.

Finalmente, se for o caso, radicalize no combate à redundância: elimine o texto e veja se a imagem fala melhor sozinha! Não é incomum que isto aconteça.

Caso real. Antes, alerto que evitei a todo custo a reprodução de anúncios pelas razões que já expus na Apresentação deste livro, mas abro uma exceção para um anúncio maravilhoso que eu e o Newton Cesar criamos, certa vez, e que foi um caso típico da eliminação pura e simples do texto. Era um anúncio para um cliente de varejo do setor de presentes e utilidades domésticas – Lojas Camicado, de São Paulo, SP – e Dia das Mães no calendário promocional. Note que outra imagem já havia sido produzida e o texto correspondente redigido, mas o sem-graça do Newton resolveu mudar a imagem de última hora. Quando vi o que ele tinha aprontado, decidi simplesmente eliminar o texto. Veja o anúncio e diga se, de fato, caberia ali algum palavrório.

g) Faça o Sr. Target sonhar!

Ninguém compra produtos, compram-se promessas, compram-se benefícios. Compram-se, enfim, idealizações, projeções, sonhos. Faça, portanto, o Sr. Target sonhar.

Charles Revson, fundador da indústria de cosméticos Revlon, dizia: 'na indústria fabricamos cosméticos, na loja vendemos esperança'. Ou, como dizem alguns publicitários 'ninguém compra uma broca, compra buracos na parede!'

Em suma, o que o consumidor quer – e paga por isso – é a obtenção de resultados. Este princípio cabe perfeitamente em qualquer produto que você vá anunciar.

Seu anúncio promete resultados? Nada mais a dizer.

E algumas dicas sobre leiaute

Agora, vamos a uns lembretes sobre o bom leiaute, com meus agradecimentos ao amigão Newton Cesar, cujo auxílio, como sempre, não posso dispensar. Mas acho que devo iniciar o assunto lembrando Vinícius de Morais: 'beleza é fundamental'. Sejamos sinceros e admitamos: ninguém gosta de ver anúncios feios, por mais informativos que sejam. Anúncio feio só serve de convite para virarmos a página ou mudarmos de canal. Por isso, temos obrigação de produzir coisas bonitas; o anúncio TEM de ser bonito. Esta é a primeira forma de mostrarmos ao Sr. Target o quanto o prezamos, o quanto nós gostamos dele. Ele merece isso (mesmo porque quem paga a conta é sempre ele).

Os tópicos a seguir são observações mais adequadas para anúncios propriamente ditos, e quem nem sempre valerão para outras finalidades, como embalagens, por exemplo. Mas são dicas fundamentais de que não podemos nos esquecer. Vamos lá.

a) Comece pelo conceito.

Em primeiro lugar, numa criação publicitária o mais importante é encontrar o conceito, aquilo que fundamenta a ideia que se quer transmitir. Daí, transformar este conceito em imagem, pois, mais do que simplesmente ilustrar um anúncio, a imagem tem que completar o anúncio; ela é parte da mensagem e precisa ter significado, não é elemento puramente decorativo.

b) Ponha alguma ordem na bagunça.

Pense ordenadamente. O que fala mais alto e a que se deve dar destaque maior? A imagem, o título, o texto? Via de regra, se a imagem é boa, como de fato deve ser, o peso maior vai para ela. Depois, título; depois, texto.

c) Simetria ou assimetria.

Que tipo de diagramação deve ser adotada? Há dois tipos: simétrica e assimétrica. Se o leiaute for do gênero mais moderno, sem compromissos com regras, pode-se experimentar o tipo assimétrico. Títulos distorcidos, textos com movimentos, essas coisas. Se for simétrico, tudo bem, usa-se um pouco mais de formalidade. Mas isso não significa ser antiquado. Uma curiosidade: os manuais de identidade visual de algumas multinacionais, notadamente as norte-americanas, trazem modelos sempre simétricos como norma para os anúncios e, além disso, normalmente no formato saia-e-blusa, isto é, com proporção em torno dos dois terços superiores destinados à imagem e o terço inferior, ao texto.

d) Os tipos

E qual tipologia deve ser usada? Com as facilidades atuais proporcionadas pela informática, há hoje uma verdadeira infinidade de fontes de tipos. E que continuam se multiplicando aos milhares. Pode-se até encontrar alguma dificuldade na escolha, mas os tipos clássicos são sempre bem-vindos. Na verdade, se você prestar bastante atenção nos bons anúncios por aí, vai notar que, normalmente, estas famílias de tipos mais clássicas, como Helvetica, Times, Bodoni, Garamond, Futura etc., e suas variações, são sempre as preferidas dos diretores de arte.

e) As cores.

Esse é um fator importante no bom leiaute, mesmo sabendo-se que se pode fazer leiautes maravilhosos com uma única cor, ou até sem imagens. Mas, diante da esperada variedade de concorrentes do produto que estamos anunciando, e se precisarmos de impacto, a cor ajuda muito. Podemos dizer, em suma, que cores devem ser equilibradas no leiaute. A experiência e o bom gosto ao combiná-las gera este equilíbrio.

E como saber qual cor combina com qual cor sem estudá-las? Na verdade, não é muito difícil. Basta prestar atenção no que os outros estão publicando. Ver os anúncios e analisar exatamente que cores estão usando. Uma dica importante do Newton Cesar: 'talvez valha dizer que cores escuras 'fecham' o leiaute. Cores claras, deixam mais aberto, mais arejado. E cuidado com combinações como fundo cian

100% com título em vermelho: vai vibrar, prejudicando a leitura. Outra coisa é sobre a pertinência. Da mesma forma que temos anúncios para jovens ou para público mais conservador, as cores também deverão ser tratadas assim.

f) Como escolher o formato?

Nas mídias impressas temos os formatos tradicionais, como meia página, uma página, três-quartos de página, rouba-página etc. Exatamente por serem tradicionais, o ideal seria, às vezes, pensar em mudar. Usar um encarte, algo que salte no anúncio, uma cor especial, enfim, qualquer coisa que diferencie nosso anúncio dos demais. Aqui, o Newton Cesar até brincou, sugerindo um anúncio sinuoso como uma estrada passando pelo meio das notícias do jornal, para o caso de o produto ser um automóvel! Aí, entra o bom relacionamento do pessoal da mídia e, principalmente, a boa vontade dos departamentos técnico e comercial do veículo.

g) Finalmente, experimente tirar a imagem.

Pela mesma razão que, há pouco, sugeri que em algumas oportunidades você tirasse o texto do anúncio, agora sugiro que você tente tirar a imagem, caso você tenha em mãos um texto tão convincente e persuasivo que fale melhor sobre o produto no formato all type, isto é, só texto. Há casos em que esta é uma opção que cai muito bem, principalmente em se tratando de textos longos. E não pensem os diretores de arte que suas habilidades e seus talentos são desprezados em casos como este. Pelo contrário, a graça e o estilo com que se trabalha o texto, a escolha da tipologia, as entreletras e entrelinhas, distribuição de pesos etc. são indicativos da qualidade do diretor de arte que está por trás daquele anúncio. Via de regra é bem mais difícil um diretor de arte produzir um *all type* inesquecível do quem um anúncio-padrão, com texto e imagens em abundância. Para exemplificar, lembro-me de um anúncio de página dupla de jornal, *all type*, que falava do Ayrton Senna e, pela distribuição de pesos do tipo escolhido – leve, médio e negrito, ou *light, medium* e *bold*, como se vê por aí – formava-se uma foto P&B (preto e branco) do piloto. Note que só havia letras, tipos, e foi o imenso talento do diretor de arte que transformou em imagem o que eram apenas letrinhas!

Mas as imagens, enfim, além de terem a função indispensável de completar o texto, ou ser completadas por ele, têm de ser bem executadas. Uma foto primorosa, com aquela luz de dar inveja, uma ilustração super bem-feita etc. A qualidade no acabamento contribui com a credibilidade que esperamos que o produto e o anúncio transmitam.

O experiente diretor de arte Adeir Rampazzo faz uma observação muito pertinente sobre um dos princípios que deve nortear a concepção do leiaute, indo da escolha das imagens e tratamentos a serem dados até a forma de se empregar a tipologia mais adequada. Segundo ele, um anúncio deve ser concebido como um filme de época, um 'anúncio de época'. Assim como os bons produtores de cinema ambientam com perfeição cada cena de um filme, fazendo pesquisa de locação, figurino, mobiliário e objetos de cena de acordo com o momento histórico do filme – ainda que este momento seja hoje –, o anúncio deve ser tratado da mesma forma. Dou um exemplo: recente campanha de cerveja apresentou belos leiautes ambientados no final do século 19, com o detalhe de que um cartaz presente na foto estava assumidamente preso aos azulejos da parede com fita adesiva, o popular Durex, produto que só seria inventado e comercializado em meados do século 20.

E mais: lembro-me bem de Hélio Palumbo e Arthur Freitas, diretores de arte da velha-guarda com quem trabalhei em Curitiba, cuja preocupação fundamental era exatamente esta ambientação, ou seja, o acabamento primoroso e coerente com o tema explorado no anúncio. Eles faziam mil e um truques envolvendo papéis de todos os tipos, fotografias de rabiscos e manuscritos, ampliações e distorções de revelação de papel fotográfico, recortes de letras, tintas variadas, cópias xerox, fotos de texturas de pedras, barro, folhas, madeiras, tecidos... o diabo. E o resultado era sempre, invariavelmente, perfeito.

Fugindo do apelo fácil dos recursos pré-programados dos softwares de montagem e tratamento de imagens (Corel, Illustrator, Photoshop etc.), o diretor de arte só tem a ganhar em qualidade de produto final e, melhor, em experiência profissional.

Insisto que os softwares atuais, por mais completos e versáteis que possam ser, não substituem conhecimento nem imaginação nem talento, da mesma forma que o moderno editor de texto em que ora escrevo não fará de mim um Camões. Muito cuidado, enfim, para não desambientar seus anúncios.

A meu pedido, Adeir Rampazzo fez ainda algumas considerações sobre o 'espírito' que devemos nos deixar dominar na hora de se pensar em tipologia. Veja:

O tipo preferido pelo rei egípcio Quéops era bem diferente do rei Cesar. Porque eles odiavam o tipo que o rei Tai Chuam usava.

O tipo das cartas de amor que Napoleão escrevia era manuscrito, mas não igual àqueles manuscritos dos alemães que insistiam em usar os mesmos nos rótulos de cervejas em suas boemias – não Bohemias, como nós brasileiros do pós-2000, que frequentamos botecos às sextas-feiras, conhecemos.

Se você não está gostando de ouvir tantas mentiras sobre tipografia vamos a algumas verdades:

Nunca se apaixone por uma letra, seja ela magra, gorda, baixa ou alta porque, acredite... ela tem família. E todas as famílias de tipos têm lá sua tradição e não se misturam umas com as outras para não brigarem, tanto por problemas estéticos como por países de origem.

Nunca faça uma escolha de tipos só clicando a janela de seu computador, pois hoje as novas máquinas já usam o comando de voz e se ela perguntar porquê você está usando esse tipo, você não saberá responder.

Procure conhecer a origem dos tipos e logo você será capaz de entender porque tem tipo que se chama Times Roman e porque existe a serifa nas letras.

Filmes de época são feitos por profissionais que sabem muito bem como vestir uma atriz camponesa do ano de 1800 ou um penteado dos anos 60. Tipografia é muito parecida. Os tipos tiveram sua época e VOCÊ PRECISA TER CULTURA TIPOGRÁFICA para saber usá-los. Senão você queima o seu filme. A menos que o profissional que está analisando seu trabalho também desconheça esses 'detalhes'.

Não use um título em cima de uma foto se ela tem claros e escuros muito definidos pois a vista do leitor vai confundir as letras. Se for necessário procure colocar o título em áreas de menor contraste. O melhor é fora da foto. Assim o leitor pode ver a foto e ler o texto.

Faça um teste com uma coluna de texto. No 'espacejamento' faça testes abrindo e fechando bem o entreletras. Abra e feche o entrelinhas. Se possível, imprima para comparar. Você vai perceber como a modernidade e a legibilidade melhoram.

A quebra entre linhas é muito importante para jogar um título com impacto na página.

Faça diferente, mas primeiro conheça as regras antes de quebrá-las, como já dizia Tchaicovsky.

Uma dica: textos devem facilitar a vida do leitor, não complicá-la.

Colunas de textos muito longas são lindas, mas em corpo muito pequeno confundem a vista do leitor na hora de achar a linha logo abaixo (na escrita ocidental, é claro).

Se você está criando um rótulo para saquê use um ideograma, e se for para cerveja alemã use um tipo ghotic *(gótico). Fica mais pertinente.*

As revistas e jornais de todo o mundo são basicamente em colunas estreitas. Facilitam a leitura, é fácil de diagramar. Na dúvida, faça o básico correto. Pelo menos, o único pecado é ser comum (mas dá pra criar muito bem em colunas).

Crie o hábito de sempre que achar um bom anúncio tipográfico, guardá-lo como referência. Isso ajuda nos momentos em que as decisões têm que ser rápidas.

A leitura da coluna alinhada à esquerda é bem melhor do que pela direita.

Se você estiver na Inglaterra observe os tipos nas fachadas dos pubs. Se entrar pra beber, observe os logos nos copos (mas não esqueça de quem está do seu lado: a pessoa pode não gostar do seu tipo).

Se você estiver no Nordeste veja os rótulos das nossas pingas. Aquelas com nomes do gênero Corno Manso etc. São gravuras e têm muito da nossa cultura.

Beba o tipo Johnny Walker, leia o tipo New York Times, faça um mingau com o tipo Maizena. São tipografias lindas.

A importância da revisão

Tão importante quanto entender perfeitamente o *briefing*, criar um grande anúncio, produzir com os melhores profissionais ou veicular nas melhores mídias, é revisar cuidadosamente aquela sua magnífica obra-prima propagandística. Como já me aconteceu muitas vezes ver um anúncio meu ser veiculado com defeitos – alguns às vezes graves – sei perfeitamente a dor que isso dá na gente. Então, caro leitor, aceite algumas dicas práticas para a revisão, algo como aquelas check lists que pilotos de avião, mesmo os muito experientes, sempre repassam antes da decolagem.

O primeiríssimo cuidado deve ser tomado em relação ao posicionamento de textos e imagens. Verifique se não está havendo alguma invasão do espaço do texto pela imagem ou vice-versa, se a logotipia do seu cliente está nas dimensões corretas e em obediência a eventuais critérios próprios de uso de marca, se dados como endereço, telefone, e-mail etc. estão de fato corretos (esta é uma verificação que, preferencialmente, não deve ser delegada a terceiros).

Veja se a assinatura de sua agência não está excessivamente grande para brigar com a marca do seu cliente ou tão pequena que ninguém notará.

Alguns softwares usados na montagem de anúncios têm umas tais caixas de texto que, de acordo com a Lei de Murphy, irão fechar-se na hora da impressão, comendo parte do que está escrito. Observe, ainda, se não há imagens ou textos escondidos sob outros objetos do anúncio. Poderá acontecer também de o texto 'correr', isto é, desobedecer a diagramação imaginada no leiaute, gerando, entre outras coisas, hifenização de palavras que se encontram no meio das linhas, ou projetando o texto para fora da chamada área de segurança, aquela margem a mais que deve ser deixada prevendo-se variação da posição de corte das lâminas das guilhotinas nos processos gráficos. Este cuidado também vale para a imagem, o que evita, por exemplo, que a modelo da foto saia sem a ponta de um dedo ou sem um pedaço da orelha. Por falar em modelos, quando houver pessoas nos anúncios, certifique-se de que os devidos tratamentos foram dados às suas imagens, como eliminação de manchas de pele, espinhas, rugas, brilhos de oleosidade ou transpiração. Tratando-se de paisagens ou objetos, mesmo assim um tratamento de imagem normalmente se faz necessário, como a eliminação de um poste indesejável do outro lado da rua onde se fez a foto, manchas de umidade em paredes externas, ou dar uma azulada a mais no céu ou no rio da foto etc.

Mais além, não deixe de verificar e conferir os padrões das cores empregadas. Deve-se ter certeza de que a cor de logotipo/logomarca do cliente e demais identificações sairão na composição CMYK ou escala Pantone oficiais daquele anunciante; ou que todo o anúncio não tenha sido gerado em RGB, de tela de vídeo, incompatível com processos gráficos, e todos os demais pequenos cuidados a isso relacionados. Bons profissionais de finalização de anúncios são mesmo imprescindíveis nessas horas.

Cuide também, e com toda atenção do mundo, dos direitos de uso de imagem e de som. Verifique se foram feitos todos os contratos individuais para os atores, modelos e figurantes do anúncio, seja para mídia impressa seja para eletrônica. Saiba, também, que quanto mais famosa for a pessoa que aparecer no anúncio, maiores os cuidados jurídicos necessários. No caso da produção eletrônica, esta responsabilidade normalmente fica a cargo da produtora de imagem ou de som. Mas confira do mesmo jeito. Peça também a um advogado especializado para dar um parecer jurídico sobre tudo que sai da agência para publicação. Um fee mensal para esta finalidade fica infinitamente mais barato do que perder um processo por danos morais e patrimoniais. Por falar em processo, pelamordedeus, certifique-se de que as ideias são originais, de que não há a hipótese de plágio, por engano ou má-fé, cometido por alguém em sua agência.

Finalmente, o mais importante: a revisão ortográfica e gramatical. Sabemos que esta nossa última flor do Lácio não é idioma dos mais simples. A língua portuguesa, por suas peculiaridades e artimanhas, exige cuidados mais do que redobrados. Assim, muitas agências valem-se dos serviços de revisores profissionais que dão a última palavra sobre títulos e textos de anúncios, para que, depois, não haja aquele lamentável constrangimento de ver um erro gramatical voando aos quatro ventos, ou, o que é pior, ter no seu pé um cliente se queixando – ou até mesmo exigindo reparação financeira – por algo que deveria ser do pleno conhecimento da agência de Propaganda.

Os bancos de imagens

Um dos piores artifícios a que muitos profissionais de criação têm sido obrigados a recorrer (por exclusiva pressão financeira, é bom que se diga) são os bancos de imagens, empresas normalmente multinacionais que dispõem de todo tipo de imagem estática ou em movimento (fotos e filmes), que podem ser alugadas para o período e o uso que se queira. Exemplo: a foto número tal da seção de fotos de famílias (nos sites do ramo há seções com os mais variados temas, mesmo alguns bizarros), para uso em campanha de vendas de perfumes e cosméticos para o período de Natal, com veiculação prevista em jornal, revista e outdoor. É feito um cálculo de custo de locação em função das variáveis de uso apresentadas – quanto mais usos ou maior abrangência de tempo e espaço geográfico, mais caro o aluguel – e, assim, obtém-se exclusividade daquela imagem para a finalidade desejada.

Mas estes bancos têm muitos problemas. Um deles é que seu concorrente poderá locar a mesma imagem para uso, digamos, num folheto. Embora algumas destas empresas assegurem que ninguém mais do seu ramo de negócios irá usá-la, já vi mais de uma vez isto acontecer. Como também já vi muitas vezes a mesma imagem sendo usada, ao mesmo tempo, por anunciantes de diferentes naturezas. Isto, queiram ou não os defensores deste tipo de material, é um risco imenso para um anunciante empenhado em zelar pela sua própria imagem.

E os problemas não param por aí. Como estes sites são normalmente produzidos nos EUA ou Europa, trazem imagens com cara de EUA e Europa. Naquelas regiões, a luz é diferente daqui, a geologia é diferente daqui, a zoologia é diferente daqui, a botânica é diferente daqui, a arquitetura é diferente daqui, o ser humano é diferente daqui. Pois, então, tente fazer um anúncio falando da sensualidade da natureza nas praias da Bahia, ilustrado com a foto de uma belíssima loira com cara de dinamarquesa!

Finalmente, e tão importante quanto os argumentos anteriores, esses bancos de imagens são um crime contra os nossos fotógrafos publicitários, pois seus custos são aparentemente inferiores. Digo aparentemente porque assim o é, tanto no sentido figurado quanto na matemática financeira. Contratar um bom fotógrafo especializado para ajudá-lo a cuidar de sua imagem dá a você segurança de qualidade e exclusividade de imagens, além do fato de que as fotos realizadas não têm prazo de vencimento de aluguel. Dependendo da reciprocidade que houver entre anunciante, agência e fotógrafo (como para os demais fornecedores) poderá haver uma negociação para a cessão de longo prazo de direitos patrimoniais de imagem, o que acaba de vez com o argumento de que alugar é mais barato. Além do que, não pense que você conseguirá com um banco de imagens o mesmo grau de parceria que os fotógrafos profissionais independentes oferecem.

O comportamento do sr. Target diante dos meios de comunicação

Uma preocupação frequente no momento em que se cria ou se aprova uma peça publicitária é — ou, ao menos, deveria ser — adequar forma e conteúdo da mensagem às características típicas de cada meio de comunicação. Explico melhor: todos nós, por uma série de razões psicológicas, nos comportamos de maneira diferente diante de cada meio de comunicação.

Alguns meios atingem melhor o nosso lado emocional; outros, nos pegam pelo lado que entendemos por racional, analítico. Portanto, nada mais óbvio que, sabendo disso, procurarmos extrair de cada meio de comunicação o máximo em rendimento e eficiência que ele poderá nos dar.

O *dia a dia* publicitário não raro apresenta o clássico conflito entre o que a agência julga ser o melhor e o que o anunciante espera ver em seus anúncios. Deixando de lado situações tragicômicas que sempre acontecem, é muito comum um anunciante exigir que num outdoor, por exemplo, seja reproduzido um 'quase romance' de informações. Ora, o outdoor, como vamos ver adiante, não comporta epopeias nem romances; por suas características de exibição, cabem apenas umas poucas palavras, a despeito de seu tamanho gigantesco.

Portanto, principalmente quando estamos executando ou aprovando uma campanha publicitária com suas várias peças versando sobre um mesmo tema, é indispensável termos em mente esta noção de 'equilíbrio químico', procurando extrair de cada meio de comunicação o máximo em 'performance'.

As informações a seguir também são importantíssimas para o novo anunciante, pois o ajudarão a desenvolver melhores critérios para aprovar ou recusar uma peça publicitária.

Para tornar mais fácil o acompanhamento de todo este raciocínio, façamos um exercício, meio por meio, com uma campanha de um mesmo produto. E, aqui, nada pode ser mais didático que um automóvel. Uma ressalva: vamos falar de uma campanha soft sell. No caso do varejo, muitas vezes o apelo do preço é o argumento mais forte e sobrepuja a abordagem estética, digamos, do anúncio (traduzindo: 'O carro está muito barato? Oba! E dane-se se o anúncio é feio!').

Vamos aos meios de comunicação.

Jornal

Imagine-se lendo um jornal qualquer. É um meio que, por suas características físicas, normalmente suja as mãos e não é recomendado para leitura ao vento, e muito menos de pé num ônibus lotado ou nas estreitas poltronas de um avião (já experimentou folhear jornal num avião ou ônibus, com alguém ombro a ombro com você?).

Supõe-se que a melhor maneira para ler um jornal deva ser sentado, abrindo suas páginas sobre uma mesa. Daí, também é fácil concluir que há alguma disponibilidade de tempo envolvida na leitura do jornal.

Além do plano físico deste meio, há, é claro, o editorial. Você provavelmente está lendo um gênero de jornal que o agrada ou interessa (geral, negócios, esportes etc.). Este motivo já é, por si mesmo, suficiente para que você esteja mais concentrado que o normal, trazendo seu lado analítico à tona.

Disponibilidade de tempo, posição física, concentração e interesse pelo que se lê são condições excelentes para que o anúncio do automóvel em questão fale, por exemplo, de suas características mecânicas avançadas, citando, se não todos, pelo menos os itens mais importantes, como as novidades no sistema de freios ou dos avanços do motor, e podendo chegar a detalhes como taxa de compressão e coeficiente de penetração aerodinâmica, agora muito melhor equacionados pelos projetistas da fábrica. Em suma, dá para se fazer um anúncio com texto mais informativo, argumentativo e 'racional'.

Se, ademais, seu conhecimento de mercado aponta que, além do interesse do Sr. Target por avanços tecnológicos, há a paixão da Sra. Target por status, conforto e design, tudo bem. Na página seguinte, pode haver outro anúncio com leiaute semelhante e texto apelando para a beleza dos novos faróis, ou que as novas linhas foram projetadas por um famoso estúdio de design de Milão, etc.

Qualquer que seja o objetivo da comunicação, o jornal oferece a possibilidade de maior e melhor argumentação em favor do produto. E insisto que os criativos devem bater fortemente nesta tecla, até porque o jornal, do ponto de vista de qualidade de impressão, é um meio não muito adequado para se explorar detalhada e profundamente os aspectos visuais do produto.

Revista

Agora, deixe o jornal de lado e apanhe a revista mais próxima. Prática, provavelmente bonita, de fácil manuseio, muito agradável aos olhos. E não suja as mãos.

Por suas características físicas, a revista induz, em primeiro lugar, a um certo bem-estar (a menos que seja daquelas bem chatas); depois, como seu próprio nome já diz, revista é um meio de comunicação que faz a 'revisão' dos fatos ocorridos.

Em teoria, ao menos, enquanto o jornal traz as notícias do *dia a dia* e sem mais detalhamentos das ocorrências anteriores que levaram aos fatos ali narrados, a revista é um pouco mais didática, procurando apresentar todo o decorrer do evento jornalístico desde suas origens primeiras.

Somamos todas estas diferentes características físicas e de teor informativo e temos um meio de comunicação com apelos estético e emocional bem maiores que o jornal. Cria-se, portanto, um anúncio para revista levando-se em conta estas condições.

Um excelente exemplo de ótimo aproveitamento das características do meio revista foi um anúncio da BMW sobre a leveza de uma nova direção hidráulica (um outro anúncio, com a mesmíssima abordagem, foi publicado no Brasil algum tempo depois, mas para outra marca. Ssschup!). Em uma página dupla, havia apenas a reprodução fotográfica do volante do automóvel. E o texto nos convidava a segurar o volante impresso e girar a revista para um lado e para o outro. Segundo o anúncio, a leveza da direção hidráulica verdadeira era exatamente a mesma.

Como vemos, nada de ficar argumentando em exagero que o novo equipamento tinha esta ou aquela tecnologia, que a fábrica ganhou o Prêmio Blenfas de Qualidade Total, dando nomes complicados de peças e componentes ou falando engenheirês (exceto, é óbvio, se tratar-se de uma publicação técnica). Nada disso. Inteligentemente, apelou-se para o lado lúdico que o meio revista também favorece.

Rádio

Sempre fui um entusiasta declarado do rádio como meio de comunicação. Pelo simples motivo de poder, através do rádio — e só através do rádio — criar eu mesmo a cara do produto que se anunciava. E é neste poder de imaginar o que bem entendermos como a cara do produto, o que sonhamos como ideal de satisfação das nossas necessidades, que reside a força fundamental de comunicação do rádio. Pois, no rádio, nos é dado, também, o direito de criar.

Nos meios impressos, na TV e no cinema um produto aparece lá, bonitão, mas do jeito que agência e anunciante entendem por bonitão; jeito que deverá servir para mim também. Mas, ora!, suplico que me deem, ao menos uma vez, a oportunidade de imaginar o produto como eu bem entender.

O rádio nos dá esta oportunidade de dizermos a nós mesmos, pela via da imaginação, que o que sonhamos por um instante estará lá, se realizando na forma do produto. Que lindo! Eu gosto de automóveis azuis-escuros; o rádio não me obriga a vê-los verdes, cor que eu particularmente não gosto.

E indo um pouco adiante, vale a pena comentar o princípio que faz o publicitário norte-americano Roy Williams defender ardentemente o rádio.

Segundo ele, há dois tipos de retenção das mensagens: a icônica, por derivar dos ícones que trazemos na mente e aos quais associamos tudo o que vimos, e a ecoica (palavra que vem de eco), relacionada à memorização dos sons e de eficácia incalculavelmente superior à icônica.

Não é à toa que temos normalmente uma capacidade infinitamente maior de nos lembrarmos dos jingles publicitários que ouvimos na infância, mais que dos respectivos anúncios gráficos daqueles mesmos produtos. Quem é nascido por volta de 1958, como eu, vai entender perfeitamente o que isto significa se eu disser que 'Já é hora de dormir / Não espere mamãe mandar / Um bom sono pra você / E um alegre despertar...'

Ok, você é bem mais novo que eu. Tudo bem. Então, já que falamos de um alegre despertar, aí vai: 'Depois de um sono bom / A gente levanta / Toma aquele banho / E escova os dentinhos / Na hora de tomar café / É o Café Seleto...'

Que tal agora? Entendeu o que é retenção ecoica? Por isso, ao criarmos para o rádio, convém envolver os sentidos do Sr. Target, presenteando-o com algo agradável, ou divertido, ou emocionante, ou seja lá o que for, que dê a ele a possibilidade de sonhar, imaginar, alegrar-se, cantar junto, empolgar-se com o produto.

Infelizmente, muitos e muitos anunciantes querem falar apenas dos seus umbigos, e só para si mesmos. Só para si mesmos. Eles aprovam *spots* e *jingles* que dizem para toda a turma do Sr. Target que seu produto tem isso e aquilo, que seu serviço ganhou um desses prêmios que grassam por aí ou demais baboseiras do gênero. Raros são os anunciantes inteligentes o suficiente para aceitar que o Sr. Target não se importa com nada disso, que ele quer é saber qual benefício, mesmo que apenas e puramente psicológico, que o produto tem a oferecer em troca de seu suado dinheirinho.

Para concluir este tópico, voltando ao nosso exemplo de automóvel, faça o ouvinte imaginar segurança, sonhar com status, querer dar bem-estar e conforto a si mesmo e à sua família. Não tente vender a ele uma rebimboca *high-tech* da parafuseta, ou o certificado ISO 14000 de sua empresa, porque ele simplesmente não vai se interessar.

TV

A televisão é um rádio com imagens. Portanto, ao criar ou aprovar anúncios para TV, vale tudo o que está comentado no item Rádio acima, e quase tudo que você encontrará no item Cinema, a seguir.

Já que a TV é um rádio com cor, ação e movimento, explore ao máximo estas qualidades. Isto não quer dizer que você deva gastar um milhão de dólares em cada comercial; quer dizer que você deve preocupar-se, acima de tudo, com a qualidade e o conteúdo das imagens que pretende oferecer ao Sr. Target. Seu comercial de TV deve ser rico em direção de arte, direção de fotografia e direção de cena, para começar. Ou seja, deve-se criar levando em conta a possibilidade de beleza plástica e excelente execução técnica. Pesquisa de cores e texturas, ponderações sobre novas angulações de câmera e de aprimoramento da edição podem e devem ser levadas em conta já no momento da criação.

A Propaganda na TV também tem alguns vícios, principalmente no que se refere ao varejo. Fuja deles. A C&A fez isso, revolucionou a linguagem de varejo na televisão e se deu muito bem.

Nesta nossa campanha hipotética de automóvel, talvez você nem precise mostrar o produto. A Volvo sueca fez um filme inesquecível para TV tratando da segurança de seus veículos. A cena toda se desenrolava no ambiente de um dos maiores beneficiários de toda aquela segurança: uma criança.

Ambientado em uma sala de aula de jardim de infância, o comercial mostra quatro menininhas à volta de uma mesa, desenhando coisas com seus lápis de cor. Uma diz que seu pai a amava, porque havia lhe comprado uma boneca; outra diz que seu pai a amava ainda mais, porque havia lhe comprado duas bonecas; a terceira diz que seu pai a amava muito mais que o pai das outras, porque havia comprado várias bonecas com casinha e tudo mais. A última, sem levantar os olhos do papel, diz tranquilamente que seu pai era quem amava de verdade a filha: ele havia comprado um Volvo. Fim do comercial.

Genial, nem tanto pela 'sacada', mas principalmente por usar o meio TV para apresentar um dos benefícios do produto levado às últimas consequências.

Cinema

Lembra-se daquela música da Rita Lee, 'No escurinho do cinema, chupando drops de anis, longe de qualquer problema e diante de um comercialzão'?

É isso: um comercialzão, em todos os sentidos. Numa sala de cinema, ficamos inapelavelmente presos à visualização do comercial, dadas as características do próprio ambiente físico. Nestas condições, um comercial dinâmico ou emotivo, mas com alto grau de envolvimento sensorial é, no bom sentido, um soco no fígado.

Se temos um filme dizendo que o automóvel custa uns tantos reais, vá lá. Mas se o filme nos coloca dentro do carrão, naquelas cenas dignas de filme do James Bond, ah!, meu amigo, a que filme irresistível assistiremos! Velocidade, curvas, friozinho na barriga, cores, segurança do veículo, tecnologia embarcada em plena ação, pessoas olhando invejosas... que tesão de automóvel! Exatamente porque estamos em uma sala de cinema, com toda aquela qualidade de som e imagem que dificilmente o Sr. Target terá em casa.

Em resumo, se for possível criar exclusivamente para o cinema, devemos 'chutar o balde' e fazer um filme que explore o sensorial ao máximo. Ou, se um filme assim foi criado para TV, porque não aproveitá-lo também no cinema, caso nossa verba e estratégia de comunicação assim o permitam?

Outdoor

'Novo Logus com motor AP2000. Bonito é o que ele anda!' Este texto e a respectiva foto do carro em posição mais ou menos esportiva fizeram um outdoor que, a meu ver, foi um dos melhores da Propaganda brasileira. Simplesmente porque disse tudo sobre o produto e de forma mais que adequada ao meio outdoor: telegraficamente.

O telegrama é a melhor referência na hora de se pensar em outdoor. Veja:

1. 'Chego sábado, Avianca, 14 horas. Me espere Cumbica.'

2. 'Meu caro: estou felicíssimo em poder voltar a vê-lo. No próximo sábado, chegarei aí em São Paulo, no voo da Avianca das 14 horas e que pousa no aeroporto de Cumbica. Se puder, vá me buscar, pois tenho infinitas novidades a contar. Abração.'

A rigor, temos duas versões da mesma mensagem. Uma, porém, adequada ao meio telegrama[7]; outra, a um e-mail, por exemplo. Quando Samuel Morse inventou seu famoso código para o telégrafo, ele simplesmente não subestimou a capacidade de dedução dos seres humanos. Incrivelmente, ainda há quem não tenha sido apresentado ao lendário Samuel.

---

7   Telegrama ainda existe? Sei lá, mas você entendeu o que eu quero dizer.

Também há, na turma da linha-dura publicitária, quem afirme que o outdoor deve ter, no máximo, sete palavras. Não é bem assim. O outdoor deve ter uma mensagem forte e de rápida assimilação por quem passa diante dele, não importando se tem sete, oito, nove ou dez palavras.

Pergunto: quanto tempo você, leitor, dispensa à leitura das centenas de outdoors que se lhe apresentam diariamente?

O outdoor é, em princípio, uma mídia de apoio à campanha total. Portanto, deve exprimir o conceito básico e fundamental que se quer associar ao produto. E, mesmo que seja uma peça única, desvinculada de campanha, a ideia de fazer do outdoor o maior telegrama do mundo permanece.

Sem dúvida, você também verá, aqui e acolá, alguns outdoors 'romanceados', aqueles que trazem tantas informações que seria necessário que o Sr. Target parasse diante daquele monumento publicitário e lhe reservasse muitos e preciosos minutos, o que não acontece na prática. Essa coisa de querer falar demais no outdoor é jogar dinheiro fora.

Meios exteriores

Os chamados meios exteriores, ou mídia exterior, são o conjunto de tudo aquilo que vemos na rua, mas que não são necessariamente outdoors clássicos. Vão da pequena placa de esquina aos enormes painéis eletrônicos animados.

É claro que, pelas características físicas diferentes de cada um destes meios, haverá uma maior ou menor possibilidade de inclusão de informação. Na placa de esquina, dá para colocar o logotipo ou logomarca da empresa ou um slogan curto, e olhe lá! No painel eletrônico animado, cabe um pouco mais de informação.

Nos meios, digamos, intermediários, como *back lights, front lights, busdoors*, painéis pintados etc., vai entrar o que o seu bom senso determinar.

É fundamental lembrarmos que todos eles, em essência, funcionam como o outdoor convencional: ninguém, principalmente nas grandes cidades, vai ficar lá, paradão, admirando a mensagem que estes meios expõem. Portanto, continua valendo o espírito telegráfico do outdoor.

Bem, é evidente que o comportamento das pessoas diante dos meios de comunicação é um assunto muito amplo, e que não se pode encerrar em tão poucos parágrafos. Pensando em aprofundar um pouquinho mais a informação, recorro ao publicitário norte-americano Roy Williams, reproduzindo um capítulo de um de seus livros. A rigor, o texto a seguir deveria estar no capítulo Mídia, mas, para que você não perca a linha imediata de raciocínio, deixo-o neste capítulo sobre Criação.

Até onde vai a corrida?

Agora me diga: até onde você planeja chegar nos negócios? Você está partindo para uma arrancada de cem metros ou gostaria de chegar na liderança ao final de uma maratona? Ah, é verdade?!? Então, por que você anuncia como se este final de semana fosse a última oportunidade para seus clientes comprarem de você?

Propaganda de curto prazo — a arrancada de cem metros — é uma corrida para os tolos. Como estratégia de marketing, é autodestruição habituar seus clientes a sentarem-se na calçada esperando por sua próxima Venda Maluca! Você deveria é estar condicionando-os a pensar em você automaticamente, sempre que tivessem necessidade daquilo que você vende.

Eis os corredores:

1. O Jornal é o corredor dos cem metros, um veículo que alcança apenas aqueles compradores que estão no mercado EXATAMENTE AGORA a procura de um produto. Apesar do anunciante pagar para alcançar TODOS os leitores, as únicas pessoas que irão VER aquele anúncio serão apenas as interessadas especificamente pelo que esteja sendo anunciado. Você verá resultados imediatos com seus anúncios de jornal — mas você terá escapado à atenção daqueles que não estão conscientemente à procura de seus produtos e serviços.

2. As Páginas Amarelas são o atleta eventual de finais de semana, correndo por aí sem uma meta muito específica. São uma lista de serviços para compradores que não têm preferências; quando não se sabe a quem recorrer, vai-se às Páginas Amarelas. Como anunciante, você realmente espera ter alguma chance sendo só mais um rosto no meio da multidão das Páginas Amarelas? O maior objetivo da Propaganda é convencer o cliente do seu valor bem antes que ele venha a necessitar do que você vende.

3. Som — penetrante e irresistível som — faz dos meios eletrônicos os maratonistas da Propaganda. A radiodifusão conquista os corações dos seus clientes ANTES de estarem à procura do seu produto. Se a sua meta é ser o primeiro na mente do seu cliente quando ele vier a precisar daquilo que você vende, e ser a empresa que ele percebe como a melhor do ramo, você deve investir na natureza penetrante do som com a segurança da retenção ecoica.

Fico sempre fascinado pelas pessoas que dizem 'Eu tentei anunciar na mídia eletrônica, mas não funcionou comigo'. Invariavelmente, seus testes foram conduzidos de acordo com métodos que favorecem os jornais. Procura-se por um rápido retorno, e para isso o jornal é definitivamente o melhor atleta: você consegue o que consegue imediatamente, mas as coisas não melhorarão e melhorar. Rádio e televisão são maratonistas: quanto mais você continua, melhor eles funcionam. São um investimento muito melhor para uma longa corrida que os anúncios em jornal e Páginas Amarelas.

Se você quer apostar em quem estará na liderança ao final de trinta dias, ponha seu dinheiro em jornal. Mas se a sua corrida está programada para mais que seis meses, pode hipotecar sua casa para investir em rádio e TV. Será apenas nas corridas mais longas que os maratonistas poderão nos mostrar o que são capazes de conseguir.

Como, porque e quando usar a mídia impressa

Mala direta: justificável quando usadas para convidar para um evento particular, ou para enviar informações a um cliente que as tenha requisitado.

Revista: revistas segmentadas podem ser muito eficazes quando você precisa alcançar um grande número de pessoas espalhadas por uma grande área geográfica — por exemplo, um anúncio em revista do segmento bancário para vender softwares de gerenciamento bancário.

Outdoor: imagine um grande outdoor preto com letras brancas 'Você conhece, você confia'. Nenhum logotipo ou logomarca, apenas um estímulo à memória. Quando você tem um conceito profundamente impregnado na memória das pessoas, a Propaganda em outdoor poderá representar um meio muito barato de disparar a memorização dos seus anúncios em rádio e TV.

Jornal: quando você tem absoluta necessidade de se desfazer de excesso estoques, ou quando você precisa levantar dinheiro para uma emergência mas não quer fazer com que seus clientes aguardem uma próxima liquidação, tente algo como um anúncio entre ¼ e ½ página de jornal. Mostre produto, preço e limite de data para a oferta em tipos bem grandes, e deixe o nome de sua empresa bem pequeno lá embaixo. Apenas os leitores que estão imediatamente no mercado para seu produto serão alcançados.

Criação é argumentação

Pois bem. Tão importante quanto saber como é feito um anúncio é chegar-se a algum critério de análise, não é mesmo? O fato de uma peça publicitária qualquer haver sido concebida e produzida dentro de um critério 'tecnicamente correto' não significa, necessariamente, ser uma peça de qualidade como motivadora de ação do Sr. Target em direção ao produto anunciado. Quem já não viu anúncios magníficos que acabaram por não estimular uma única viva alma?

Consideremos: para quê servem anúncios? A despeito daquelas discussões teóricas chatíssimas sobre se Propaganda vende ou não vende, anúncios são produzidos em função de algum resultado. Eu, pessoalmente, acho que anúncio apenas informa e motiva; não vende nada. Como já vimos, há muito mais variáveis administrativas e mercadológicas envolvidas na venda de um produto, do que apenas a Propaganda. Dizer que Propaganda vende é ser muito simplista.

Se aceitamos que anúncios motivam as pessoas a pelo menos checarem a veracidade do que foi informado, então anúncios são obras para persuasão do Sr. Target.

Continuando a linearidade deste raciocínio, concluímos que a Propaganda deve falar por si mesma; as peças devem ser autoexplicativas. Se um belo dia aparecer aquele gênio publicitário fazendo mil argumentações, dando mil explicações sobre 'o que o anúncio quer dizer', saiba de antemão que é um material que não vai funcionar. Se eventualmente funcionar, terá sido por uma questão meramente matemática: segundo a teoria das probabilidades, alguns eventos muitíssimo improváveis também podem ocorrer, ora bolas!

A boa criação é aquela que faz coisas que você vê, gosta e entende. E o surpreende. De cara. Sem mais papo. Claro que as peças sempre passam por um processo de depuração depois de criadas e aprovadas pelo cliente. Uma correção de cor aqui, uma alteração desta ou daquela palavra acolá, um logotipo que deve ser tratado dentro dos padrões pré-determinados de identidade visual do cliente etc.

Mas um anúncio, enfim, deve falar por si mesmo. Se exigir muitas explicações e argumentações por parte da agência, rejeite-o. Não se esqueça de que o Sr. Target estará sozinho no momento de ver o anúncio; não haverá ninguém ao lado dele explicando absolutamente nada.

Apenas tenha cuidado para não confundir o blá, blá, blá inútil com o que se convencionou chamar de defesa do anúncio ou da campanha publicitária. Uma defesa é a argumentação básica necessária para que a criação tenha oportunidade de expor as razões que a levaram a optar por uma determinada linha de raciocínio. Não apenas é correto e usual a existência de uma defesa, como também será muito saudável para o anunciante, pois é aí, neste momento, que se poderá argumentar a favor ou contra a proposta da criação. Depois de tudo pronto, um abraço...

Criação X Target: você conhece o seu target?

A propósito, qual é mesmo o objeto da sua comunicação? O Sr. Target? É ele quem comprará seu produto? Então, supõe-se que deva ser ele a pessoa que mais deverá gostar, encantar-se com sua comunicação, certo? Embora este raciocínio beire o ridículo de tão óbvio que é, muitos anunciantes aprovam anúncios e campanhas inteiras baseados apenas no seu gosto pessoal. Já presenciei, incontáveis vezes, anunciantes aprovando ou recusando trabalhos sem o menor critério de bom senso. Vi até o caso de um diretor de empresa muito grande no seu segmento de negócio levar uma campanha para casa para que sua esposa aprovasse. E o pior é que o público-alvo estava muito distante dos perfis socioeconômico e comportamental deste diretor e maravilhosa esposa.

Casos igualmente absurdos são os daqueles anunciantes de um ramo de atividade qualquer que seguem o que seu mercado específico faz, seguem regras estabelecidas sabe-se lá por quem e acreditam piamente que só existe um meio de se fazer comunicação dos seus produtos. Abra o jornal de domingo e dê uma olhada nos classificados de imóveis, ou peça ao seu médico uma revista do segmento farmacêutico de produtos éticos. É tudo tão igual que dá pena. Será que não dá mesmo pra se fazer algo criativo? Fale com qualquer publicitário velho de guerra. Com certeza, ele terá histórias inacreditáveis para contar.

Não se esqueça: você vai anunciar para o Sr. Target. Portanto, não importa sua opinião pessoal, importa a dele. Temos um acordo?

Clientes criativos têm campanhas criativas

Por que será, ó céus!, que alguns anunciantes diferem tanto de outros do mesmo segmento e do mesmo porte na hora de se comunicar? Que sujeitos abençoados serão estes que dão a incrível 'sorte' de poder contar exatamente com aquela agência tão criativa? Sortudos mesmo, né? Gente feliz, essa. Ou então: 'sabe aquela agência que me recomendaram? Acho que não é tão boa assim, porque é incrível a diferença de qualidade de criação que eles apresentam para dois clientes diferentes.'

A resposta está no subtítulo acima: clientes criativos têm campanhas criativas. Acontece que não se faz boa Propaganda sem cumplicidade. O anunciante que é amigo do pessoal da agência, que é parceiro no processo inteiro, que respeita o fato de a agência entender mais de comunicação do que ele, que é cúmplice de verdade e que se entusiasma com a qualidade do que anuncia é o verdadeiro cliente criativo.

Embora ele não se meta a fazer anúncios, ele dá espaço à criação. Ele sabe perfeitamente que só se é criativo se não houver barreiras emocionais, se não houver nenhuma espécie de estímulo à autocensura. Quem é criativo não tem medo de ousar, de tentar... e colher os resultados. Existe um conceito meio axiomático de que sem riscos não há progresso. Ser criativo é assumir algum risco, sempre.

O anunciante que assume o papel de cúmplice serve de agente orientador, corrige rumos, dá o tom da coisa. Aí, fica bem mais fácil e estimulante para o pessoal da criação cometer o perdoável pecado de... criar!

Você, novo anunciante, faça isso. Estimule sua agência. Crie desafios. Brinque positivamente e de modo saudável. E você, futuro publicitário, permita a aproximação do seu cliente. Ouça com carinho o que ele tem a dizer. Dica inteiramente grátis: é frequente uma ideia magnífica nascer de um papo descompromissado e agradável. Divirtam-se, portanto, meninos.

Como avaliar a Criação

Não há meio de se avaliar concretamente a criação. Ponto.

O Juízo Final, de Hieronymus Bosch[8], é uma obra extremamente criativa que deve provocar horror em muitas pessoas. Tudo bem, Propaganda não é tão nobre assim, mas exige um tipo muito especial de criatividade, um tipo que não dá margem às 'inspirações', uma criatividade de linha de produção onde o anúncio é a 'obra de arte' previamente encomendada, normalmente para um prazo exíguo e que, por cobrar resultados práticos, também não dá espaço a chiliques de geniozinhos temperamentais. É pra ontem e pronto! Mas, até que as peças publicitárias tenham sido aprovadas pelo consumidor sob a forma de atitude em direção ao produto anunciado, aprovar Propaganda é sempre uma aposta em uma ideia qualquer.

Portanto, a avaliação da criatividade é subjetiva enquanto esta criatividade não for colocada à prova. Há, sem dúvida, alguns meios de se prevenir de um estrondoso fracasso. Todos, derivados do simples bom senso.

Primeiro: a experiência. Alguns anunciantes têm um faro desenvolvido sobre o que funciona e o que não funciona na Propaganda do seu ramo de negócio. O exemplo mais cabal é o do mercado imobiliário: anúncios de imóveis são de uma mesmice chocante, mas 'vendem'. Meu contra-argumento é que os anunciantes imobiliários não se permitem a chance de tentar inovações, como se quem compra um apartamento também não comprasse eletrodomésticos. 'Anunciar geladeira criativamente dá; imóveis, jamais!'

---

8   Em exibição permanente na Academia de Belas-Artes de Viena.

Imagine, caro leitor, um anúncio da Brastemp com cara e leiaute do anúncio do edifício que está sendo construído ao lado da sua casa.

Então, este anunciante, seja ele de imóveis ou do ramo que for, só saberá se tiver coragem de ousar, de investir um pouquinho mais de neurônios e, no fim, medir os resultados. A primeira maneira, então, de se avaliar a criação é a da comparação, mas será tanto melhor para quem já tiver alguma experiência como anunciante, comparando apelos antigos com os atuais..

Outra forma, muito utilizada pelos grandes anunciantes, é o pré--teste de campanha publicitária. Através de um modelo de pesquisa chamado 'pesquisa qualitativa', são formados grupos de consumidores com o perfil genérico do público-alvo que se espera atingir. Em reuniões monitoradas por pesquisadores especializados, os consumidores são apresentados à campanha publicitária proposta e, livremente, discutem e apresentam seus pontos de vista. A análise qualificada dos resultados deverá indicar se a campanha virá a ser produzida e veiculada ou não.

O pequeno anunciante poderá argumentar que uma coisa destas é só para as grandes empresas, pois devem custar muito caro. E custam mesmo. Mas eu já havia proposto o método da observação daquilo que fazem os grandes, a posterior adaptação dos conceitos e sua aplicação à medida das possibilidades de cada um. Qual será o problema em tentar, junto a sua agência, promover uma reunião informal com alguns dos seus clientes mais confiáveis e pedir sua opinião sincera sobre a campanha ou anúncios individuais? Nem sempre será possível e nem sempre será necessário. Mas procure experimentar. Garanto que você terá algumas boas surpresas.

Pesquisas de *recall* são outra ferramenta, particularmente empregadas em comerciais de TV. No dia seguinte ao da primeira exibição, mede-se o índice de memorização do Sr. Target. Se for bom, dentro de determinados conceitos estatísticos, o comercial continua no ar; matematicamente fracassado, sai do ar sem choro nem vela. É um processo empregado corriqueiramente por grandes anunciantes e que você poderá adaptar informalmente à sua comunicação. Fica aí o meu desafio à sua criatividade empresarial.

Há, ainda, os chamados mercados-teste. Coisa dos anunciantes grandões, também. Mas o novo anunciante, com alguma dose de bom senso e muita organização no levantamento dos seus resultados de venda também poderá aplicar este modelo. Ah! Mas você só tem três lojas de calçados na cidade? Que tal testar ao menos uma panfletagem diferente em um dos bairros em que está uma das lojas e, depois, comparar os resultados? Quero advertir que o que importa, do meu ponto de vista, é estimular um modelo de conduta para a avaliação da criatividade empregada na sua comunicação. Como já foi dito, crie bons hábitos e você obterá excelentes resultados.

Provavelmente, você já ouviu dizer que Curitiba é o mercado--teste da maioria dos grandes anunciantes. Não é bem assim, e não se faz isto só em Curitiba. Para se eleger uma determinada praça para testes, há alguns fatores mínimos que devem ser observados:

- semelhança no perfil do Sr. Target. Uma coisa é testar em Araraquara para se anunciar por todo o interior de São Paulo. Outra, é testar em Bagé e anunciar em Fortaleza. O mercado--teste deve apresentar perfis cultural e socioeconômico muito parecidos com o do universo que se pretende atacar.

- não haver 'magnetismo' de algum grande centro. Cidades cuja população tenha o comportamento muito influenciado pela proximidade de algum grande centro como São Paulo, Rio de Janeiro, Recife, Porto Alegre etc. devem ser desconsideradas pois, inevitavelmente, boa parte de sua população terá adquirido alguns comportamentos e hábitos de consumo semelhantes.

- isolamento de mídia. O mercado-teste também deve oferecer possibilidade de veiculação publicitária apenas local. Cidades da região do ABC paulista ou da baixada fluminense, por exemplo, não permitem o isolamento de mídia, principalmente da mídia eletrônica, já que são cobertas pelos mesmos sinais de rádio e TV que atingem as capitais dos estados. Até mesmo a mídia impressa é, na maioria das vezes, coincidente. Então, fica impossível fazer um 'laboratório' com a devida isenção de resultados.

Mais importante que qualquer meio de verificação é o bom senso acompanhado de experiência acumulada. Será difícil ao novo e pequeno anunciante administrar, exatamente pela falta de experiência, a confusão estatística que o aguarda. Tudo bem. Eis um excelente momento para você envolver sua agência e estimular a parceria.

O importante é ter em mente que é necessário desenvolver-se algum meio de avaliação de resultado do seu investimento publicitário, notadamente no que diz respeito a algo tão difícil de ser quantificado e de qualificação tão subjetiva quanto a criação. Pois anúncios diferentes em mídias iguais darão, certamente, resultados diferentes. Então, a qualidade da criação deve ser avaliada isoladamente sempre quando possível.

Final

Com certeza, tudo o que você tem lido a respeito de criação diz respeito a conceituações, técnicas empregadas, prêmios e gente do ramo.

Poucas vezes, até onde tenho notícia, alguém tocou no ponto nevrálgico de questionar seriamente o que é feito. Aqui, eu também não questionei profundamente, mas espero ter-lhe estimulado a pensar se criação não deverá ser alguma coisa a serviço de resultados concretos, a serviço das suas vendas.

Ouve-se muito blá, blá, blá, vê-se muito oba-oba (a propósito, onde é mesmo a próxima festa?). Mas, felizmente, isto está mudando, e a criação passa a ser vista, devagarzinho, como algo mensurável em termos de resultado. O que é muito bom para agências e, fundamentalmente, para os anunciantes de menor porte, porque estimula a qualidade.

Em tempo: de nada adianta ter as campanhas mais 'criativas' do universo se suas estratégias de vendas e marketing forem muito caretas e previsíveis.

Em tempo II: agências de Propaganda que têm um excelente departamento de criação — e que sabem dar-lhe o devido valor — tendem a ter muita criatividade presente nos seus demais departamentos. Deixam-se contaminar. Terão um Atendimento criativo, que desenvolve soluções e oportunidades fantásticas para o cliente; uma Mídia criativa, sempre em sintonia com novos veículos, meios e formatos, praticando um planejamento inteligente e surpreendente. E assim deverá ser o resto da agência. O departamento de criação é o âmago do espírito criativo; dali, a coisa toda se irradia.

VII. MÍDIA: A ENGENHARIA DA PROPAGANDA

Mídia é...

Mídia é onde está o grosso do dinheiro do anunciante. Só isso já seria motivo para que se tome todo cuidado do mundo ao anunciar.

Mídia é, no entanto e principalmente, inteligência estratégica a serviço da aplicação de cada centavo daquele dinheirão todo, no melhor momento, no melhor programa, do melhor veículo, tudo orientado ao melhor interesse do Sr. Target; ele, o público-alvo, nosso velho conhecido, a quem todos os esforços se dirigem e para quem todas ações se justificam.

Porque o Sr. Target é o sumo sacerdote e supremo patrão do anunciante e do publicitário: seu dinheirinho é que paga nossos gordos salários! Não é o dinheiro do cliente nem o do veículo e nem o da agência. Não: o dinheiro que nos paga a todos nós vem do bolso do consumidor daquilo que anunciamos. A ele devemos render todas as homenagens.

Mídia é, pois, pura engenharia a serviço do interesse que todos temos em fazer com que nossos clientes sintam-se felizes por levar sua mensagem mercadológica às pessoas certas, no lugar certo, no momento certo, pelo menor custo possível.

Mídia é dinâmica pura! Todo dia surge algo de novo no ar. Por isso, seja você estudante ou profissional, publicitário ou anunciante, é seu dever estar por dentro, acompanhar cotidianamente as novidades e a evolução da mídia como área de absoluta importância estratégica, conhecendo o mais detalhadamente possível os meios de comunicação e suas características de comercialização de espaços; os padrões de negociação mais praticados; exemplos de ações altamente criativas em mídia; as mídias alternativas, sua aplicação e resultados; as ferramentas de medição de audiência e os serviços de levantamento de dados de mídia disponíveis em sua região e de interesse para o produto anunciado; as ferramentas de controle e fiscalização de exibição; procedimentos para a distribuição física das peças publicitárias (porque a realidade brasileira requer cuidados especiais); como se relacionar com a mídia Internet etc.

Se eu fosse me atrever a falar sobre tudo isso, faria uma enciclopédia só a respeito de Mídia. E, mesmo assim, não poderia ser um trabalho de grande efeito, visto que a dinâmica da área de Mídia tornaria qualquer texto rapidamente obsoleto.

No entanto, os tópicos a seguir são, de acordo com o espírito deste livro, considerações que me pareceram importante fazer, mesmo assim, por sua perenidade.

Põe na Globo?

A rigor, a palavra deveria ser grafada media, porque é um termo do latim e que significa 'meios' — de comunicação, no nosso caso. Expressão inicialmente empregada nas Propagandas inglesa e americana, foi adotada em nosso país com ortografia e pronúncia derivadas da fonética inglesa, onde se lê media como mídia. Coisas do Brasil. Discutirmos se é media ou mídia é o que menos importa. A atividade conhecida por mídia é, entretanto, uma das mais importantes na hora de se pensar em Propaganda.

Podemos definir mídia como a distribuição racional do investimento publicitário através dos vários meios de comunicação disponíveis e que sejam de interesse para uma determinada campanha publicitária. Em outras palavras, quantos anúncios, e dinheiro!, vão para cada meio de comunicação, em que intensidade e com qual frequência.

E ali está o destino da maior parte da verba de uma campanha publicitária. Por isso, não é sem razão que as agências de Propaganda dignas desse nome, na medida das possibilidades de cada uma, têm investido muito dinheiro e talento nos seus departamentos de Mídia. Um exemplo é o uso constante e crescente da informática como uma das principais ferramentas do profissional do setor. Nas agências mais bem estruturadas, os computadores não se resumem apenas a sofisticadas máquinas de calcular que imprimem as planilhas de veiculação. Na verdade, a principal tarefa que estas agências dão aos computadores são as simulações de investimento em mídia, atividades tão complexas e sofisticadas que seriam excepcionalmente trabalhosas e demoradas se executadas pelas pessoas. A principal vantagem da simulação é traçar as possibilidades de investimento alternando variáveis de mercado, sem que seja necessário correr o risco de gastar primeiro para ver o que acontece depois.

Uma simulação funciona mais ou menos assim: o departamento de Mídia, a partir de uma série de informações oriundas do marketing do cliente, do planejamento da agência e dos dados de audiência obtidos com os institutos de pesquisa, estabelece os parâmetros iniciais de investimento. Cruza todas estas informações no computador e obtém uma ou mais simulações sobre como aplicar a verba disponível com o melhor retorno possível em termos de audiência. Vamos colocar um exemplo hipotético e extremamente simplificado. Digamos que:

- o produto a ser anunciado tenha o seu público-alvo representado por donas de casa acima dos 30 anos, com um ou mais filhos, e da classe média alta;

- a distribuição física do produto seja limitada aos estados do sul (PR, SC e RS);

- a veiculação dos comerciais se concentrará em televisão, incluindo todas as redes nacionais;

- a verba que o cliente reservou (de preferência, calculada junto à agência) para veiculação seja igual a US$ 'X'.

Todos estes dados serão cruzados pelo computador com os dados de pesquisa de audiência e tabelas de preços de veiculação de cada rede de TV. O computador fornecerá quantas simulações forem necessárias, sempre com o melhor aproveitamento Aplicação de Verba X Retorno em Audiência. O que dará a decisão por uma ou outra simulação será a análise que o profissional de mídia fará utilizando-se de uma outra ferramenta que os computadores não vão apresentar nunca: a experiência profissional. Mais ou menos como um mesmo exame de laboratório na mão de médicos diferentes. Mas isso é assunto para mais tarde.

Ao final deste capítulo, após você tomar conhecimento da amplitude que a mídia tem no contexto da Propaganda, e de alguns dos seus termos técnicos (GRP, Custo por Mil etc.), apresentaremos um exemplo mais bem elaborado de simulação. Por enquanto, é isso.

Os meios e a terminologia

Todo e qualquer lugar onde pudermos colocar uma mensagem publicitária, devemos considerar um meio de comunicação, uma mídia. De um brinde promocional a uma rede nacional de televisão, tudo é mídia.

Há, obviamente, um enquadramento técnico que distingue os diferentes meios: rádio e TV são chamados mídia eletrônica; revistas, jornais, outdoors e folhetos são mídia impressa; materiais promocionais como brindes, balões, faixas de rua etc. são mídia alternativa, e assim por diante.

Como já observei, a mídia é a área mais técnica da Propaganda. Técnica no sentido de ser a mais objetiva, onde as aplicações de verba são determinadas a partir de critérios estatísticos e matemáticos. Na mídia, na boa mídia, não tem erro: cada centavo aplicado obedece a um ponto de partida muito bem estudado e fundamentado.

Por isso, a mídia também tem uma terminologia, um conjunto de expressões próprios. Vamos às principais:

ADEQUAÇÃO. Identidade existente entre o veículo ou parte dele e o produto ou serviço a ser anunciado, considerando os aspectos editoriais e intrínsecos do veículo e o público-alvo a ser atingido.

AMOSTRA. Todo subconjunto cujas propriedades são estudadas com o fim de generalizá-las ao conjunto de que aquele é considerado parte.

AUDIÊNCIA. Conjunto de pessoas ou domicílios, em relação ao total da população ou a um dos seus segmentos, que num dado momento são atingidos por um veículo ou programa. Pode ser expressa em percentual ou números absolutos.

CIRCULAÇÃO. Total dos exemplares de uma revista ou jornal que chegam até os seus leitores, seja através da venda avulsa, assinaturas pagas, assinaturas grátis ou distribuição gratuita. É a diferença entre a tiragem e os exemplares inutilizados, não distribuídos ou devolvidos (encalhe).

COBERTURA. Pessoas ou domicílios diferentes que tiveram oportunidade de serem atingidos pelo menos uma vez por uma programação de mídia.

COBERTURA EFICIENTE. Total de pessoas ou domicílios cobertos por uma frequência eficiente (vide Frequência Eficiente).

COBERTURA GEOGRÁFICA. Área geográfica dentro da qual os veículos possuem condições físicas (sinal de Rádio e TV, rede de distribuição de exemplares) de atingir pessoas ou domicílios existentes nesta área.

CONTINUIDADE. Variável que estabelece o período de tempo de veiculação de uma campanha.

CUSTO 1%. Valor obtido pela divisão do preço absoluto de um veículo ou programa por sua audiência.

CPM (Custo Por Mil). Preço absoluto de um programa ou veículo, ou conjunto destes, dividido pela sua audiência ou cobertura em números absolutos, ou impacto, e multiplicado por mil.

DISTRIBUIÇÃO DE FREQUÊNCIA. Subdivisão da cobertura, ordenada conforme o número de vezes (uma vez, duas vezes e assim sucessivamente) em que o público foi exposto à mensagem.

FLIGHT. Período contínuo de veiculação.

FREQUÊNCIA EFICIENTE. Frequência considerada suficiente para que a mensagem seja compreendida e assimilada.

FREQUÊNCIA MÉDIA. Número médio de vezes em que as pessoas ou domicílios tiveram oportunidade de ser expostos à mensagem publicitária.

GRP (Gross Rating Point). Soma das audiências alcançadas por uma programação.

IMPACTO. GRP expresso em números absolutos.

PATROCÍNIO. Tipo de veiculação onde um ou mais anunciantes custeiam a transmissão de um programa ou seção num veículo de comunicação, ou dão esta impressão ao público.

PENETRAÇÃO. Percentagem de pessoas ou domicílios, em relação ao total da população ou a um de seus segmentos, que têm o hábito de ler, ver ou ouvir um veículo ou programa. Quando projetada para uma determinada população, pode ser expressa também em números absolutos.

PERFIL. Segmentação da audiência em subconjuntos de elementos agrupados por sexo, classe socioeconômica, faixa etária, ocupação profissional ou domicílio etc. Geralmente é expressa em percentuais.

SELETIVIDADE. Características de certos meios e veículos que atingem segmentos homogêneos da população em termos de sexo, classe socioeconômica, idade etc., possibilitando uma melhor adequação ao produto anunciado.

SIMULAÇÃO. Processo de análise de programações simuladas de mídia, via computador, para avaliação da programação alternativa mais eficiente, em função das variáveis de cobertura, distribuição de frequência, GRP e custos.

SUPERPOSIÇÃO. Número de pessoas ou domicílios atingidos por dois ou mais veículos ou programas.

UNIVERSO. Conjunto de habitantes ou elementos de uma determinada área geográfica.

A mídia, na verdade, tem um conjunto de conceitos muito mais amplo. Um exemplo é a extensão do conceito de GRP para TRP, isto é, Target Rating Points. O GRP clássico considera a audiência como um todo. Atualmente, contudo, com a evolução dos métodos de pesquisa de audiência, já é possível serem feitos cálculos de audiência daquele exato público-alvo que se deseja alcançar. Então, se o Sr. Target tem entre 20 e 30 anos de idade e é do sexo masculino, serão calculados os TRP necessários para atingi-lo com muito maior exatidão. Evita-se, assim, o famoso tiro de canhão para matar passarinho. Todas as projeções e os consequentes investimentos serão feitos bem mais 'na mira'.

Há boa literatura a respeito, principalmente o que é publicado por grandes agências de Propaganda e entidades voltadas ao assunto, como o Grupo de Mídia.

Características e particularidades dos meios de comunicação

No capítulo Criação há um subtítulo abordando o comportamento do público-alvo diante dos meios de comunicação, porém voltado mais propriamente a como o pessoal de criação pode se guiar no momento de concepção das peças.

O pessoal da Mídia faz a mesma coisa, embora seus propósitos, ao analisar os meios de comunicação, não sejam tecnicamente os mesmos. O objetivo é fazer um planejamento com o melhor aproveitamento possível de verba e, é claro, fornecer à Criação mais alguns subsídios.

Vejamos como o pessoal da mídia interpreta, basicamente, as virtudes de cada meio de comunicação.

RÁDIO

a) A EMOÇÃO E O INDIVÍDUO

Uma característica evidente do meio rádio é a proximidade que ele sugere. De início, não podemos esquecer que esta proximidade já é favorecida por suas características físicas de portabilidade e baixíssimo custo de aquisição, o que faz com que esteja presente em todos os lares, veículos, bolsos e ouvidos da nação; nenhum outro meio é tão onipresente.

E a proximidade é, acima de tudo, psicológica (nenhum outro meio é tão companheiro quanto o rádio). Por orientar e prestar serviços de toda ordem, os profissionais de rádio – locutores, apresentadores, jornalistas – acabam criando laços de intimidade, fazendo papel de amigos do Sr. Target e, por esta razão, é um meio ideal para o desenvolvimento de ações testemunhais ou de merchandising.

b) REGIONALIZAÇÃO

À exceção de umas poucas redes nacionais, o rádio, como meio de comunicação, é sinônimo de uma infinidade de emissoras, todas guardando obrigatoriamente as características culturais locais (aliás, é dever de todo publicitário, ao viajar pelo Brasil, sintonizar o maior número possível de emissoras locais; as surpresas serão muitas). Esta distribuição localizada das rádios facilita o planejamento de mídia regionalizada, o que é muito útil – pela racionalização de custos – às mais variadas estratégias de comunicação, e para anunciantes de todos os portes.

Neste aspecto, convém lembrar que os custos de inserção de comerciais são incrivelmente baixos, principalmente nas emissoras das menores praças. Se, por um lado, é um pouco complicado administrar as inserções distribuídas por um número muito grande de emissoras, por outro lado dá para se 'fazer a festa' em volume e frequência de inserções.

Não bastasse, é, ainda, o meio que melhor obedece aos critérios de isolamento de mídia por área geográfica, o que é perfeito quando se quer fazer testes de mercado, pré-testes de campanha etc.

c) QUANDO O SR. TARGET SÃO MUITOS

Ao mesmo tempo em que facilita a segmentação geográfica, o rádio também é excelente no quesito segmentação socioeconômica. Pois há emissoras de música popular, sinfônica, de caráter religioso, jornalísticas etc. Enfim, uma para cada gosto, uma para cada público. Assim, por exemplo, se o seu produto tem afinidade com adolescentes, basta programar rádios de perfil jovem dentro de sua área de cobertura.

d) E QUANDO SE TEM PRESSA

Pelas vantagens muito maiores de custos, prazos de produção de spots e de obtenção de encaixe nos horários desejados, em comparação com a televisão, o rádio é o meio ideal quando se quer fazer algum tipo de comunicado urgente à praça.

TELEVISÃO

a) A CAMPEÃ DA COBERTURA NACIONAL

Segundo dados recentes do IBGE a televisão é, hoje, o meio de comunicação de maior penetração nos lares brasileiros. Mas, embora também possa operar com breaks comerciais regionais, a televisão não consegue os níveis de regionalização obtidos pelo rádio. Por isso, é um meio mais adequado para se atingir grupos bem maiores de pessoas, e áreas geográficas um pouco mais extensas. Seja como for, é sempre uma mídia indiscutivelmente favorável para as mais variadas finalidades, até porque, quando bem programada, a televisão apresenta um custo por mil (CPM) excelente.

b) ALTA COBERTURA EM TARGETS SOCIOECONÔMICOS

Da mesma forma que a televisão é ampla em cobertura geográfica, também o é no campo socioeconômico, pois todas as classes sociais têm acesso a ela, e há programação para todos os públicos imagináveis, graças, neste caso, também à opção representada pelos variados canais por assinatura.

c) REGIONALIZAÇÃO

Apesar de, como já dito, a televisão não permitir a, digamos, microrregionalização como faz o rádio, por outro lado, as grandes emissoras têm audiências cativas (ver item a seguir) indispensáveis a um bom planejamento de Mídia. A regionalização pode compreender áreas e custos maiores, mas os resultados são indiscutíveis, e normalmente valem mesmo a pena.

É óbvio que, pelas quantidades maiores de público alcançadas, tudo fica mais delicado quando se trata de fazer testes de mercado, e quase impossível em pré-testes de campanha.

d) FIDELIDADE

Os institutos de pesquisa são unânimes: mais de 90% dos brasileiros mantêm o hábito regular de ver televisão, e também com boa dose de fidelidade a programações determinadas. Esta fidelidade ao meio dá mais segurança na hora de planejar.

e) DISPONIBILIDADE DE FORMATOS FLEXÍVEIS

Das vinhetas de três segundos aos comerciais de três minutos normalmente empregados em lançamentos de produtos, a televisão permite praticamente qualquer formato. Evidentemente, existe uma padronização básica de múltiplos de quinze segundos, mas, em casos especiais, e sob consulta prévia à emissora, é possível desenvolver-se algum projeto especial que fuja destes padrões.

f) ENVOLVIMENTO EMOCIONAL

Emoção, aqui entendida como conjunto de reações humanas, não apenas as lágrimas derramadas nas cenas tristes da novela: a alegria do entretenimento, a apreensão diante da notícia etc. De qualquer modo, a televisão é um dos meios que gera maior envolvimento emocional do Sr. Target.

CINEMA

a) MENOR ÍNDICE DE DISPERSÃO

Do ponto de vista do pessoal da Mídia, uma sala de cinema gera baixa dispersão diante da informação publicitária, o que significa que o Sr. Target vê o comercial de modo um tanto forçoso. Considerando que, nos momentos que antecedem a exibição do filme principal, existe sempre um certo alto-astral, esta visão 'à força' não gera, necessariamente, reações negativas à mensagem publicitária.

b) GRANDE IMPACTO VISUAL E EMOCIONAL

Não tem como ficarmos emocionalmente indiferentes à tela. A grandiosidade da tela faz todo o envolvimento. Quantas vezes ouvimos que um mesmo filme assistido no cinema é diferente do assistido na televisão? O cinema é, portanto, um ótimo meio a ser programado quando também temos uma criação que, de alguma forma, estimula sentimentos variados.

c) SELETIVIDADE E SEGMENTAÇÃO

O cinema também é um meio bastante seletivo, pela alta penetração nas classes A e B, e a ainda pequena participação de classes CDE. A crescente convergência das salas de cinema para shopping centers amplia um pouco mais esta seletividade.

d) COBERTURA REGIONAL

O cinema nos dá a regionalização que bem entendermos: bairro, região da cidade, cidade inteira, região metropolitana, regiões interioranas e/ou litorâneas, estados ou o país todo. Ótimo para planejamento regional de cobertura eficiente.

OUTDOOR

a) A VISIBILIDADE DAS GRANDES VITRINES

Fundamentalmente um meio de apoio às grandes campanhas porque, bem posicionado, não tem como não ser visto.

b) COBERTURA A a Z

Já que ruas e avenidas não são tão seletivas quanto muita gente fina gostaria, o outdoor alcança apenas todo mundo. Não há quem não seja atingido. Claro que o bom planejamento da cobertura (distribuição das tabuletas) é determinante dos resultados, tanto quanto o conteúdo das peças. As exibidoras oferecem, nas maiores cidades, roteiros previamente planejados compostos por tabuletas existentes nos melhores pontos, isto é, os que agregam maior visibilidade à exposição a enorme número de pessoas. São chamados de roteiros nobres.

c) FLEXIBILIDADE DE FORMATOS

O outdoor é um permanente desafio à criação de boas ideias. De uns anos para cá, as empresas exibidoras têm aceitado os formatos mais variados. Ou até a ausência de formato, como foi o caso de um outdoor genial exibido em João Pessoa, PB, vazado, que tinha apenas a moldura e a assinatura no canto inferior direito. A imagem era formada pela própria paisagem das praias da cidade. Claro que era um outdoor do órgão governamental responsável pelo turismo. Pode-se, assim, criar o que bem se entender: apliques os mais variados, luzes, motores movimentando partes do outdoor, juntar dois ou mais deles num único e imenso outdoor etc.

d) COBERTURA REGIONAL E AÇÕES ISOLADAS

É mais uma mídia adequada para a complementação dos esforços regionais de uma campanha de maior abrangência territorial ou, por razões evidentes, para encerrar em si mesma uma campanha inteira de pequeno alcance geográfico.

REVISTA

a) SELETIVIDADE/SEGMENTAÇÃO

A primeira característica importante de meio revista a ser levada em conta é sua indiscutível capacidade de atingir grupos de pessoas com interesses comuns, vulgo segmentação de *target group*. Pois todo santo dia nasce um título novo voltado a esporte, política, jardinagem, medicina, automobilismo, animais, plantas ornamentais, crimes, novelas etc. Portanto, tendo um grupo determinado em mente, não deixe de incluir a revista voltada àquele segmento em seu planejamento.

b) FORMADORA DE OPINIÃO

Revistas têm, via de regra, boa credibilidade diante do Sr. Target, por seu caráter educativo e/ou informativo. Muitos títulos são bastante adequados principalmente para lançamento de produtos ou de novas classes de produtos.

c) QUALIDADE DE IMPRESSÃO

Isto resulta em maior facilidade para a demonstração do produto e de suas características. Nos casos de campanhas que exijam detalhamento de informação (uso de produto ou manuseio da nova embalagem, detalhes técnicos etc.), nada melhor que uma revista.

d) CREDIBILIDADE PARA O ANUNCIANTE

Pela identificação com a representatividade do título da revista, pode-se obter maior credibilidade para a marca/produto.

JORNAL

a) MEIO FORMADOR DE OPINIÃO

Valem aqui as mesmas observações do item homônimo apresentado no meio revista.

b) MEIO REGIONAL

A regionalização é permitida na razão direta da circulação de cada título. Nunca se deve esquecer que, muitas vezes, os jornais das capitais têm, nas cidades pequenas, índices de leitura maiores que os de alguns jornais locais. Nos grandes jornais a regionalização está restringida a cadernos especialmente dedicados a determinadas áreas.

c) CREDIBILIDADE

Há quem diga que a credibilidade de uma informação é diretamente relacionada ao meio em que esta informação é veiculada. O jornal, sob este ponto de vista, é um meio que beneficia a informação publicitária.

d) VELOCIDADE DA INFORMAÇÃO

Melhor dizendo, o jornal oferece velocidade no detalhamento da informação. Embora mais 'rápido' do que a revista, sofre em comparação com os meios rádio, televisão e Internet, que são instantâneos. É um meio excelente para a veiculação dos anúncios de oportunidade, aqueles que se aproveitam do tema do dia.

e) FLEXIBILIDADE DE FORMATOS

Embora não dê margem às pirações permitidas pelo outdoor, o jornal até que é um meio bem flexível no quesito formatos, que podem ir desde a veiculação de mensagens na embalagem plástica, que leva o exemplar de assinantes, até as multipáginas, passando por meias capas, encartes, anúncios redondos etc.

Agora compare tudo isso com o texto já citado do capítulo Criação. Será fácil perceber que a essência do que os meios de comunicação representam tanto para a Criação quanto para a Mídia não muda drasticamente, e isto não poderia mesmo ser diferente. Por isso, quero aproveitar para lembrar que a inteligência da coisa, a 'malandragem' está em aprender a lidar com a química dos meios, isto é, a distribuição de pesos e medidas em conteúdo (Criação), forma (Criação e Mídia) e distribuição (planejamento de Mídia) para que se obtenha resultados ótimos.

Métodos de aferição de audiência e de avaliação e controle.

Há pouco, citei a evolução dos métodos de pesquisa de audiência. É bem comum, quando se fala no assunto, o leigo imaginar aqueles tais entrevistadores com suas pranchetas perguntando aos passantes sobre seus hábitos de audiência. Isto é o que mais existe, como será demonstrado, mas a pesquisa de mídia anda muito em dia, *pari passu*, com toda evolução tecnológica que nos rodeia.

No caso da audiência da televisão, dá-se especial atenção a algumas das principais praças do país, os chamados 15 mercados, sendo eles: Grande SP, Grande Campinas, Grande RJ, Grande BH, Grande Curitiba, Grande Florianópolis, Grande Porto Alegre, Grande Goiânia, Grande Salvador, Grande Fortaleza, Grande Recife, Grande Belém, Grande Vitória, Distrito Federal e Manaus. Todos contam com equipamentos eletrônicos, ou *peoplemeters*, chamados DIB6 no Brasil, instalados nas residências de algumas centenas de famílias pré-selecionadas com o objetivo de se obter uma amostra o mais representativa possível dos domicílios e indivíduos com TV na região mensurada.

Assim que um indivíduo da amostra da Kantar IBOPE Media[9] liga seu televisor, o *peoplemeter* solicita que ele se identifique pelo controle remoto do DIB6. Todos os membros das famílias pertencentes à amostra são instruídos como acionar o seu botão de identificação. Com essa identificação é possível saber-se o perfil de quem está consumindo um conteúdo naquele momento (sexo, idade, classe socioeconômica etc.).

O DIB 6 é um *peoplemeter* robusto e sofisticado que registra, em real time, faixa horária consumida, canal e programas assistidos.

A medição eletrônica entrega ao mercado brasileiro (além de mais 10 países, só na América Latina) o que há de mais moderno, para que os anunciantes assinantes do serviço possam tomar as melhores decisões em seus negócios. Isso significa que é medido o consumo completo do que se passa na TV, como audiência de visitas (*guest viewing*) e de conteúdos gravados ou *on demand* que tenham passado na TV nos últimos sete dias (*time shifted viewing*).

Sabendo que o conteúdo televisivo não é somente consumido na TV, e que nem tudo que se consome na TV é conteúdo nativo de emissoras, a Kantar IBOPE Media está em estágios avançados para criar o *currency* do mercado digital em boa parte do mundo. A novidade permitirá uma visão completa e não duplicada (entre TV e digital) do consumo de conteúdo em forma de vídeo, seja na TV ou no ambiente digital, melhorando a velocidade e granularidade dos relatórios digitais.

Em pesquisa de televisão, este sistema é o *crème de la crème*, o filezão. Nos locais ainda não interligados ao sistema, há a pesquisa 'caderno' onde as famílias participantes preenchem diários especiais que são recolhidos semanalmente e têm seus dados computados através de leitura óptica.

Todas essas medições podem ser usadas de forma prática, em análises e planejamentos, por meio dos diversos serviços entregues pela Kantar IBOPE Media:

---

9   Fica aqui meu agradecimento à Dora Câmara, querida amiga de tantos anos, diretora comercial do Kantar Ibope, que fez a gentileza de rever e atualizar este tópico de métodos de aferição de audiência. Obrigado, Dorinha!

Real Time: plataforma online para consulta de audiência em tempo real, disponível em todos os 15 mercados de medição regular e um consolidado dos 15 mercados.

Análises simplificadas de audiência: informações e métricas chave para análise.

Consulta.net: plataforma de acesso online, oferece informações de audiência das praças regulares ou especiais de TV (faixa horária e programação), voltado às agências credenciadas junto ao CENP – Conselho Executivo de Normas-Padrão.

e-Telereport: plataforma de acesso online, oferece diversas análises diárias e pré-formatadas com programação, faixas horárias, evolução mensal das emissoras, destaques da programação com imagens minuto a minuto, top 5 dos programas etc.

Análises completas de audiência: métricas avançadas e informações completas para todos os níveis e objetivos de análise de audiência.

MW Telereport: oferece análises detalhadas e profundas do meio TV (faixa horária e programação), por meio de análises de audiência com quebra minuto a minuto, entregas diárias e variáveis como audiência, alcance, *share*, total ligado, perfil, GRP, afinidade, fidelidade, tempo médio, alcance acumulado, número de casos (SAM), entre outras variáveis.

Análises de audiência por targets comportamentais:

Target Group Ratings (TGR): permite análises comportamentais de consumo de televisão e de produto. É possível realizar análise não só em *targets* demográficos (indivíduos) como também em *targets* comportamentais (por exemplo, ao que assistem as pessoas que querem comprar um apartamento nos próximos 6 meses). Isso é possível graças à fusão dos dados do painel de TV com os dados do estudo *Target Group Index*, que contempla informações sobre hábitos, opiniões e atitudes, eventos da vida, marketing boca a boca, consumo dos meios e consumo de categorias produtos.

As bases de dados TGR podem ser lidas e usadas em toda a família de plataformas MW.

Planejamento de mídia

MW Planview: integrado ao MW Telereport, o módulo de planejamento permite desde o cálculo de alcance e frequência e análises de estratégia da campanha (verba ou GRP), até o uso do Otimizador, que permite analisar a melhor a estratégia (por verba, GRP, cobertura etc.). É integrado com sistemas de mídia utilizadas pelo mercado, e oferece um hall completo de métricas, como número total de inserções, custo total, custo por mil e por GRP, alcance total e eficaz, cobertura acumulada e eficaz, distribuição de frequências, frequência total e eficaz, GRP total e eficaz, audiência dos programas selecionados etc.

TV e Social Mídia

KSTR: desenvolvida pela parceria Kantar Media e o Twitter, o KSTR é primeira medição independente do total das atividades e do alcance das conversas no Twitter relacionadas a programas de TV. O KSTR provê ao mercado um importante complemento à audiência de TV, e otimiza a compreensão do engajamento do telespectador no Twitter, em conversas sobre programas de TV.

A plataforma online "Instar Social", entrega diariamente informações sobre programas e canais mais tuitados e minutos com maiores picos; ranking ao vivo, programas gerando mais conversas no Twitter e *tweets* em real time; *Brand affinity*, em qual programa é possível encontrar mais usuários tuitando sobre a marca etc.

Entre as métricas entregues aos clientes da solução estão total de *Tweets* por programa, média de *Tweets* por minuto/programa, pico de *Tweets* (os maiores volumes de *tweets* por minuto atribuídos aos programas selecionados) etc.

Além disso, a Kantar IBOPE Media realiza pesquisas especiais em mais de 120 mercados onde não há pesquisa regular. Implantamos um painel para este fim com duração de 7 dias, onde as famílias que fazem parte da amostra preenchem um diário com o seu consumo de TV por 7 dias. E isto é só para a televisão.

A pesquisa regular de rádio é feita em 13 regiões metropolitanas por meio de entrevistas de *recall*, em que o respondente informa sobre as emissoras de rádio ouvidas nas últimas 48 horas (ontem e anteontem) e emissoras ouvidas ainda que de vez em quando (90 dias antecedentes à coleta).

A Kantar IBOPE Media usa abordagem híbrida para conseguir encontrar respondentes em todos os perfis de público. Por isso, são realizadas entrevistas *face to face* residenciais ou, nos bairros com difícil acesso do pesquisador, em ponto de fluxo e telefone. Além disso, uma parte das entrevistas é realizada por meio de questionário online autopreenchido.

O universo inclui a população com 10 anos ou mais, residentes em domicílios particulares e permanentes nas áreas urbanas, de ambos os sexos, das classes A, B, C, D e E (Critério de Classificação Econômica Brasil – CCEB).

Os dados obtidos na pesquisa podem ser entregues de algumas formas:

Easymedia 4. Entrega mensal, com base trimestral móvel, que permite conhecer o perfil demográfico dos ouvintes e suas preferências; embasar a negociação de espaço publicitário para as vendas, geração de novos formatos e projetos; acompanhar os movimentos da concorrência e sua estratégia e descobrir novas oportunidades de negócio.

Target Group Rating Rádio. A partir da fusão com dados do Target Group Index, permite entender a audiência comportamental do meio. O produto contém mais de 500 variáveis comportamentais do Target Group Index, permite analisar quem são os ouvintes, muito além de variáveis apenas demográficas.

MW Planview Rádio. Permite a simulação de campanhas para emissoras de rádio, que possibilita otimizar campanhas publicitárias para o meio rádio; aprofundar as análises de programação e comportamento dos ouvintes; analisar quantas pessoas serão impactadas por um conjunto de inserções publicitárias (alcance) e o número de vezes que cada um desses indivíduos ouviu essa inserção (frequência).

Além disso, a Kantar IBOPE Media realiza pesquisas especiais sob demanda em mercados onde não há pesquisa regular. As entrevistas acontecem nessas praças por 8 ou 14 dias.

Vale um aparte para o IVC — Instituto Verificador de Circulação. É uma instituição que faz a auditagem da tiragem e da circulação de vários jornais e revistas afiliados a partir de depoimentos jurados dos editores. Um veículo que traz a assinatura do IVC significa maior tranquilidade de investimento ao anunciante, porque os números são muito confiáveis.

E, finalmente, para que você fique tranquilão da silva quanto a saber se as peças publicitárias cuja mídia você autorizou foram de fato veiculadas, saiba que:

- sua agência tem obrigação de apresentar comprovação da veiculação em mídia impressa, através de recorte ou cópia do anúncio;
- existem serviços de fiscalização de veiculação em rádio e TV. Se o seu comercial não for veiculado na íntegra, sua agência, de posse dos relatórios deste tipo de serviço, deverá exigir do veículo a devida compensação, o que os veículos fazem numa boa.

A Kantar IBOPE Media tem um sistema sensacional de fiscalização com uma tecnologia de reconhecimento de áudio e vídeo que permite a identificação instantânea de um comercial que já esteja cadastrado em sua base de dados. Quando um comercial é exibido com defeito, o sistema acusa e o operador faz o registro da falha, que pode ser um corte na imagem, uma falha no áudio, entre outras ocorrências que prejudicaram a recepção da mensagem para o telespectador; com o relatório em mãos, não só fica fácil pedir a compensação mas também verificar se todas as inserções compradas foram efetivamente realizadas.

Acha que tudo isto ainda é pouco? E que tal saber quanto aquele seu concorrente em particular, ou todo seu ramo de negócios está investindo em Propaganda (dinheiro e GRP), em quais meios, com qual frequência e eficiência no Sr. Target e mais uma série de informações? Há serviços com informações seguras sobre os dois últimos anos de investimentos de centenas de categorias de produtos, milhares de itens de produtos e tudo, enfim, que você precisar saber.

Já está dando para desconfiar que grande barato é o trabalho da Mídia? Portanto, meu amigo anunciante, fique de olho em como você está sendo atendido.

O Plano de mídia e outras considerações

O plano de mídia nada mais é que o estudo prévio que traça a política de investimento e a estratégia de veiculação por período, meios e veículos e se a programação será contínua ou em *flights* bem determinados.

Nasce do *briefing*, como tudo mais em propaganda. Daí, repito, a importância de que seja passada uma informação de alta qualidade à agência. Números detalhados de mercado, verba disponível e demais projeções financeiras, política de vendas atual e futura, comportamento do Sr. Target, expectativa de crescimento de vendas ou de participação de mercado, considerações sobre os concorrentes e tudo aquilo que seja possível.

Exemplo prático. O Banco Pecúnia Fide S/A (fictício) resolveu lançar um talão de cheques com a foto do correntista, ação que, espera-se, faça crescer em 12% o número de clientes. Nos principais mercados em que atua — São Paulo e Rio de Janeiro —o banco tem boa participação, e cerca de 45% dos seus negócios estão concentrados ali. Entretanto, suas pesquisas indicam que as praças de Salvador, Recife e Fortaleza representam mercados em forte ascensão, o que é muito bom para sua estratégia de expandir seus negócios em direção à região nordeste. Em algum ponto do *briefing* também há a informação de que a abertura de contas é levemente sazonal, com maior incidência nos meses de setembro, outubro e novembro, período em que o Banco pretende se fazer mais presente na memória dos seus clientes potenciais. Para tanto, destinou uma verba só para a mídia TV, já descontados os valores destinados à produção das peças publicitárias.

Com estas informações em mãos, mais o perfil do público-alvo, o pessoal da Mídia já começa a trabalhar. Sua primeira preocupação será pensar em meios de maior adequação ao Sr. Target que, no caso, é formado por pessoas de ambos os sexos, classes socioeconômicas A, B e C, com faixa etária a partir dos 25 anos. O quadro que já começa a se delinear na cabeça do profissional de mídia apresenta algumas considerações:

- Mercados de importância diferente têm volumes de investimento diferentes;
- Uma vez que, no caso, o público-alvo é muito amplo — ainda mais porque a renda mínima exigida pelo Banco para abertura de conta é baixa — decide-se por uma mídia de massa, privilegiando a televisão;

- Quanto à verba total, entretanto, não se tem certeza se é suficiente para uma cobertura contínua por todo o período e, por isso, talvez sejam planejados *flights* quinzenais.

Bem, logo de início vem à mente a ideia de regionalização, uma tática para que apenas as praças de interesse sejam cobertas no período determinado. No caso da televisão, cada vez mais isto é possível, graças à variedade de alcance do sinal das emissoras, ou seja, sua comunicação será subdividida regionalmente, o mais de acordo possível com a distribuição do seu produto. Assim, o Banco do nosso exemplo pode programar diferentemente seus anúncios nas três praças escolhidas em função da disponibilidade do produto que está lançando; se sair na frente em Fortaleza e deixar Salvador para depois, tudo bem. O importante é estar se comunicando na hora certa para o lugar certo.

Em estados mais densamente povoados, como São Paulo, as principais emissoras procuram subdividir seus sinais o mais de acordo possível com a distribuição da população para facilitar a comercialização dos espaços publicitários por área. A regionalização da mídia oferece, enfim, uma excelente ferramenta de controle dos esforços publicitários e das táticas mercadológicas.

Mas sair de cara falando em TV é meio previsível, fácil até. Quando, por qualquer razão — pequena verba, teste de mercado, estratégia etc. —, não dá para se fazer grandes e caras programações, deve entrar em cena o que se chama de criatividade em mídia. A diferença da criatividade do pessoal de criação, propriamente dita, e do profissional de mídia é que a dos primeiros salta aos olhos do Sr. Target. Todo mundo diz: 'Puxa, que grande comercial!' Mas ninguém diz: 'Caramba, como é que estes caras puderam imaginar que eu estaria vendo esta emissora ou lendo esta revista exatamente agora!' Ou: 'Uau! Um anúncio em formato tão diferente, ele é... oval!' Pois é, ninguém se apercebe de ser atingido por anúncios em função de uma mídia criativa, o jeito mais econômico e, portanto, maravilhoso de se comunicar com seu mercado. É imprescindível o anunciante dar permissão à sua agência para alguma ousadia neste sentido.

E a Internet? Clique aqui!

Foi realmente uma pena que, em 1808, D. João VI não tivesse a Internet para fazer uma verdadeira abertura dos portos do Brasil.

Porque Internet é exatamente isso: sua empresa aberta para o mundo e o mundo todo aberto para sua empresa. E essa é a globalização que interessa ao novo anunciante.

Participar da Internet é aproveitar uma oportunidade jamais vista e, ao que tudo indica, cada vez mais obrigatória, por estas simples razões:

1) Sua empresa se torna mais competitiva, oferecendo produtos e serviços para muito além do bairro ou cidade onde se encontra, ou seja, todo o planeta. Mas, se quiser, também dá para ficar só pelo bairro, o que a configura como extremamente maleável em distribuição geográfica.

2) Com investimentos muito baixos, dá para chegar ao cliente em qualquer lugar onde ele se esteja e vice-versa. Tudo instantaneamente e, o que é melhor, podendo eliminar intermediários, atravessadores e uma série de itens que normalmente acabariam por transformar seus produtos em artigos muitas vezes pouco competitivos em termos de preço final.

3) Não importa seu ramo de atividade ou tamanho da clientela. Você, se quiser, poderá conhecê-los um a um e se relacionar com eles da forma mais produtiva possível.

4) Não adianta chorar: Internet veio para ficar (rimou!). Mesmo que a tecnologia transforme radicalmente suas características aparentes e modus operandi, como vem demonstrando nos últimos anos, a Internet certamente vai manter seu conceito fundamental de agilidade com baixos custos de operação. E atenção, porque aquele seu concorrente chato, com certeza, sabe disso!

Evidentemente, como tem sido desde os tempos do nosso amigo Paleantropus Publicitarius, quem não é visto não é lembrado. Então, é mais que obrigatório conhecer como anunciar na Internet e aproveitar-se de todos os benefícios que ela pode trazer para você. Vamos ver um pouco do que existe neste ambiente.

Propaganda na Internet

Meu filho André, ainda aos quatorze anos de idade, já me perguntava: 'Pai, se existe tecnologia mais que suficiente para se transmitir

TV e rádio estéreo digitais via satélite para estas antenas 'tamanho-
-pizza' ou de micro-ondas, transportando um 'porrilhão de dados',
porque os caras não pensam logo em transmitir a Internet pelo mesmo sistema? É tudo a mesma coisa!'

Respondi, meio inseguro: 'Questões de mercado, filho. Questões
de mercado.' Cá entre nós, embora eu não tivesse, honestamente
falando, a menor ideia de quais pudessem vir a ser as tais questões
de mercado, exatamente porque aquela me pareceu a constatação
mais evidente do universo, eis que apenas poucas semanas depois
dou de cara com a informação (através da própria Internet, óbvio!)
que os sistemas que o meu filho internauta imaginara já estavam
sendo testados aqui mesmo no Brasil. Um deles, em particular, inédito no resto do mundo.

Internet tem sido isso: o que um garoto aficionado é capaz de imaginar, alguém já está realizando. Este é o motivo pelo qual eu não dou
muita bola aos consultores-gurus de plantão: Internet é essencialmente coisa de garotos; por isso, tem a agilidade, a avidez, o bom humor e a velocidade de garotos. Basta ver que os sujeitos que vêm dominando o desenvolvimento da tecnologia de produtos e serviços para
a Internet são, em sua esmagadora maioria, extremamente jovens.

Não é por outra razão que acredito francamente que, em se tratando de uma mídia como esta, o novo anunciante não deve ficar
pensando lá muitas vezes até se decidir por aparecer na grande rede
mundial de computadores. Se a minha opinião importa (e deve im-
portar um pouco, porque você já leu este livro até aqui), colocar seus
produtos e serviços na Internet é uma decisão que você deve tomar
'no peito'. E sem se preocupar em reservar um horário no Oráculo de
Delfos, aguardando opiniões abalizadas de especialistas conservadores. Simplesmente porque é um negócio tão absolutamente fantástico (além do que, relativamente barato), que não se parece com nada
já conhecido. Por via de consequência, ninguém pode assegurar ter
muita certeza do que está falando. Basta ver que nós nos espanta-
mos com a net todo santo dia.

É claro que a Internet representa comportamento e linguagem inteiramente novos e, como tudo o que soa grego ou gíria marroquina, ainda
dá medo em muita gente. Mas é uma piscina rasa, e as probabilidades

de você se afogar são bem pequenas. Digo isso porque é infinitamente mais fácil você mudar de rumo na Internet que nas mídias convencionais. Refazer um site é rápido e barato; vá tentar mudar um comercial de TV que já esteja em produção para você ver do que estou falando.

E é igualmente claro que existem as tais medidas de segurança de praxe. Antes de irmos a elas, porém, vamos comentar um pouco sobre bancos de dados, ou *databases*, que, queiram ou não, acabam tendo ligação umbilical com as possibilidades de levantamento e gerenciamento de informação que a net proporciona.

Bancos de dados

Repetindo: possibilidades de levantamento e gerenciamento de informação que a net proporciona. Esse é o grande barato do negócio e é aí que você deve concentrar sua atenção. Porque hoje, no mundo todo, a necessidade de crescente segmentação de mercado obriga as empresas a, cada vez mais, conhecerem o Sr. Target individualmente. É o conceito de marketing (lembra-se?) elevado ao nível máximo.

Graças ao feliz casamento da informática com a tecnologia da comunicação e de transmissão de dados, empresas têm atualmente todos os meios de conhecer seus clientes um a um; saber quem são, seus hábitos, onde moram, o que fazem etc. Realiza-se com espantosa facilidade o sonho daqueles marqueteiros dos anos 1920 que comentei no início deste livro.

Considere: a concorrência aumenta vertiginosamente, e produtos e serviços tendem a se equiparar em preço e tecnologia. O jeito de se diferenciar, de se fazer lembrado, é através da prestação de um serviço agregado e que aumente a percepção de valor do seu produto. E este serviço é o que conhecemos pelo vulgo de bom atendimento, pós--venda *y otras cositas más*.

Aqui entra o banco de dados: uma das melhores ferramentas para você modernizar seu negócio ao gosto do mercado, ao gosto de cada cliente seu individualmente. E também entra a Internet, porque dá acesso ao pequeno e médio empresários a informações que custariam os tubos através da administração convencional destes bancos de dados.

Mas, antes, seja em marketing direto, seja na Propaganda em geral, quero fazer um aparte sobre as três palavrinhas mágicas que costumo cochichar aos ouvidos dos meus clientes na hora de administrarem sua comunicação: disciplina, continuidade e paciência:

1) **disciplina**, para estabelecer os meios de projetar, acompanhar e tentar controlar os resultados da sua comunicação;

2) **continuidade**, porque, sem isso, você perde share of mind (parcela de memorização) e o Sr. Target, que não é nenhuma Amélia, logo irá se encantar com o charme do seu concorrente; finalmente, boa dose de...

3) **paciência**, porque você não tem mesmo a verba do Bradesco para sonhar em anunciar em todo canto e querer resultados 'para ontem'.

Tive o prazer de acompanhar um exemplo inesquecível, que ilustra com perfeição o que estou dizendo.

Lá por 1988 ou 1989, quando microcomputadores ainda perdiam em tecnologia para um liquidificador, um cliente procurou a mim a aos meus associados com um probleminha: como vender um edifício inteiro de apartamentos de luxo – um por andar, 4 suítes, 500m² cada, no requintado Parque Barigui – sem verba alguma? A verba de que dispusera inicialmente já havia sido empregada há pouco e com resultado zero (felizmente, não havia sido com nossa agência).

Depois de muito pensarmos no assunto – e de xingarmos secretamente o cliente por só nos haver procurado na hora do sufoco – concluímos brilhantemente que faríamos, no máximo, uma pequena ação conservadora para, com muita sorte, vender uma unidade ou duas. Fomos para a reunião marcada levando alguns leiautes mixurucas (o Aramis, diretor de arte, certamente diria que os meus textos eram infinitamente piores). E a apresentação só não foi de todo vergonhosa porque o café, ao menos, estava bom.

Eis que, para nosso júbilo (e alívio!), o cliente elegantemente desviou a conversa para a sua 'menina dos olhos': um banco de dados de primeiríssima qualidade!

Ao longo de muitos anos no ramo imobiliário, este sujeito foi coletando dados sobre todos os seus clientes. Um hábito muito bem cultivado. Primeiro, manualmente; depois, com a ajuda de 'poderosos' micros XT e 286.

Naquele instante, ele sabia perfeitamente que o casalzinho que comprara um apartamento de determinado padrão há uns quinze anos – e que depois, com filhos, o trocara por outro maior – havia progredido bastante e já se encontrava em condições de adquirir os magníficos quinhentos metros quadrados com vista panorâmica para o belo Parque Barigui, em Curitiba. E ele só sabia do tamanho do bolso do casal porque sempre os acompanhou de perto, como a todos os seus clientes.

Para nossa extrema alegria, a agência anterior havia desconsiderado toda esta preciosidade e a conta veio parar em nossa mãos. A solução exigiu raciocínio primário: sem verba, deveríamos, claro, pensar em alguma solução baratíssima; mas com um banco de dados destes daria para se fazer uma farra, pois tínhamos os melhores meios do mundo de falar apenas com as pessoas certas, na hora certa, usando o argumento certo.

Foi produzida uma série de seis malas diretas diferentes, fortemente argumentativas e que custaram centavos de merrecas, pois eram impressas em uma única cor (P&B). Também usamos singelamente o raciocínio básico do planejamento de *flights*, fazendo a postagem de cada uma em intervalo semanal.

E não é que funcionou? Foi vendido um imóvel diretamente em função da primeira mala direta e mais outros dois em função da segunda. Também foram estimuladas incontáveis consultas que terminaram por gerar negócios posteriores. Em poucas semanas, mais da metade das unidades haviam sido vendidas ou reservadas.

Mérito integral e incontestável do cliente e sua percepção intuitiva das tais três palavras mágicas associadas a um mais que excelente planejamento de banco de dados. De marketing direto, no final das contas. Hoje, com a Internet, a vantagem é que dá pra se fazer o mesmo e em velocidade suficiente para nenhum piloto de Fórmula 1 se queixar.

Este – atenção! – é o primeiro pulo do gato: gerenciar seu banco de dados com o cuidado de um artesão. Portanto, a principal dica é esta: vá para a Internet com um excelente planejamento de banco de dados. Agindo assim, seus clientes e seus *prospects* alimentarão seu banco de dados diária e instantaneamente, e será exatamente por isso que você poderá ajustar de imediato as velas do seu negócio de acordo com a direção e a força com que o vento sopra. Porém, se for para exibir uma página apenas bonitinha, lamento muito em informar que seus resultados serão infames, rigorosamente vexaminosos.

Para desenvolver seu banco de dados via Internet, evidentemente você precisará conversar cuidadosamente com seu provedor de acesso (logo veremos algo a respeito), para que todas as variáveis técnicas, ou boa parte delas, estejam previstas. E, é lógico, nunca se esqueça de envolver sua agência de propaganda no planejamento do processo todo.

Assim, você poderá partir com segurança para este fabuloso meio de comunicação/geração de negócios que é a net. E esteja bem preparado, porque o que vem por aí, nem Deus sabe.

O crescimento da Internet e sua terminologia

Não importa a fonte de consulta, você encontrará números assombrosos no que se relaciona ao crescimento da Internet. O Comitê Gestor da Internet – CGI, órgão que regulamenta a Internet no Brasil, nos mostra que, desde o início, a razão deste crescimento deste meio tem sido exponencial.

A relevância desta informação ao novo anunciante é alertar para a velocidade de crescimento do seu mercado 'virtual'. Digo virtual, porque a população continua crescendo em seu ritmo natural (chamado crescimento vegetativo) e a renda disponível das pessoas também não se altera em função de Internet alguma. Tudo isso apenas indica uma migração cada vez maior – em escala igualmente exponencial! – do Sr. Target, movendo-se do comércio convencional para o informatizado.

Expande-se velozmente a aquisição de produtos e serviços diretamente de casa ou do escritório. Em cidades malucas como São Paulo e Rio de Janeiro, para que enfrentar congestionamentos, estacionamentos e filas, se posso comprar de casa? Ou, no outro extremo da urbanização: exceto se for por lazer, para que sair de Altinópolis e viajar mais de sessenta quilômetros até um shopping center em Ribeirão Preto? Mais e mais, portanto, o anunciante tem a obrigação óbvia de acompanhar o Sr. Target aonde quer que ele vá.

Na hora de levar seu negócio para a net, você vai precisar conhecer e se acostumar com uma série razoavelmente grande de expressões características deste meio. Os poucos termos fundamentais, entretanto, estão comentados abaixo, em ordem alfabética.

BANNER (anúncio). Quando seu cliente internauta estiver surfando pela net, ele poderá, vez ou outra, dar de cara com seu anúncio na forma de um pequeno retângulo ou quadrado com a sua marca ou mensagem lá dentro. Daí em diante, vai da sua competência em oferecer um anúncio bem distribuído pelo maior número possível de sites e atraente o suficiente para que o internauta tenha, no mínimo, alguma curiosidade para clicar nele e ver do que se trata.

Há várias maneiras de você distribuir seu anúncio pelos sites em que você anuncia: na *home page* do provedor; nas páginas interiores; nos motores de busca, associando o surgimento do seu anúncio à pesquisa de uma determinada palavra etc. O mais importante: faça muitas experiências neste sentido, comparando os resultados até chegar às melhores combinações de distribuição de anúncios pelos menores custos.

CLICK THROUGH – CTR (conexão direta). É uma característica do anúncio, isto é, um espaço 'clicável' que remete o interessado diretamente à sua página, onde constarão seus produtos e serviços. Também é o ato de clicar no anúncio. Bons provedores de acesso fornecem ao anunciante estatísticas detalhadas entre o que foi exibido no geral versus o efetivamente 'clicado'. Os índices percentuais de conexão direta são o termômetro mais confiável para você checar a eficiência dos seus anúncios. Em outras palavras, o anúncio A teve um CTR de 2%; já o B, 5%. Apague o A e invista no B. Simples assim.

Daí a importância de acompanhar diariamente as estatísticas de desempenho de seus anúncios.

DOMÍNIO ou URL. Termo usado para designar seu endereço eletrônico. É o tal www.nomedaempresa.com.br. Seu registro e distribuição estão sob controle do Comitê Gestor da Internet.

Dependendo do seu ramo de atividade, o domínio poderá apresentar extensão diferente, como '.org' (organização sem fins lucrativos), '.net' (serviços), '.ind' (indústria), '.tmp' (eventos temporários) etc. A lista é muito grande e inclui extensões para empresas, entidades, profissionais liberais e pessoas físicas.

Para registrar seu domínio[10], existem algumas exigências básicas como, por exemplo, o pagamento de pequenas taxas anuais de registro.

DOWNLOAD (importação). Dependendo dos recursos que você pretende incluir em seu site, você deverá oferecer a opção de importação de alguns arquivos ou programas. Por exemplo, um e-book gratuito, uma imagem bacana etc. Assim, na hora de encomendar seu site a um especialista, converse com ele e com seu provedor de acesso a respeito, pois, dependendo do caso, poderá haver custos extras.

E-business / e-commerce (comércio eletrônico). Negócios em geral através da Internet, e que incluam a interação entre sua empresa, seus funcionários, representantes, distribuidores, fornecedores, clientes e todos aqueles que, de alguma forma, estão ligados ao seu ambiente empresarial é o que se convencionou chamar de e-business, um conceito bem amplo.

Já o e-commerce é a venda de produtos e serviços através da Internet. E cabe aqui uma observação interessante: há mais de 20 anos, o e-commerce vem crescendo, ano após ano, em taxas incrivelmente superiores a qualquer índice econômico. O que faz muito sentido, dadas, por um lado, as dimensões territoriais do Brasil e, por outro, a carência de acesso a um comércio moderno e competitivo na imensa maioria das cidades. Aparentemente, a gigantesca demanda reprimida de milhões de brasileiros que simplesmente não tinham boas opções de onde comprar, ainda vai gerar muito lucro aos operadores de e-commerce.

HOME PAGE (Página de Entrada) e SITE. Imagine seu site como um catálogo, o seu catálogo eletrônico. A página de entrada será o equivalente a uma mistura da capa com o índice. A partir da página de entrada estarão indicados todos os caminhos para visitação integral do site e o estabelecimento de contato com você.

---

10 Acesse www.registro.br

Você também precisará de um profissional para o desenvolvimento do seu site, o tal especialista que citei no item download logo acima. São os caras mais fáceis do mundo de se encontrar, porque eles sempre assinam seus nomes nos rodapés dos sites que criaram, sob os epítetos de designers, web designers, criação, desenvolvimento etc. Mas tem um outro jeito mais fácil ainda: dá um Google!

Para se decidir por um ou outro, navegue com calma por muitos e muitos sites, anote seus favoritos e faça contato com quem os criou. É só clicar no nome deles.

Você deverá encontrar os mais variados preços para este serviço, mas – cuidado! – este não deve ser o fator decisivo. Não se esqueça que seu site é sua única vitrine na Internet; um site que tenha custado muito barato, porém horroroso, certamente vai dar um prejuízo muito maior que as eventuais merrecas que você possa ter economizado com um 'designer' meia-boca'.

HOST (local de hospedagem). Seu site irá, obrigatoriamente, precisar de um lugar para ficar hospedado. A menos que você tenha uma boa capacidade computacional e de telecomunicações para hospedar seu site em um servidor próprio, o mais conveniente é tê-lo em um provedor de acesso, mediante o pagamento de uma pequena taxa mensal ou anual.

Os valores e as condições de hospedagem podem variar bastante entre um e outro provedor. Por isso, não deixe de pesquisar muito bem o que cada provedor tem a oferecer, particularmente em capacidade de tráfego e estabilidade no provimento do serviço. O congestionamento de tráfego de dados (se o provedor não tiver uma excelente capacidade de conexão) é o mesmo que o congestionamento no trânsito: só dificulta a chegada do cliente à sua empresa. Lembre-se de que, embora as empresas de telefonia venham fazendo grandes esforços para difundir a conexão de banda larga, boa parte dos internautas ainda navega com computadores defasados ou smartphones de menor capacidade.

LINKS (elos). Ou ligações a outros endereços da Internet que você julgue de interesse para o seu cliente. Lembre-se que não custa nada agregar mais valor à sua marca através da prestação de algum serviço extra.

MOTORES DE BUSCA. Internacionalmente conhecidos por *search engines*, são serviços de localização de todo e qualquer assunto que possa existir na Internet. Na hora de hospedar seu site, certifique-se de distribuir suas informações pelos vários motores de busca nacionais e internacionais, como Google, Bing, Yahoo etc. Chega-me a informação de que há mais de dois mil deles espalhados pelo mundo e, também, de que existem programas especiais (e baratos!) para você distribuir informações de seu site por todos estes motores de busca. Essas empresas têm uns tais robozinhos, que nada mais são do que uns softwares xeretas, que varrem a internet constantemente e vão indexando seu site para cima ou para baixo, à medida que ele atenda o interesse dos internautas em suas pesquisas online. Veja o item SEO, adiante.

Seu provedor de acesso também poderá orientá-lo a este respeito. Assim, quando, em qualquer lugar do mundo, alguém for procurar pelo gênero de produto ou serviço que você oferece, seu nome provavelmente estará lá. E a sua 'globalização' estará garantida.

A propósito, nunca é demais lembrar que você deverá estar ao menos minimamente preparado para realizar eventuais negócios internacionais porque, a qualquer momento, poderá chegar às suas mãos uma consulta vinda diretamente de Hong Kong, do Alasca ou da Tasmânia. Então, verifique a pertinência de oferecer seu site com versões em outros idiomas.

PAGE VIEW (visão da página) e AD VIEW (visão do anúncio). É, em mídia interativa, o padrão de contagem de exposição do seu anúncio. Quantas vezes a página foi vista e, destas, quantas vezes seu anúncio foi visto.

Você compra 'X' visões do anúncio por um determinado período de tempo, normalmente com distribuição aleatória às telas dos internautas à medida que vão acessando os sites em que você anuncia. Você poderá deparar-se com a expressão 'compra no rotativo', o que significa que, a menos que você compre um espaço fixo em uma página, o número de visões do anúncio será sempre menor que o de visões da página, pois você dividirá aquele espaço com outros anunciantes. Portanto, na hora de negociar, considere o número de visões do anúncio possíveis em primeiro lugar.

O critério mais largamente empregado para comparação de preço entre um provedor e outro é o CPM – Custo Por Mil visões do anúncio. E é sempre bom que você saiba que o CPM na Internet é normalmente muito mais barato que o CPM de outros meios de comunicação.

PROVEDORES DE ACESSO. Ou provedores de conteúdo, dependendo do caso. São empresas que oferecem acesso para conexão à Internet (Globo.com, UOL, Terra etc.). Seus sites são conhecidos como sites portais, porque é por lá que, ainda hoje, muitos de seus clientes entram na net. Evidentemente, são os pontos de maior exposição para seus anúncios.

Atenção! Importa ao anunciante e ao publicitário também conhecerem mais de perto alguns portais específicos, voltados aos segmentos em que atuam. Exportadores, por exemplo, devem considerar seriamente incluir em seu planejamento de mídia em Internet, portais como os das câmaras de comércio, das federações de indústria e comércio etc. Não raro, anunciar nestes sites mais segmentados é muito melhor negócio (em custos e, principalmente, retorno do investimento) do que nos grandes portais.

A maioria deles tem elos para seus departamentos de publicidade, onde você encontrará tabelas de preços, tamanhos de anúncios disponíveis e estatísticas de interesse.

SEO (Search Engine Optimization). Ou otimização de motores de busca. Nos últimos anos, o SEO tem-se firmado como a estrela do show da publicidade online. Mal comparando, o SEO está para a Internet como as simulações de mídia estão para a publicidade nos meios clássicos de comunicação (que você viu no capítulo Mídia).

Um SEO bem planejado e executado é que ajudará você a aparecer nas primeiras páginas dos mecanismos de busca na Internet. Estar lá vale ouro!

Recentemente, começaram a surgir agências de SEO, isto é, espécie de agências de propaganda especializadas em colocar sua URL nas primeiras páginas de consulta orgânica, que é aquela que você não precisa pagar para aparecer.

Explico melhor: dá um Google aí (ou um Bing ou um Yahoo) em qualquer termo de pesquisa. Aparecerão anúncios patrocinados na parte superior e, logo abaixo, os resultados, digamos, "naturais" de sua pesquisa. Pois é aí que você precisa se esforçar para aparecer: o retorno em cliques que realmente importam é imensamente maior que nos anúncios pagos (vai por mim, faço isso há anos).

Mas uma coisa não invalida a outra. Pagar para anunciar no Google (ou Bing ou Yahoo ou sei lá quem venha a surgir no futuro) deve fazer parte da sua estratégia. Mesmo porque, a Internet é tão barata, em relação às mídias convencionais, que os custos não devem ser seu primeiro critério de decisão.

Vantagens em anunciar na Internet

Do ponto de vista do planejamento de mídia, a Internet é um meio como qualquer outro. Vá lá que tem a vantagem de ser interativa, de ser uma estrada de duas mãos, mas deve ser eleita com os mesmos critérios com que se opta por jornal, revista, rádio etc., isto é, analisando se, no caso do seu produto, o Sr. Target é atingido por este meio, quais serão seus hábitos de exposição à Internet e por aí vai.

Evidentemente, hoje, no Brasil, a Internet ainda é um meio mais ou menos seletivo, no que diz respeito à condição socioeconômica do público-alvo. Porém, respeitando a 'composição química' que sempre gera os bons planejamentos de mídia – ou seja, eleger cada meio de comunicação na dosagem adequada – há uma série enorme de vantagens em se anunciar na net.

A primeira é o custo; mais que isso, é o custo/benefício. Tenho um amigo, pequeno empresário, que andou fazendo umas contas e provou, por A+B, que dá para entregar seu produto ao consumidor final por um preço pelo menos 25% inferior e, de quebra, com um bom aumento em sua margem de lucro. Isto, pela simples eliminação de alguns intermediários que, pelas características do seu ramo de atividade, significam uma boa elevação do preço final.

Outra vantagem, volto a frisar, é o alcance da sua comunicação: é o alcance que você quiser, mundial ou regional. Meu provedor de acesso me informa já haver concluído o desenvolvimento dos meios para que seus anunciantes tenham anúncios veiculados em uma única e determinada região da cidade, pois há como orientar sua distribuição apenas aos internautas que ligaram, por exemplo, a partir de determinados prefixos telefônicos.

Pronto! Internet já não é mais sinônimo exclusivo e obrigatório de globalização, e o pizzaiolo da Mooca que quiser anunciar sua pizza-em-casa não corre mais o risco de passar ao entregador um pedido vindo do Uzbequistão. Segmentação geográfica passa a ser, portanto, o que você, anunciante, bem entender. O que melhor aprouver ao seu planejamento[11].

E mais: seu negócio é muito sazonal? Depende de determinadas épocas ou, até, de determinados dias da semana? Você acha que não vale a pena anunciar, digamos, de segunda a quarta-feira? Escolha: Propaganda por período integral ou só em dias determinados?

Isso tudo é uma mão na roda quando se tem pouca verba. O pizzaiolo só anunciará no bairro, exclusivamente nos finais de semana a partir das seis da tarde. O lojista de automóveis anuncia em toda a cidade e regiões próximas em horário comercial ou pouco além. E o fabricante de componentes eletrônicos interessado em exportar anuncia no mundo todo, 24 horas por dia.

Além disso, uma das coisas que mais me fascina no comércio via Internet é a possibilidade de compra por impulso. Se eu vejo um produto que me interessa sendo anunciado em um jornal, penso: 'Legal! Assim que der, dou uma passadinha por lá e compro.' Se vejo outro produto que me interessa igualmente, mas através do meu computador, basta eu clicar, porque... bem, porque 'EU JÁ ESTOU LÁ!'

Pela Internet, o consumidor tem muito menores chances de ter o seu impulso de compra refreado por qualquer fator incômodo ou temporal; é fácil, rápido, seguro e estimulante comprar. Ademais, por ser o Brasil um país tão grande e, ao mesmo tempo, ainda tão carente de pontos comerciais, anunciar na Internet é uma oportunidade e tanto.

Dou um exemplo com o produto livro, com que trabalho há vários anos. O Brasil tem mais ou menos 5.500 municípios. Não devem passar de cem os municípios que contam com uma livraria mais ou menos

---

11 Dica de quem já sofreu muito com isso: não tente fazer sozinho; se possível, contrate um profissional do ramo.

digna deste nome. Não é sem razão, portanto, que livros, jornais e revistas sempre lideram as vendas de produtos vendidos pela internet.

A depender da natureza do produto, vender pela internet poderá ser infinitamente mais vantajoso que através de lojas físicas, cujo abastecimento demanda custos logísticos, trabalhistas e financeiros maiores.

Curiosamente, ainda não são muitos os anunciantes/vendedores de pequeno e médio portes que exploram devidamente esta possibilidade.

Mas e a segurança das transações online? Fique tranquilo, porque ela é bastante grande para os dois lados do balcão. As empresas comerciais e industriais têm ao seu alcance – através de bancos e administradoras de cartões de crédito, e de *gateways* de pagamento – sistemas seguros de recebimento de valores, com riscos de inadimplência de clientes praticamente nulos; ou realmente nulos, quando limitam os pagamentos de clientes exclusivamente às transações eletrônicas.

Ajuste estas possibilidades todas ao seu negócio, faça sua alquimia particular! E fique sempre de olho, porque, de fato, não dá para se saber que outras novidades estão por aparecer nesse horizonte.

Para encerrar o assunto, dois comentários. Um, sobre atualização do site; outro, sobre divulgação.

Não existe coisa mais chata que entrar em um site cujas informações já estejam mais que ultrapassadas. Certa vez, vi o site de uma grande indústria multinacional que ainda trazia informações de aproximadamente – acredite! – dois anos e meio antes da minha ilustre visita.

Portanto, planeje a frequência de atualização do seu site de acordo com as necessidades do seu mercado ou características do seu negócio: diária, semanal, mensal etc. Com um pouquinho de planejamento, assim que a nova versão estiver pronta, esta poderá substituir imediatamente a anterior, poupando o internauta de encontrar aquela animaçãozinha chatíssima de um sujeito trabalhando com uma pá abaixo da inscrição 'Estamos reformulando nosso site. Agradecemos sua compreensão'. Eu gostaria de saber quem foi que disse que um visitante é sempre tão compreensivo!?! Ora, há milhares de opções mais atraentes na Internet! Sabe quando ele voltará espontaneamente? Talvez, naquela famosa data religiosa, o Dia de São Nunca.

Finalmente, jamais deixe de pensar em como aproveitar melhor sua comunicação na Internet e, especialmente, em como divulgar seu site. Isto é importantíssimo, obrigatório!

A divulgação do seu site, aliás, pode ser feita inicialmente pela mídia convencional que você utiliza. Anúncios em jornal, revista, televisão, outdoor, embalagem do seu produto, cartão de visita, cartão de Natal, brindes, notas à imprensa, notas fiscais, adesivos em automóveis, pintura da sua frota de veículos... sei lá! Só sei que, onde der, trate de divulgá-lo.

E boa sorte!

Redes sociais

Quando se pensa em propaganda na internet, impossível não falar sobre redes sociais. Porém, serei brevíssimo neste assunto, e por uma razão bem simples: olhando as redes sociais como espaços publicitários, isto é, espaços que geram uma relação investimento *versus* retorno em vendas, vale tudo o que eu disse acima.

No entanto, você não tem mais como não participar das redes sociais, sejam elas quais forem, mas use-as mais como instrumentos de relações-públicas do que propriamente como espaços publicitários.

Minha experiência, seja como anunciante direto, seja acompanhando alguns de meus clientes e ex-clientes, demonstra ampla desvantagem das redes sociais como instrumentos de propaganda direta (repetindo: considerando-as como meros espaços publicitários).

O fato é que, pelo menos no momento que escrevo, o rei da cocada preta ainda é o Google.

Propaganda é isso aí!

VIII. PRODUÇÃO ELETRÔNICA

No ar, o seu comercial!

O próprio nome já diz: produção eletrônica é a confecção de comerciais para os meios eletrônicos de comunicação, ou mídia eletrônica, como são chamados o rádio e a televisão. Há outros veículos que podem ser enquadrados neste segmento, como o cinema, por exemplo. Mas, para fins didáticos, vamos resumir a mídia eletrônica ao rádio e à televisão.

Assim como a comunicação é uma das ferramentas de vendas e marketing, o audiovisual é uma das ferramentas da comunicação. Sua grande virtude é o maior envolvimento sensorial que traz ao espectador.

Uma foto em uma revista tem cor. No audiovisual, tem cor, tem movimento, tem som. Tem, enfim, nuanças que o material impresso não tem. Talvez por isso seja tão emocionante.

Vamos começar pela produção de comerciais de televisão.

A Produtora

No caso da produção de comerciais, quem efetivamente administra e se responsabiliza em primeira instância pela execução e qualidade do comercial que você vê na televisão ou nas salas de cinema é uma produtora de cinema, ou produtora de vídeo, ou produtora de imagens. Para facilitar, basta dizer produtora.

Muito bem: então é a produtora quem realiza os comerciais vistos na TV, no cinema etc. Antes de conhecermos os detalhes de uma produção, vamos fazer algumas considerações rápidas sobre as características do meio audiovisual.

O mercado de produtoras de comerciais é muito vasto em termos de variedade de atividades e de espectro profissional. Como você vai ver adiante, são muitas as peças deste quebra-cabeças chamado filmagem.

E já foi mostrado que a necessidade de comunicação do cliente é transformada em ideia pela agência e materializada pela produtora.

Tudo começa no conhecidíssimo roteiro. Você já ouviu dizer que um determinado longa-metragem tem um roteiro assinado por fulano de tal. Mas cinema é cinema, não importa se vai ter apenas 30 segundos ou duas horas de duração. 'Bingo!', diria Al Pacino. Propaganda também precisa de roteiro, isto é, a forma adequada de passar para o papel a ideia que foi concebida para anunciar aquele produto.

Em Propaganda, o ideal romântico de uma ideia na cabeça e uma câmara na mão simplesmente não funciona. Pelo fato evidente de que quem concebe o comercial não será a mesma pessoa responsável pela sua realização. Então, deve-se anotar tudo o que é importante e pôr no papel da maneira mais precisa possível. E qual é o formato do roteiro? Na verdade, não existe uma norma rígida em roteirização. Um modelo amplamente adotado é o das duas colunas; uma para o áudio, outra para o vídeo. Assim: à direita existe a coluna do vídeo, com o detalhamento de tudo o que é imagem; à esquerda, o áudio, com tudo o que é som.

A cada passo de imagem corresponde um passo de som, tudo perfeitamente sincronizado. Fácil, né? Aí vai uma pequena amostra:

(Vídeo)	(Áudio)
Ambiente escuro com fundo indefinido. Foco de luz sobre homem em trajes medievais segurando um crânio humano.	Trilha sonora lúgubre em BG (back ground). Ator, dramático:
	'... ser ou não ser, eis a questão...'
Câmara vai-se aproximando lentamente.	Sobe trilha.

Viu só? Se houver uma cena seguinte, faz-se mais dois bloquinhos de texto, áudio e vídeo sincronizados, e tudo se repete até o The End. A propósito, no original de Shakespeare ('pobre Yorick...'), Hamlet não pronuncia sua famosa frase na cena da caveira.

O roteirista normalmente é o próprio redator — aquele, lá da criação — e, evidentemente, deve ter texto claro, além da esperada capacidade criativa. Textos claros e precisos fazem a alegria de quem vai produzir o filme. Há uma corrente que advoga ser o diretor de arte indispensável na concepção visual da obra. Há quem deixe tudo só na mão do redator.

Embora o pessoal de criação não venha a dirigir o filme, conhecimento técnico de áudio, vídeo e linguagem audiovisual — gramática do cinema — é sempre desejável. Enriquece.

Captação de imagem

Feito o roteiro, passa-se à escolha do tipo de registro de imagens que será empregado: vídeo ou cinema — a partir de agora, cinema passa a significar um método de captação de imagem, e não mais a sala de exibição. A captação de imagem pode ser feita em película cinematográfica ou em arquivos digitais.

Numa gravação em cinema é usado um filme fotossensível, igual ao que, antes da fotografia digital, empregávamos para fazer nossas fotos caseiras, em que a imagem era diretamente fixada na película pela ação da luz. Normalmente, os comerciais são rodados em películas com bitolas de 35 mm ou, mais raramente, 16 mm[12]. Estes filmes são posteriormente revelados em laboratórios especialmente equipados para tal fim, dada a metragem excepcionalmente grande quando comparados aos nossos filmes fotográficos caseiros. A qualidade de resolução de imagem dependerá da bitola escolhida. Há casos especiais em que pode-se recorrer até ao super-8, um formato antigão, jurássico, mas que até pode dar um resultado interessante. Tudo depende do caso.

O sistema digital é o mesmíssimo que você usa para gravar seu HD de computador. As imagens são transformadas em código binário e, depois, estes números são retransformados em imagens e sons.

---

12 Na prática, hoje, já não se usa mais o filme fotossensível na produção de comerciais; tudo se faz em vídeo. Porém, nada impede que um diretor de cinema queira um resultado mais "artístico" e opte por filmar em película, em razão da textura de imagem que se poderá obter.

A vantagem do sistema digital é sua infinita capacidade de geração de cópias sem perda de qualidade. Qualidade que, aliás, é impecável.

Nota histórica: no sistema analógico acontecia o 'fenômeno xerox': em cada 'cópia da cópia' perdia-se um pouco de qualidade até que a imagem desapareça. Por exemplo: o sistema U-Matic, já obsoleto há séculos, permitia até umas duas gerações de imagem sem maiores comprometimentos de qualidade. O Betacam, umas vinte. O digital, pelo menos em princípio, permite inesgotáveis gerações. A possibilidade de geração de cópias em maior número era fundamental no momento de edição do comercial. E era comum, por razões técnicas, um sem-número de copiagens de uma determinada cena até que se obtivesse o resultado desejado.

Mas as diferenças entre uma produção em vídeo de outra em cinema não param por aí. Mais adiante, no item Edição e Finalização vamos discorrer um pouco mais sobre isso.

Orçamento e pré-produção

Pronto e aprovado o roteiro, vamos ao orçamento. Saber quanto custa, antes de iniciar a filmagem é, no mínimo, um ato de prudência. E, principalmente, questão de adequação à verba informada previamente pelo cliente e respeito ao planejamento técnico desenvolvido pelo pessoal da agência.

O orçamento tem de ser preciso. Deixar de prever algum custo é suicídio. Tudo contabilizado: tempo de filmagem, formato de filmagem, cachês técnicos e artísticos, direitos autorais e/ou de uso de som e de imagens de terceiros, custos de equipamentos, viagens, estadias, alimentação da equipe, trilha sonora, edição e mais alguns milhões de itens que vamos ver mais adiante.

Executado o orçamento, vem a fase da pré-produção: escolha de atores, modelos, locações, desenho de cenários, trajes e os demais itens que deverão estar à disposição do diretor do comercial para sua escolha. É uma intensa pesquisa prévia realizada por profissionais também conhecidos como produtores. Gente especializada em conseguir de tudo, até o impossível. Fazem chover!

Detalhe: produtor tanto pode ser a empresa especializada em filmagens quanto a pessoa que executa a função específica descrita acima.

Tudo pronto e aprovado na teoria, chegou o momento de começar a materialização do trabalho. Mãos à obra. O produtor contrata gente daqui, arranja equipamentos dali, corre para cima, corre para baixo, telefona, telefona de novo, grita, fica em pânico, telefona mais uma vez, dorme pouco, às vezes nem dorme, come quanto dá tempo, fica com fome, fica histérico, engole sapo, aguenta chilique dos outros... Ufa! Quer ser produtor?

O diretor

Ei-lo, personagem central e misterioso para a maioria dos mortais: o diretor. O que este cara faz, afinal?

Pois bem, o diretor é o pai da criança. É ele o responsável por conhecer TUDO em produção, em dar forma ao filme. Criar a obra cinematográfica.

Cada detalhe de linguagem cinematográfica, de luz, de cenário, de movimento de câmara, de interpretação dos atores e figurantes, das falas de cada um, do som ambiente, da trilha sonora, dos objetos de cena... a palavra final é dele. Se o comercial ficar melhor que o encomendado, adivinha de quem é o mérito?

Hoje, mais que nunca, diretores de comerciais têm de ser eficientes, saber que estão lidando com o dinheiro e as expectativas de vendas de um cliente que nem sempre ele conhece pessoalmente. E que seu filme terá o objetivo insofismável de ajudar a vender alguma coisa, algum produto. Então, o diretor é, cada vez mais, um publicitário preocupado com resultados, porém sem abrir mão da qualidade final do trabalho.

O fotógrafo

O fotógrafo, ou diretor de fotografia, é o segundo principal responsável pelo filme. Lembre-se de que fotografia significa 'escrita da luz', que imagem é apenas luz. Uma boa imagem é resultado de um amplo domínio da técnica de captar a luz.

Qual a câmara mais indicada, que tipo de objetiva, que espécie de iluminação estará prevista para determinado cenário em estúdio ou ao natural. Sim, ao natural também! Mesmo uma filmagem à luz do dia pode precisar de iluminação complementar com refletores e rebatedores de luz especiais. O controle de iluminação deve ser total. 'Dê-me um bom fotógrafo e dar-te-ei um bom filme', poderia ter dito algum filósofo.

Ambientação e Cenografia

A cena exigida no roteiro é de uma estrada ao pôr do sol. Então, compete encontrar-se um trecho de estrada cuja orientação geográfica esteja de acordo com a tomada de cena pretendida. Parece muito óbvio, não é verdade? Mas o que se chama de pesquisa de locação não é exatamente tarefa das mais fáceis. Com perdão da vulgaridade, pesquisa de locação enche o saco. Um bom exemplo prático está na pesquisa de locação para filmagens de comerciais de tratores, colheitadeiras e implementos agrícolas. Uma fazenda, em determinada região, com determinado tipo de lavoura, com determinado cenário de fundo e com determinada orientação em relação ao sol. Neste caso, pode ser necessário um pequeno passeio de uns mil ou dois mil quilômetros (não é exagero, eu mesmo já fiz isso muitas vezes) até que se encontre o local ideal.

Quando um comercial é rodado *in loco*, ao ar livre ou em local não especialmente construído para tal fim, como um apartamento comum, chama-se a isso externa. Externas são evitadas, pois exigem, por exemplo, que todas as condições técnicas sejam transferidas para o local da gravação. Assim, para melhor controle das condições de luz, será necessária a presença de um caminhão gerador de força, equipamento caro e complicado, uma parafernália de lâmpadas, refletores, cabos, tomadas. E os custos totais também crescem pela necessidade de alimentação, hospedagem, transporte de equipe etc.

À medida do possível, prefere-se ambientar o comercial em um cenário especialmente construído em estúdio. Estúdios têm pé-direito alto, próprio para instalação da iluminação desejada; têm toda estrutura de apoio, como fontes adequadas de energia, equipamentos, camarins etc. Muito mais fácil e mais barato que uma produção externa.

A arte especializada em cenários é a cenografia. O cenógrafo parte de um leiaute, um esboço do que será construído. Se aprovado pelo diretor, constrói-se. Cenografia tem suas técnicas próprias e também exige muita pesquisa estética e de materiais.

Trilha sonora e Locução

E o som, a cara metade da imagem? Quem faz?

Da mesma forma que existem produtoras especializadas em imagem, também há as produtoras de som. São estúdios especializados que serão subcontratados pela produtora de imagens para a confecção das trilhas sonoras necessárias a cada caso.

No linguajar do pessoal de áudio, existem o *spot*, que é a gravação de uma locução; o jingle, a música que 'canta' as virtudes do produto, e a trilha, a famosa musiquinha de fundo.

Estes trabalhos são, atualmente, gravados em modernos sistemas digitais e, depois, colocados sobre o filme. A exceção são as gravações de som direto, isto é, quando se grava a voz de um ator ou um som ambiente qualquer. Mesmo assim, quando necessário, poderá haver uma regravação em estúdio para substituição do som natural.

Figura importantíssima em produção de áudio é o locutor. Locutores não são pessoas que apenas têm voz bonita; mais que isso, são possuidores de uma técnica toda especial de domínio de *timing* para leitura de textos, modulação e inflexão corretas de voz. Dependendo do anunciante, o locutor é a própria alma dos comerciais. Dá para imaginar os antigos comerciais do Bradesco sem aquela voz incrível de um locutor estupendo chamado Ferreira Martins? Ou uma chamada de voo em aeroporto sem a voz — a mais bonita do mundo! — da Íris Letieri? A locução pode criar a identidade auditiva do produto ou do anunciante.

E, finalmente, a escolha do locutor adequado também pode resultar de muita pesquisa. Normalmente, as produtoras de som colocam à disposição amostras de gravações de vários locutores de seu relacionamento. Assim, é grande a facilidade de escolha e maior a segurança de se fazer uma excelente opção.

Elenco/figuração

Qual será a mamãe que não quer ver seu filho — lindíssimo, aliás! — estrelando aquele comercial maravilhoso que vai entrar no ar exatamente num intervalo da próxima edição do Fantástico? Todas as mamães, não é mesmo?

Ou a gatinha que não esteja louca por figurar um comercial de um cliente grande e fazer aquele sucesso entre os gatões da escola (e matar as colegas de inveja)?

Mas os profissionais de cinema e vídeo, esses malvadões, não entendem isso e querem-porque-querem outra criança, ou gatinha, ou seja lá quem for, no lugar da nossa!

Pura maldade? Nada disso. Escolha de elenco e figuração têm de obedecer a alguns critérios mínimos.

A começar da adequação da imagem ao que foi solicitado no roteiro. Houve certa vez um comercial das motos Honda em que o garotão fica com a moto como herança. Os outros atores tinham realmente 'cara de herdeiros milionários'! Caso de comercial em que o pessoal da produção se esmerou em conseguir pessoas com determinada aparência, digamos, meio estereotipada. Este foi um do muitos casos em que a produção de elenco foi a principal responsável pela qualidade do comercial.

Há, inclusive, casos meio malucos, onde o comercial tem uma longa passagem de tempo e é necessário conseguir-se de uma criança até uma mulher adulta, todas com a mesma cara, porque mostra a menina crescendo, crescendo e virando mulher! Ahá! Pensou que era fácil?

Produção de elenco e figuração começam com o que é chamado de teste de VT. Empresas especializadas em arquivar imagens em foto e vídeo de pessoas (as produtoras de elenco) dos mais variados perfis fornecem às produtoras de comerciais lotes de imagens de pessoas com as características exigidas. Após algumas horas cansativas de análise de atores e/ou figurantes, chega-se à seleção de alguns nomes. A peneirada final será do diretor.

É bom que fiquem claras as diferenças entre ator e figurante. Ator é o próprio: profissional do ramo, famoso ou não, com domínio das artes e técnicas dramáticas e pronto a desempenhar o papel exigido. Ele fala, canta, dança, ri, chora... O figurante é apenas aquele elemento de fundo, que tem a utilidade básica de compor a imagem, nada mais que isso.

Efeitos especiais

Aí o Sylvester Stalone pula sem paraquedas de um avião, o Bruce Willis destrói um Boeing 747 apenas com um isqueiro Zippo, e um orelhão da Telesp morre, coitadinho, diante dos olhos de milhões de espectadores[13].

Eis os efeitos especiais que tanto encantam no cinema de longa--metragem e nos comerciais. Tem gente andando no teto da casa e desafiando a gravidade; tem o automóvel Volkswagen que salta de um edifício e, com freios muitíssimo eficientes, pára no ar, a meio metro do chão, para seu motorista sair incólume. E tem uns profissionais especializados só nisso, em criar efeitos especiais (ou traquitanas, ou mandracarias, neste linguajar bastante erudito do meio publicitário) para a Propaganda.

A criação de efeitos especiais exige muita criatividade. Normalmente, a capacidade de enxergar uma solução simples que ninguém mais foi capaz de pensar. Como fazer a água subir sozinha de um aquário com o resto do cenário parado? Simples: gira-se o cenário e a câmara junto, fixa ao chão em movimento (o pessoal de efeitos só não conseguiu, ainda, revogar a lei da gravidade). Seja sincero: antes de ler a solução do enigma, passou por sua cabeça girar um cenário inteiro?

Efeitos especiais também podem ter caráter eletrônico, mas isso é feito normalmente na finalização, como veremos a seguir.

Edição e Finalização

Uma vez terminada a captação das imagens de um comercial, parte-se para o que é conhecido como edição, se for em vídeo; ou montagem, se for em cinema.

---

13 Vá pesquisar a história da Propaganda pra entender a morte do orelhão da Telesp.

A edição e a montagem nada mais são que separar as cenas que irão compor o comercial e posteriormente juntá-las na ordem certa. A diferença entre os dois métodos está no processo empregado.

Sabe o que é uma claquete? É aquela peça que tem uma parte móvel que alguém bate diante da câmara antes de começar a gravação. Além de servir como indicador para o sincronismo entre som e imagem, a tal claquete tem a função de trazer anotado o número da cena que está sendo rodada. Cena 8, take 3, por exemplo. Traduzindo, é a oitava cena descrita no roteiro e que está sendo gravada pela terceira vez (as duas anteriores não devem ter ficado muito boas).

Assim é feito com todas as cenas previstas: grava-se quantas vezes forem necessárias até que se consiga 'a boa'. Então, vai-se juntar apenas aquelas cenas que ficaram boas e dar a forma final ao trabalho. A ordem de gravação, portanto, não precisa ser necessariamente a descrita no roteiro. Pode-se começar a gravação pela cena final. Tudo bem, na edição vai para o lugar certo do mesmo jeito.

Em vídeo, a edição era realizada por um conjunto de equipamentos conhecido por ilha de edição. Hoje, fica por conta de softwares como o Adobe After Effects, por exemplo. Ali, os arquivos digitais com imagens brutas são selecionados, tratados e é fita a 'colagem' das imagens, além de incluir, ainda, letreiros, efeitos especiais etc. Convém notar que esta colagem, hoje feita por métodos eletrônicos, nos primórdios da edição em vídeo era literal, com os editores cortando fisicamente a fita magnética e juntando suas partes com adesivos especiais. Imagine a dificuldade de se unir imagens que não podem ser vistas a olho nu.

Já a montagem de uma película cinematográfica se fazia, no passado, em uma máquina chamada moviola. Nela, os vários rolos de filme bruto iam sendo exibidos em uma pequena tela para que o montador pudesse escolher o que seria definitivo ou não, até obter uma primeira montagem que se chamava copião. A partir do copião é que seria feita a cópia definitiva, ainda em película cinematográfica, de onde seriam extraídas as cópias, agora em vídeo, para distribuição às emissoras de televisão.

O processo que transforma a cópia cinematográfica em cópia de vídeo é chamado de telecinagem, o que permitiu o desenvolvimento de uma técnica conhecida por Cine-VT, onde as imagens captadas em cinema eram copiadas em seu estado bruto para, então, ser editadas como vídeo comum em uma ilha de edição. Este processo determinou o fim da montagem com a moviola. Depois da telecinagem, edita-se o material todo no computador, processo bem mais fácil, mais rápido e mais exato.

Os computadores e softwares atualmente usados para isso são, na verdade, uma espécie de estúdio eletrônico onde são juntados os pedaços do filme milimetricamente, *frame* a *frame*, para ser mais exato. Em vídeo, um *frame* equivale a um trinta-avos de segundo de imagem.

A mesma coisa se a gravação for em filme fotográfico, ou película. Só que, desta vez, temos a imagem gravada a vinte e quatro quadros por segundo. Vinte e quatro fotografiazinhas, uma atrás da outra. Quando passa tudo rapidinho, temos a ilusão de movimento.

Bem, até aqui você teve um apanhado geral desta fantástica 'brincadeira' chamada produção de comerciais. Leia mais a respeito, vá xeretar nas produtoras, e não tenha medo de ser chato porque isso faz parte do aprendizado!

Qualidade não é 'conversa' de agência

Ainda a este respeito, um velho e sábio produtor de comerciais já dizia que 'em produção existem três variáveis: preço, prazo e qualidade. Escolha duas. Só duas.' Em resumo, se quiser barato e para ontem, prepare-se para abrir mão da qualidade, e assim por diante.

Ele está rigorosamente correto. Eu vou um pouco mais longe, e defendo um ponto de vista em que a opção fica só entre preço e prazo; não devemos jamais abrir mão da qualidade.

Por que? Pense bem: surge um produto que até hoje você não conhecia. Foi-lhe apresentado na televisão. O produto até que é muito bom. Mas, como a primeira impressão é a que fica, como a primeira embalagem do seu produto pode ser sua comunicação, seja sincero e responda se você o compraria vendo-o ser pessimamente anunciado. A má qualidade de um comercial fica eternamente agregada à do produto.

Agora, calcule se este produto for o seu. Portanto, no momento em que sua agência tentar vender-lhe a ideia de investir um pouco mais e produzir um comercial mais bem-acabado, mais cuidadoso, reflita com bastante calma e veja se não valerá a pena. Puxa, você já investiu tanto do seu tempo, do seu talento e do seu dinheiro desenvolvendo seu produto e vai economizar no mais barato da sua Propaganda, que é a produção? Nunca é demais lembrar que a mordida financeira mais dolorida está na veiculação, não na produção. Por favor, deixe a economia burra para o seu concorrente.

Seus concorrentes no vídeo

Os concorrentes de um supermercado são os demais supermercados; de um revendedor de automóveis, outros revendedores; de uma construtora, outras construtoras, certo? Errado, ao menos em Propaganda. Defendo uma tese — e bem sei que não estou sozinho nisso — de que seu concorrente pode ser o anunciante de qualquer coisa, aquele que está a seu lado no momento em que seu comercial vai ao ar. É simples: imagine um comercial fantástico de um grande anunciante, sucedido de um comercial daqueles bem mal feitos de um anunciante ruim (tomara que seja o seu concorrente!). A atenção do espectador irá se fixar no melhor e, inevitavelmente, aquele espacinho da memória reservado à Propaganda de algo de seu interesse só deverá registrar e armazenar o bom comercial. Pesquisas de *recall* elaboradas pelas grandes agências comprovam isso.

Caso você não saiba, estudos têm demonstrado frequentemente que um morador de uma grande cidade é exposto, diariamente, a alguns milhares de apelos publicitários diferentes, seis mil, no mínimo. E, claro, só vai conseguir selecionar e registrar aquilo que realmente houver de melhor.

À medida que os meios de comunicação desenvolvem maior tecnologia e novas linguagens, o Sr. Target, mesmo que subconscientemente, vai-se atualizando, vai adquirindo um novo padrão estético e, embora ele não faça a menor ideia de como se realizam filmes, novelas e comerciais, seu padrão de exigência acompanha inexoravelmente esta estética. Curiosamente, muitos anunciantes e agências não se dão conta disso e continuam insistindo em linguagens verbais e não-verbais mais do que ultrapassadas, e no desprezo à qualidade da produção de suas peças publicitárias, o que é um desastre.

Portanto, vai uma dica: estimule sua agência a desenvolver ideias simples e com forte caráter argumentativo. Ideias que signifiquem a possibilidade de se produzir um comercial com qualidade por um custo suportável. Lembre-se que só a ideia não basta, tem de ser bem realizada.

Custa caro?

Quanto custa um comercial? Impossível dizer. Seus custos começam na criação do material. É absurdamente impressionante a frequência com que são criadas ideias altamente mirabolantes que não dizem nada, não levam a lugar algum, de produção caríssima e que só servem para afagar o ego de alguns criativos.

Por outro lado, quantos comerciais você já não viu que são fantásticos, inteligentes, de realização simples e que ajudam demais nas vendas do produto?

Um bom exemplo: faz muitos anos, o Posto São Paulo, uma rede paulista de postos de gasolina, bem pequena se comparada às famosas sete irmãs do petróleo, autorizou a veiculação de um comercial de quinze segundos cuja imagem era apenas e tão-somente uma bomba de gasolina. Após uns cinco ou seis segundos de silêncio, o locutor dizia: 'Como você acabou de ver, uma bomba de gasolina sozinha não faz nada. É por isso que o Posto São Paulo investe em frentistas. Posto São Paulo. A maior rede em simpatia.'

Se compararmos o Posto São Paulo à Shell ou à Petrobras, ele é bem pequeno em termos de verba publicitária. Mas muitíssimo maior que outros anunciantes regionais. No entanto, a empresa poderia ter feito alguns comerciais de produção mais cara, como de fato já fizera. Só que, creio eu, numa feliz conjugação de bom senso entre agência e cliente, resolveu-se investir em uma ideia simples, forte e de produção barata que, com certeza, trouxe bons resultados.

Viu como é possível realizar bem com baixo custo? Para facilitar seu raciocínio sobre custos de produção de comerciais, dê uma olhadinha na tabela de composição de custos abaixo. Embora não traga descrição de valores reais, pois estes variam sobremaneira em função da praça em que são praticados, é um bom guia para ajudá-lo a avaliar quais componentes poderão formar o custo do comercial que sua agência acaba de apresentar. Também poderá servir como base de argumentação. Mais: os valores fictícios da tabela adiante representam uma composição igualmente fictícia; os itens orçados poderão estar ou não presentes em um determinado orçamento. Pode não haver um assistente de produção, um ajudante, elenco, cenografia etc.

	FORNECE-DORES	TABELAS	QUANTIDADE	ORÇAMENTO	GASTOS EFETIVOS
Diretor		R$ 2.500,00	1 Job	R$ 2.500,00	
Diretor de fotografia		R$ 800,00	2 diárias	R$ 1.600,00	
Produtor		R$ 700,00	1 Job	R$ 700,00	
Som direto		R$ 500,00	2 diárias	R$ 1.000,00	
Assistente de produção					
Assistente de câmera		R$ 600,00	2 diárias	R$ 1.200,00	
Eletricista		R$ 400,00	2 diárias	R$ 800,00	
Maquinista		R$ 400,00	2 diárias	R$ 800,00	
Ajudante		R$ 150,00	2 diárias	R$ 300,00	
Elenco	2 atores	R$ 1.200,00	2 diárias	R$ 4.800,00	
Câmera digital			Diárias		
Câmera 16/35 mm		R$ 1.200,00	2 diárias	R$ 2.400,00	
Equipamento de luz			Diárias	R$ 600,00	
Maquinário			Diárias	R$ 400,00	
Produção	Outros		Job	R$ 800,00	
Material de cenografia			Job		
Transporte		R$ 12,00	32 horas	R$ 384,00	
Alimentação		R$ 30,00	20/2 pessoas/dia	R$ 1.200,00	
Estúdio		R$ 400,00	1 diária	R$ 400,00	
Negativo 16/35 mm		R$ 180,00	4 latas	R$ 720,00	
Revelação		R$ 180,00	4 latas	R$ 720,00	

Colagem		R$ 60,00	4 horas	R$ 240,00	
Telecinagem		R$ 430,00	4 horas	R$ 1.720,00	
Edição offline		R$ 80,00	12 horas	R$ 960,00	
Maquiador		R$ 250,00	2 diárias	R$ 500,00	
Passagens			Pessoas		
Hospedagem			Pessoas		
Computação gráfica			Job	R$ 2.000,00	
Redator			Job		
Trilha			Job	R$ 5.000,00	
Locução			Job	R$ 1.200,00	
Subtotal				R$ 35.594,00	
Taxa produtora			50%	R$ 17.797,00	
Total				R$ 53.391,00	
Impostos			13%	R$ 6.940,83 (-)	
Total de gastos				R$ 34.200,00 (-)	
Lucro				R$ 12.250,00	

Algumas observações complementares. A coluna Gastos Efetivos só será preenchida após o término do trabalho, com as despesas reais, pois a orçamentação tem sempre caráter estimativo. Portanto, as produtoras sempre se esforçam em otimizar custos ao máximo. No exemplo, este esforço fez a estimativa inicial de R$ 35.594,00 ser reduzida para R$ 34.200,00, pois houve negociação com os fornecedores de computação gráfica e o 'trilheiro', gíria para o músico que faz a trilha sonora. Os 50% de taxa da produtora — que é sua primeira estimativa de lucro — e os 13% relativos a impostos, são índices médios. E, finalmente, cada categoria profissional trabalha com unidades diferentes de custos: o diretor é remunerado por job, maquiadores são remunerados por diárias etc.

Exija orçamentos cuidadosos, o que não significa, necessariamente, que estes orçamentos devam abrir detalhes, digamos, íntimos, como qual será a margem de lucro da produtora ou a remuneração dos profissionais. Cuidadoso significa a justificativa para uma série de coisas. Por que tal tipo de captação de imagens, por que tal trilha sonora, por que tal locutor ou tal ator etc.? Enfim, converse sobre este assunto com a agência. E com o mesmo rigor com que você discutiria com sua engenharia os detalhes acerca da compra de um novo equipamento industrial.

Discuta a produtora com a sua agência

Já que o assunto é discutir, questione a produtora que vai realizar seu comercial. De cara, imite os grandes anunciantes e peça ao menos uns três orçamentos diferentes. Se algum deles for barato demais, ou caro demais em relação aos outros, desconfie solenemente. Porque poderá ter havido uma má interpretação do roteiro, no mínimo. E isto não é exatamente raro de ocorrer.

Se a produtora que você pretende escolher for pequena, sem problemas. Tamanho não é documento. Mas veja o _portfolio_, verifique se os materiais são bem produzidos ou se têm um jeitão de muita pressa. É claro que você pode ainda não estar acostumado com isso. Então, não se impressione com o primeiro _portfolio_. Veja outros.

Se possível, vá conhecer pessoalmente a produtora, os métodos de trabalho, o pessoal e os equipamentos. É um direito seu, embora sempre possa haver uma ou outra agência, ou publicitário, que não goste disso. Azar deles.

Os critérios que você utilizou para escolher sua agência também podem ser aplicados, guardadas as diferenças, para a escolha da produtora ou qualquer outro fornecedor.

Direitos autorais em produção eletrônica

Já comentei direito autoral no capítulo Criação. Agora, porém, achei por bem insistir no assunto, informando que você, anunciante, não comprará nem criação, nem produção do seu comercial: você estará, podemos dizer, 'alugando' o comercial pelo período de tempo previamente estabelecido. Direitos autorais, lembremos, pertencem aos autores, sejam eles da agência, da produtora de imagens, da produtora de áudio, fotógrafos etc.

Ainda a este propósito, é bom que você saiba que os valores referentes a direitos de imagem são sempre negociados em função do período e praças em que o material será veiculado. Vencido o prazo estabelecido, ou se for necessária uma ampliação das praças de exibição, posteriores veiculações serão negociadas a partir dos valores referentes a direitos, excluindo-se os custos originais de produção. Explico melhor: um filminho que tenha custado 10 merrecas tem, como componentes básicos de custo, 30% relativos a produção e 70% relativos a talento e direitos autorais e de imagem. Portanto, em futuras veiculações, deverá haver negociação idealmente sobre 7 merrecas, não as 10 originais, porque os custos de produção não se repetirão. Assim, produtores, técnicos, atores e figurantes terão seus direitos e recebimentos garantidos. Insisto: cuidado ao negociar período e praças de veiculação do seu comercial.

Também é obrigatório que você seja muito cauteloso com as imagens e sons que você irá veicular. Sua agência deve assessorá-lo e informá-lo muito bem a respeito. Nada de amadorismo na escolha de uma imagem ou daquela musiquinha de fundo. Certifique-se que a imagem e o som escolhidos não tenham restrição de uso, que o pagamento dos devidos direitos autorais já esteja incluído nos orçamentos que lhe foram apresentados, a menos que sejam obras de domínio público ou livres de copyright. Você, e não apenas sua agência, poderá ser processado. É sempre melhor pagar 'x' antes que '10x' depois. E, se importa saber, processos relativos a direito autoral são algumas das coisas que funcionam bastante bem na nossa Justiça. Na dúvida, fale com seu advogado.

Propaganda é isso aí!

IX. PRODUÇÃO GRÁFICA

Imprima-se!

Você acabou de ver no capítulo anterior que a produção de um filme ou jingle publicitários exige muita gente e muitos equipamentos. Sobre muitos deles, com certeza, você nunca tinha ouvido falar.

Bem, será que na hora de se fazer um impresso qualquer, de um simples folhetinho a um enorme outdoor, passando por embalagens, anúncios em jornais e revistas etc., as coisas serão muito diferentes? Na forma serão, sem dúvida; na essência, entretanto, quando se fala em produção gráfica você pode ter certeza de que encontrará um batalhão de profissionais, equipamentos e processos de trabalho que, às vezes, beiram o inacreditável, e com grau de sofisticação técnica igual ou superior ao do pessoal da produção eletrônica. E tudo para a confecção de um simples anúncio. Maravilhoso, não?

De fato, para não perdermos de vista o objeto deste livro, vamos tratar da produção gráfica do ponto de vista estrito de uma agência de Propaganda e das suas necessidades diárias de imprimir cor e forma às suas ideias tão sensacionais.

E o setor responsável pela administração de tudo que virá a se transformar em tinta sobre papel — sim, porque tudo se resume em distribuir tinta sobre papel ou outra superfície que se queira — será, é claro, o de Produção Gráfica. Evidentemente, o profissional responsável é o Produtor Gráfico.

Mas ainda não vamos diretamente ao assunto. Que tal, antes, passear rapidamente pela história. É imprescindível saber como as coisas começaram para que possamos entender porque elas são o que são hoje.

Com certeza, não será necessário recuarmos ao paleolítico e às pinturas nas cavernas. Já que, como publicitários, somos muito moderninhos, vamos falar de gente nova: Johann Gensfleisch Gutenberg. É ele mesmo, aquele sujeito de quem você ouviu falar desde os bancos ginasiais. Pois é, o cara, lá por mil quatrocentos e lá vai pedrada, resolveu sistematizar a ideia do carimbo. Num lance altamente criativo, o alemão Gutenberg fez um montão de carimbinhos de metal, um para cada letra, juntou todos eles em uma caixa que os mantinha presos lado a lado e — pimba! — carimbou um pedaço de papel com a ajuda de uma prensa. Fim da história. Estava inventada a imprensa com seus tipos móveis. Os livros passaram a ser produzidos em escala muito maior, o conhecimento se tornou muito mais acessível às pessoas comuns, as ideias passaram a circular em maiores quantidade e qualidade... bem, a história da humanidade mudou radicalmente. E tudo porque um sujeito desconhecido deu-se à exaustiva tarefa de pensar um pouquinho sobre como resolver um problema banal.

Perdoe-me, caro amigo e leitor, mas é inevitável conjecturar um pouquinho mais sobre a importância da informação aliada à criatividade. Podemos criar os nossos próprios carimbinhos e mudar o mundo. Imaginar o pensamento criativo só a serviço de uma coisa de importância tão relativa quanto a Propaganda, é esperar muito pouco das nossas capacidades humanas.

Filosofias à parte, uma vez dado o pontapé inicial pelo meia-esquerda Gutenberg, o desenvolvimento dos processos gráficos deslanchou. Hoje, continuamos carimbando tinta sobre papel, mas com a ajuda de *scanners* a laser, retículas estocásticas e mais uma infinidade de processos e máquinas absurdamente avançados, e com possibilidades de desenvolvimento se avizinhando que nos é impossível imaginar aonde o processo chegará. Algo como o Gutenberg, há mais de quinhentos anos, sonhar com uma moderna rotativa *offset*.

Pois bem, está na hora de conhecer o que já existe e quem, nas agências de Propaganda, é o expert no assunto.

O produtor gráfico

Um experiente produtor gráfico disse-me, certa vez, ser um gerente das necessidades gráficas de sua agência e respectivos clientes. Mas o que significa isto? A julgar pelo que se viu até agora, pode-se imaginar a figura do produtor gráfico como um orçamentador: o sujeito que chama o representante da gráfica e demais fornecedores da área, pede os orçamentos deste e daquele trabalhos, e pronto!

Não é bem assim. Por trabalhar intimamente ligado à criação, à Mídia e ao Atendimento (bem, ao menos espera-se que trabalhe assim), é um profissional que não tem papel passivo diante do que foi pedido, criado e será veiculado.

Como veremos logo adiante, produção gráfica exige conhecimentos amplos e constante atualização, tantas são as informações acumuladas e os novos métodos que vêm surgindo dia após dia, particularmente em função da evolução dos processos informatizados.

Ativo, ele deve acompanhar cada etapa do trabalho desde sua entrada na agência. Para a confecção de um cartaz, por exemplo, ele poderá informar ao diretor de arte sobre a possibilidade de uso de um novo tipo papel que está agora disponível. Talvez, a orientação estética do diretor de arte passe a ser outra e surja um trabalho melhor. Por que um papel couché brilhante, ou couché fosco, ou kraft? Por que não uma impressão em serigrafia? Por que esta ou aquela alternativa etc.?

Assim como em produção eletrônica o processo criativo só termina quando o material vai ao ar, no processo gráfico termina igualmente com o material sendo impresso. Por esta simples razão, advogo em favor da nobre causa de poder o produtor gráfico ser um elemento cada vez mais chamado e bem-vindo à participação e à discussão das tarefas do *dia a dia* da agência.

Por outro lado, também é claro que pequenas agências nem sempre podem se dar ao luxo de contar com um profissional exclusivamente para esta função, e passa a ser muito comum encontrar-se o próprio diretor de arte exercendo o cargo. Tudo bem, ele é do ramo.

O importante para você, anunciante, é saber se o profissional que sua agência destacou para a função tem, no mínimo, razoável conhecimento do pouquinho que vem a seguir.

Produção gráfica passo a passo

Ao longo de décadas, os produtores gráficos das agências valeram-se dos mais incríveis equipamentos e processos para a confecção dos anúncios. Muito do que se apresenta adiante, já não se usa mais. Em respeito à importância histórica destes equipamentos e processos, e à integridade da informação, resolvi comentar.

1. Monotipos

São os tipos móveis, os tais carimbinhos já mencionados anteriormente. Feitos de chumbo ou de ligas metálicas especiais, muitas delas à base de antimônio, apresentam conjuntos com todas as letras maiúsculas, minúsculas, símbolos e espaços, tudo com variados tamanhos e variados desenhos de letras.

Tradicionalmente, ficam dispostos em caixinhas sobre uma bancada onde o tipógrafo apoia a base em que irá encaixá-los um a um, formando as linhas de textos. Os tipos referentes às letras maiúsculas ficam nas caixas mais altas e, nas mais baixas, os referentes às minúsculas. Por causa disso, até hoje nas agências de Propaganda, gráficas e mesmo nos fornecedores mais sofisticados, não se diz letras maiúsculas e minúsculas: diz-se caixa alta e caixa baixa.

Hoje, os monotipos já estão em desuso, mas ainda são encontrados em pequenas tipografias. Quando você passar frente a uma destas tipografias, faça uma visitinha. Talvez, se você vier a ser diretor de arte, o conhecimento dos processos tipográficos antigos possa oferecer um excelente recurso estético para um ou outro leiaute bem diferente.

2. Linotipo

Se existiu um monstro do Dr. Frankenstein barulhento na produção gráfica, era o linotipo. Um maravilhoso e encantador mostrengo mecânico que combina, ao mesmo tempo, as caixinhas de tipos, um cadinho superaquecido para derretimento de chumbo e um teclado de máquina de escrever.

Era fascinante: à medida que o operador digitava os textos, as formas correspondentes iam-se encarreirando automaticamente e recebendo o chumbo derretido que preenchia os espaços referentes a cada tipo. Aí, saía a chapa prontinha para ir à impressora, carimbando as folhas de papel.

Terminado o trabalho, a chapa de chumbo voltava à caldeira e era derretida para novo uso. O linotipo já desapareceu como ferramenta de produção gráfica. Talvez um ou outro ainda produza pequenos jornais do interior com seus reclames tão simpáticos do comércio local. Com toda certeza, você vai ficar agradavelmente surpreso ao conhecer pessoalmente um linotipo e vê-lo operando.

3. Fotoletras

Com o início da aplicação de processos fotográficos à produção de textos impressos, nasceu um padrão de tipos, não mais na forma de carimbos, mas letras e símbolos desenhados em pranchetas e, depois, fotografados para servirem de matrizes para a composição dos textos.

As fotoletras apresentam algumas curiosidades. Primeiro, não faz tantas décadas assim que caíram em desuso. Segundo, que permitiam um acabamento muitíssimo melhor que o dos monotipos, além da facilidade de se trabalhar com maiores tamanhos — o tamanho do tipo chama-se corpo.

As letras e símbolos, após desenhados um a um, eram fotografados e ampliados para que surgissem as imperfeições. Os pequenos defeitos eram retocados cuidadosamente para que desaparecessem com a consequente redução de corpo através de nova foto.

O modelo Letraset, sistema profissional de decalque de tipos – ou *transfer* – foi a melhor representação da aplicação das fotoletras. Até meados da década de 1980, os leiautes tinham seus textos (títulos, principalmente) escritos com Letraset. Era comum diretores de arte colecionarem cartelas das mais variadas famílias de tipo e corpo de letra. Nota histórica: eu mesmo cheguei a valer-me de um aparelho da Letraset, conhecido por tituleira, espécie de máquina de escrever onde digitávamos os títulos que seriam impressos em uma fita adesiva *transfer*. Depois, era só destacar a proteção do verso e colá-la no papel do leiaute. Moderníssima!

4. Fotocomposição

A evolução das fotoletras foi a fotocomposição eletrônica. A partir de matrizes impressas em filmes negativos com um conjunto de letras da mesma família, fitas de papel fotográfico eram sensibilizadas pela luz que atravessava as matrizes, tudo controlado pela própria máquina, que gerenciava a sequência de letras a serem fotografadas de acordo com o que havia sido digitado. Ao aproximar ou afastar a matriz da fonte de luz, obtinha-se maior ou menor tamanho de letra.

As fitas com o texto impresso seguiam depois para a montagem, em um processo conhecido como *paste-up*, ou seja, a colagem das tiras com os textos sobre uma superfície de papel com a área e a distribuição desejadas. Com tudo colado no devido lugar, o material seguia para a produção do fotolito.

5. Fotolito e Chapa

Como observei há pouco, ainda hoje continuamos carimbando tinta sobre papel, mas não mais usamos os fotolitos, primeiro avanço da produção gráfica depois dos tipos móveis. Era muito simples: o texto e a imagem que se queria imprimir eram fotografados em um filme especial e tudo ficava registrado lá, como num negativo fotográfico em preto e branco. Este filme era novamente fotografado sobre outro filme igual, obtendo-se, através de um contato, a imagem positiva. Esta imagem positiva serviria de base para uma nova foto, mas desta vez sobre uma chapa de alumínio ou zinco impregnada com uma camada fotossensível que, ao passar por um tratamento químico, dissolvia-se apenas nos locais em que não recebera luz, transformando-se em uma espécie de carimbo de relevo mínimo que só distribuiria sobre o papel a tinta que estivesse nas suas partes mais altas. Pronto. Estava concluída uma impressão simples através do processo de fotolito e chapa.

6. Tipologia

Antes de passarmos aos processos mais modernos de impressão, acredito que cabem ainda alguns comentários sobre tipologia.

E é bom saber que a tipologia é uma verdadeira arte. Combinar com graça, elegância e propriedade as incontáveis formas de letras e símbolos não é tão simples quanto muitos pensam.

Quem vai trabalhar com tipos — o diretor de arte, por exemplo — deve começar conhecendo bastante bem as fontes ou 'famílias de tipos', como são conhecidos os conjuntos de letras com um mesmo padrão de desenho. Hoje, há milhares de famílias à disposição. Veja algumas das mais tradicionais, com as variações em negrito (bold) e italizadas (italic):

Bodoni

Bodoni Bold

Bodoni Italic

Helvetica

Helvetica Bold

Helvetica Italic

Times

Times Bold

Times Italic

Avant Garde

Avant Garde Bold

Avant Garde Italic

Este livro, por exemplo, foi composto com a família Century. As famílias são normalmente batizadas em função do nome do seu criador, como é o caso da tradicionalíssima Bodoni, sobrenome de um dos maiores tipógrafos da história. Na internet você poderá encontrar a história das principais fontes tipográficas; vale a pena conhecer, especialmente se você for da área de design gráfico.

Os tipos são divididos, enfim, em grupos serifados e não-serifados. As serifas são as 'perninhas' que acompanham alguns tipos. Veja a diferença entre a Helvetica, não-serifada, e a Times, serifada; respectivamente: A e A. Escolher a tipologia adequada a cada trabalho é uma tarefa delicada, pois nas peças gráficas de qualidade o texto ultrapassa sua função básica de informação verbal. É um elemento estético que, bem aplicado, enriquece o conjunto de um anúncio e exerce uma importante função coadjuvante de comunicação não-verbal.

E, por falar em enriquecer o conjunto das coisas, aí vão mais umas informações. As medidas utilizadas em produção gráfica e tipologia são os Cíceros e os Picas[14]. Normalmente, os técnicos não dizem que uma linha de texto tem tantos centímetros de comprimento, dizem que tem tantos Cíceros ou Picas. O mesmo vale como escala de medição de espaços entre letras, linhas etc.

Ainda a título de ilustração, vale um comentário sobre espaçamentos óptico e mecânico de tipos, um negócio que pega muito novato em direção de arte, particularmente nesta era tão informatizada. Observe o comportamento das letras A e V na palavra AVE com espaçamento mecânico, e na mesma palavra AVE com espaçamento óptico. Como fica fácil perceber, o espaçamento mecânico é aquele gerado automaticamente tanto pelas velhas máquinas de fotocomposição, quanto pelos softwares gráficos atuais. No primeiro exemplo, o mecânico, há a nítida impressão de que a letra A não faz parte da palavra. O espaçamento óptico, por sua vez, é o mais equilibrado e confortável aos olhos. E, dos monotipos aos softwares gráficos, estão previstos os meios de se fazer as correções de espaçamento para se obter o melhor comportamento final do texto, seja um título, seja um bloco inteiro.

Acredito que o mais importante é você saber que existe uma enormidade de conhecimento acumulado em tipologia, um detalhe imprescindível para a qualidade final do seu anúncio. Tanto isto é verdade que, nos manuais que regem a identidade visual de grandes empresas, está prevista sempre uma tipologia oficial, entre uma série gigantesca de cuidados com o tratamento gráfico. A Ford, por exemplo, exige mundialmente que suas filiais e seus distribuidores utilizem a família Helvetica em todos os materiais de uso interno, do nome que é aplicado nas fachadas das fábricas e revendas aos cartões de visita. E assim procedem as maiores corporações nacionais e internacionais.

O que você está esperando para pensar na tipologia oficial da sua empresa ou do seu cliente? Só não vá pensar em tipologia, logotipo ou logomarca, programação ou identidade visual (e todos demais perequetês do gênero), sem a indispensável companhia de um diretor de arte tarimbado e talentoso, pois com a imagem de uma empresa, no detalhe mínimo que for, não se brinca nunca! NUNCA!

---

14 Lê-se paicas.

7. A imagem

Acabamos de ver como se procede a produção de um texto. E a imagem? Para facilitar, comecemos com a imagem em preto e branco. Escolha uma foto qualquer de um anúncio qualquer (não valem fotos originais; use uma foto impressa em jornal ou revista). Pegue uma lente de aumento das boas e dê uma olhadinha em uma área acinzentada da foto. Com certeza, aquilo que parecia cinza, transformou-se em uma infinidade de pontinhos pretos lado a lado.

Corra com a lente pelas várias tonalidades de cinza da foto e você vai poder observar que os pontinhos pretos mudam de tamanho e os espaços em branco entre eles também. Quanto mais escura a área, maiores os pontinhos; mais clara, menores. Isto é a retícula, o jeito encontrado para que se possa imprimir meios tons através de fotolito e chapa. Porque em uma impressão simples em preto e branco, só vai tinta preta. Assim, através da retícula, consegue-se vários tons de cinza pelo efeito de ilusão de óptica.

Quanto à impressão colorida, aguarde só mais um pouquinho. Já falaremos do processo no item que trata das 4 cores.

7.1. Fotografia

Sabe aquele cromo 4X5 feito em uma Sinar de fole de extensão e com correção da distorção de perspectiva? Epa! Falei grego? Tá legal, vou baixar a bola: serve a câmera do celular? Ah, agora ficou mais fácil saber que estou falando de uma máquina fotográfica.

Quando se pensa em fotografia para Propaganda, deve-se pensar igualmente em fotógrafos especializados, gente mais do que habituada a conviver com diretores de arte e produtores gráficos e que, por isso mesmo, sabem de cor e salteado o que é indispensável para um bom anúncio.

Vou começar a tratar da fotografia publicitária dissecando o primeiro parágrafo deste tópico. Cromo é o nome pelo qual são conhecidas as matrizes fotográficas, e são, na verdade, grandes slides coloridos. Antes da fotografia digital, usavam-se cromos de dimensões variadas expressas em polegadas ou centímetros — 4 por 5 polegadas no exemplo acima. Havia alguns formatos mais largamente empregados, como o 4X5 feito mais em estúdios, o 6cmX6cm, o 6cmX-

7cm e, claro, aquele 35 mm que também usava-se em fotos familiares. Cada caso é um caso. A menos que se quisesse algum efeito especial procurava-se, à medida do possível, trabalhar com o maior formato disponível para que fosse evitada a granulação excessiva no momento da ampliação do cromo, e de extrair-se o fotolito correspondente. Embora não seja o mesmo que a retícula, filmes fotográficos também têm seus grãos formadores de imagem. Então, um cromo pequeno tem menor número de grãos que um cromo grande. Dependendo da proporção de ampliação, estes grãos 'estouram' e geram imagem com definição comprometida.

Agora, no entanto, com a fotografia digital, o filme fotossensível praticamente morreu, mas o raciocínio continua o mesmo. Em lugar de grandes cromos, profissionalmente usamos arquivos digitais do formato RAW que serão tratados em softwares como LightRoom e PhotoShop, gerando arquivos (JPEG, PNG, GIF e outros) de acordo com a aplicação necessária, como impressão no papel ou para distribuição na Internet. Analogamente, na fotografia digital o total de pixels por área quadrada também determina a definição da imagem.

Quanto à Sinar é apenas a marca de uma câmara fotográfica profissional, assim como existem as Nikon, Hasselblad, Canon, Rolleiflex, Mamiya etc.

Mas a fotografia publicitária não se resume, nem de longe, à propriedade desta ou daquela câmara, deste ou daquele equipamento, por mais sofisticado que seja. Fotografia, como a própria tradução do grego indica — escrita da luz — se é, por um lado, conhecimento técnico sobre os melhores meios de registrar esta luz, é, pelo lado estético, o domínio amplo da luz, sob as mais variadas possibilidades de combinação de formas e cores.

É comum encontrar-se no mercado de fornecedores fotógrafos especializados em determinados assuntos: automóveis, alimentos, gente, fotos técnicas etc.

Qualquer que seja o seu produto, com certeza haverá um fotógrafo especializado nele. Compete à sua agência indicar o mais adequado ao seu caso. Se me permite a dica, a qualidade do seu anúncio também começa pela qualidade da fotografia, porque sua definição interfere diretamente na qualidade do fotolito e, por consequência, na impressão final. Este não é mesmo o melhor momento pra se fazer aquela economiazinha.

7.2. Ilustração

Além de texto e foto, há os vários processos de ilustração que podem ser empregados na obtenção da imagem de um anúncio. Evidentemente, aparece, aqui, a figura do ilustrador como mais um fornecedor à disposição da agência. Hoje em dia, normalmente, os ilustradores são freelancers chamados para a execução deste ou daquele trabalho, dependendo da especialidade de cada um.

Existem uns profissionais fantásticos na ilustração a traço, por exemplo. Traço é a imagem chapada, sem retícula.

Há ilustradores especializados em lápis de cor, de cera — é, estes mesmos lápis que nossos filhos levam à escola — em aquarelas e em aerógrafos. O aerógrafo, que é uma espécie de caneta spray que espalha a tinta através do impulso de jatos de ar comprimido, merece uma consideração à parte. Muito em função dele surgiu a ilustração conhecida por hiper-realismo, isto é, aquela que nos deixa na dúvida sobre se é ilustração ou fotografia. Hoje, com a disponibilidade de avançados softwares de tratamento de imagem, o aerógrafo foi abandonado nas agências, mas ainda é utilizado nos estúdios de alguns ilustradores, pois há certas particularidades que só são obtidas com ele.

E, *last but not least*, há o calígrafo, um profissional que — óbvio! — é um craque na caligrafia, mas não só aquela toda certinha e cheia de rococós. Normalmente, agências valem-se do trabalho de calígrafos para fazer títulos e textos simulando grafia infantil, feminina, masculina etc. Só para ver como ele está mais presente do que você imagina, abra uma revista qualquer e observe o próximo anúncio bancário onde haja um cheque preenchido, ou aquele que mostra um bilhetinho de uma criança aos seus pais.

8. Produção gráfica Informatizada

Como não poderia deixar de ser, a informática meteu seu nariz também na produção gráfica e, hoje, não há uma única etapa do processo que já não esteja sujeita ao encanto dos bits e bytes.

Da concepção do anúncio pela dupla de criação na agência, passando por tudo o que foi mostrado até este momento do capítulo, e terminando nos processos de fotolito e impressão que você conhecerá logo adiante, não há um único momento que não esteja sujeito aos computadores.

Quando o redator escreve o texto do anúncio, ele o faz no editor de texto do seu microcomputador. O diretor de arte importa o texto para o seu próprio micro e o insere no leiaute que, agora, já nem tem tanta cara de leiaute: é quase o anúncio real, se já não for de fato o anúncio real.

Tudo aprovado pela agência e cliente, o anúncio segue em disquete para o fornecedor de fotolito, agora não mais um lugar com cara de laboratório fotográfico, mas instalações apinhadas de computadores especiais e impressoras de provas e fotolitos. Este fornecedor é conhecido como bureau de fotolito, e há vários deles nas principais praças do país.

Os hardwares utilizados nas agências e fornecedores são, preferencialmente, os da linha Apple, graças ao seu desempenho nitidamente superior em tratamento de imagens. Uma curiosidade: um sujeito chamado John McIntosh foi um notório cultivador de maçãs em Ontário, Canadá, no século XVIII. Em homenagem a ele — mas com a grafia de seu nome errada — a Apple lançou uma linha de computadores chamada McIntosh.

A linha PC, particularmente após o surgimento de famílias de processadores mais avançados, também tem ganho espaço e derrubado preconceitos junto a muitos profissionais ligados ao tratamento de imagens.

Os softwares mais constantemente empregados são, creio, conhecidos pela maioria dos iniciados em informática. Alguns deles: Word, da Microsoft, e Open Office, para edição de textos; Corel Draw!, da Corel Corporation, para montagem de leiautes; Adobe In Design, para diagramação, Photoshop e LightRoom, também da Adobe, para tratamento de imagens e gerenciamento de fontes e, claro, mais uma série quase interminável para atender aplicações das mais variadas e, até, o gosto pessoal de cada profissional.

Captação de imagem e tratamento para fotolito

1. As 4 cores

Com toda certeza, você já viu o que acontece com a luz branca quando atravessa um prisma de cristal: decompõe-se em um arco-

-íris. Se o processo for invertido, o arco-íris irá se transformar em um facho de luz branca. Então, as cores que percebemos são resultado da adição ou subtração de demais cores[15]. O mesmo princípio é usado na impressão colorida de uma imagem qualquer.

Voltemos ao exemplo da lupa sobre uma foto de um anúncio ou impresso qualquer mas, desta vez, uma imagem colorida. Você vai notar que os pontinhos, agora, são de várias cores diferentes, exatamente o azul, o vermelho, o amarelo e o preto. Para ser mais exato ainda, o azul é de uma tonalidade em particular que se chama Cyan; o vermelho, idem, e se chama Magenta; o amarelo é Yellow, e o preto é blacK: temos o processo CMYK. Da correta distribuição em intensidade e frequência dos pontinhos destas quatro cores obtém-se a imagem colorida que vemos do pequeno anúncio ao enorme outdoor.

E um cromo fotográfico virará imagem impressa através de um processo chamado quadricromia ou seleção de cores, que é a separação de um original nestas quatro cores básicas de impressão através de um equipamento todo especial chamado scanner.

E quando você ouvir falar de quinta cor, ou sexta ou sétima etc., não se espante. É possível haver, por qualquer razão estética, a inclusão de cores especiais como prateado, dourado ou outra qualquer que se queira e vá além da seleção de cores do cromo.

Ainda a título de aprimoramento da informação, é bom lembrar que, ao se preparar as chapas de impressão, as retículas apresentam maior ou menor definição da imagem a partir da lineatura que contêm. A lineatura é a medida que indica a quantidade de linhas de pontos de retícula por centímetro ou polegada. Evidentemente, quanto maior for esta medida, maior também será a definição do material impresso.

No processo CMYK, as retículas também são posicionadas sob um ângulo exato. Havendo erro, por mínimo que seja, nesta angulação, ocorre o efeito *moiré*, um distúrbio resultante de angulação incorreta da retícula dos vários fotolitos e que se assemelha a manchas iguais e equidistantes distribuídas por toda a imagem.

---

15 Para saber tudo a respeito deste tema, leia Direção de arte em propaganda, de Newton Cesar, Ed. Senac.

Recentemente, surgiu um novo processo de retícula, o estocástico. A retícula estocástica tem uma série de vantagens sobre a convencional na realização de alguns trabalhos. Em primeiro lugar, por não conter pontos distribuídos de forma linear e nem angulação, evita o efeito *moiré* descrito acima. Além disso, por apresentar um ponto muito menor que os menores da retícula convencional (7 microns, contra 30 microns) produz imagens de definição muito mais alta, e facilita o registro de impressão. Em suma, maior qualidade final com menor possibilidade de erros. Entretanto, requer cuidados técnicos muito maiores no seu emprego. Daí, mais uma vez, a importância de poder contar com um produtor gráfico experiente para o acompanhamento do processo.

2. Scanners e Provas de Impressão

A foto ou ilustração original é submetida ao scanner[16], que analisa as cores que compõem a imagem e as divide em CMYK. Este aparelho lê a imagem e gera os pontinhos da retícula relativos a cada cor. Os bons scanners a laser têm precisão de meio ponto de retícula, o que significa, outra vez, falarmos em microns.

Feito isso, para cada cor é produzida uma chapa diferente. Aos olhos do leigo, as chapas são, sempre, em preto e branco. O que diferenciará uma cor da outra é a tinta que vai na máquina. Por isso, cada filme traz no rodapé a identificação da cor a que se destina. A partir da cor Cyan é gerada uma chapa que vai para a passagem nos rolos impregnados com tinta azul. Assim é feito sucessivamente com as demais cores, até que o processo esteja completo.

Evidentemente, esta é uma operação muito cuidadosa, pois menos de um décimo de milímetro de erro entre a passagem de uma cor e outra sobre o papel gera o que se chama 'erro de registro'. É fácil perceber isso: quando um impresso qualquer é desconfortável de ser olhado por apresentar uma cor esquisita e definição imprecisa, dê uma olhadinha nos limites da imagem e, se estiver sobrando um pouquinho de amarelo, vermelho ou azul, é porque a impressão não foi das mais exatas.

---

16 Na verdade, os softwares de imagens já enviam as cores separadas para as máquinas que farão as chapas de impressão; mantive a referência aos scanners apenas a título de informação histórica.

Caso isso aconteça com boa parte do lote de impressos que você encomendou peça a devida reparação sem problemas de consciência — mas saiba que um pouquinho sempre pode acontecer.

Outro erro que às vezes se verifica é o que se chama 'puxar' para esta ou aquela cor. O azul sai meio avermelhado, ou o que era para ser verde tem um leve tom de azul. É problema típico de impressão, que pode ser evitado através das provas, ou seja, amostras pré-impressas do que foi pedido. Conheça alguns tipos de provas mais comumente usadas:

- Prova de prelo. Obtida a partir das chapas rodadas em impressora digital de alta definição. É a prova que melhor apresenta o que será o original, dependendo do papel em que é feita, como, por exemplo, couchê brilhante, couchê fosco, alta alvura etc..
- Prova Cromalin. Processo de impressão digital de alta-fidelidade de imagem. Antigamente, em Cromalin, cada cor era adicionada através de tintas em pó quimicamente puras; as camadas de pó referentes a cada uma das quatro cores eram fixadas a uma finíssima película transparente sobre o papel, por sistema de luz ultravioleta.

Ao encomendar um trabalho gráfico, peça o fornecimento de uma prova, mesmo que haja um pequeno acréscimo de custo por causa disso. É a sua garantia de que o que foi encomendado será entregue com exatidão. Se houver problema de qualidade final, ao menos você estará documentado para a justa compensação.

3. Papéis e Acabamentos especiais

Eis uma pequena relação de papéis normalmente empregados no *dia a dia* publicitário. Na verdade, há uma infinidade de papéis diferentes à disposição, e cabe ao produtor gráfico conhecê-los, e aos respectivos fornecedores, bastante bem.

- Alta alvura;
- Bouffant (Bufon);
- Canson;
- Cartão bristol;
- Cartão duplex;
- Cartão triplex;

- Couchê fosco;
- Couchê gessado;
- Couchê liso ou brilhante;
- Kraft;
- Kraft Gessado;
- Offset;
- Pólen;
- Sulfurisé;
- Vegetal;
- Vergê;
- Papéis especiais feitos à mão.

Além do nome próprio, os papéis também são identificados pela gramatura que apresentam, isto é, quantos gramas pesa um metro quadrado daquele papel. Maior a gramatura, mais espesso é o papel. Por isso, é comum ouvirmos que, em um determinado trabalho, deve ser usado um papel de 120 gramas, ou 180 gramas etc.

E todos os papéis, dependendo da peça a que se destinam, podem sofrer variados acabamentos. Os mais conhecidos são a plastificação (também chamada laminação, brilhante ou fosca), o verniz e o corte e vinco.

Plastificação dispensa maiores comentários, exceto de que deve ser sempre considerada para materiais que possam vir a ser expostos à umidade, como embalagens, cartazes, *banners*, testeiras e demais materiais de ponto de venda.

O verniz pode ser integral sobre a folha de papel ou apenas sobre uma área parcial, neste caso, conhecido por verniz de reserva UV (ultravioleta). Muitas vezes, o verniz é utilizado como elemento de composição da imagem, sendo aplicado sobre uma foto para que ela seja realçada, efeito que fica particularmente interessante quando a impressão é sobre papel fosco. Nestes casos, é necessária a confecção de mais uma chapa só para as áreas de impressão do verniz.

O corte e vinco são, como seus próprios nomes revelam, meios de cortar os papéis nos tamanhos desejados e, naqueles de maior gramatura, fazer uma marca contínua que facilite a dobra. Isto é feito através de facas especiais que são prensadas sobre o papel, e que têm o desenho que se quer recortar e/ou vincar. Para ver na prática o processo de corte e vinco, desmonte uma caixinha de creme dental ou embalagem similar em cartão. Será fácil observar áreas onde só há uma marca para dobra e, também, os limites, muitas vezes irregulares, onde foi feito o corte.

É bom o novo anunciante saber disso porque, cedo ou tarde, cairá em sua mesa uma fatura relativa ao custo de uma faca especial. Quando se autoriza a impressão de determinadas peças, particularmente as usadas em materiais promocionais, como as de formato diferente do quadrado ou retangular, e que são vistas nos pontos de venda, não se pode esquecer destes pequenos custos adicionais.

Processos básicos de impressão

1. Litografia e Offset: Impressões Plana e Rotativa

Litografia é literalmente 'escrita sobre pedra'. O processo litográfico é feito através de uma placa ou matriz de pedra à base de carbonato de cálcio tratada quimicamente, onde a diferença entre o que é imagem e o que é não-imagem obtém-se por um processo de repulsão entre a tinta gordurosa e a água. Através de um rolo revestido de borracha, a tinta adere onde está gravada a imagem. Um método de umedecimento da pedra retém água somente onde não há imagem. Assim, o papel, ao ser colocado em contato com a pedra, recebe apenas aquela tinta que estava nas áreas 'engorduradas'.

Hoje, a litografia está restrita a trabalhos de pequena tiragem, particularmente trabalhos artísticos de volumes limitados. Mas é um excelente recurso a ser considerado para a produção de peças como posters e cartazetes, cartões de visita, convites e embalagens especiais etc.

A evolução da litografia é o offset, um processo que se obtém seja em máquinas de impressão plana, folha a folha, seja em rotativa, onde uma bobina enorme de papel alimenta continuamente a impressora. No offset, porém, o princípio de repulsão entre água e tinta oleosa é mantido. A grande diferença é a alta produtividade das impressoras. Neste processo, a pedra foi substituída pelas chapas metálicas e, a utilização de uma blanqueta para a transferência da tinta, possibilita o uso dos mais variados tipos e superfícies de papel. O uso de chapas metálicas, ao contrário das pedras na litografia, garantiu ao offset tiragens muito elevadas.

2. Rotogravura e Flexografia

A rotogravura é um processo bastante sofisticado e recomendado para altas tiragens, como revistas, rótulos etc., e também permite alta qualidade de impressão.

Consiste em um cilindro com a imagem pré-gravada e que tem um de seus lados em constante banho de tinta. A gravação da imagem neste cilindro é feita pelo processo encavográfico, isto é, a retícula apresenta-se em baixo-relevo como em uma colmeia. Onde houver imagem, a tinta penetrará nos alvéolos e será transferida ao papel. As áreas de não-imagem têm a tinta retirada por uma espécie de faca de contato permanente com o rolo, e prévio ao contato do papel.

Flexografia também é um processo de impressão direta — via matriz de borracha natural ou sintética entintada em contato com o papel — porém em alto-relevo. Sua particularidade principal está em trabalhar com tintas muito fluidas, desde as anilinas diluídas em álcool até as tintas à base de água.

As constantes evoluções na flexografia, como a redução das margens de tolerância das impressoras, novos tipos de cilindros e de chapas de elastômeros, têm feito da flexografia uma excelente opção para impressos de alta qualidade.

3. Serigrafia

Se os especialistas me permitem a observação, a serigrafia, ou *silk-screen*, é o grande quebra-galhos do novo e pequeno anunciante. Particularmente se este pequeno anunciante trabalhar com produtos de uma certa qualidade e/ou valor unitário razoável. Explico: por ser um processo relativamente barato e que permite impressões em superfícies às vezes impossíveis, ou muito difíceis, para os métodos convencionais, como madeira, determinados plásticos, papéis feitos à mão etc., a serigrafia, quando bem trabalhada, dá a oportunidade de trabalhos elegantes e de muito bom gosto. Uma pequena joalheria ou fábrica de temperos caseiros, por exemplo, pode fazer algumas embalagens em cartão, papel reciclado ou tecido, ou cartazetes excepcionalmente refinados e por baixíssimo custo. Ou as famosas camisetas com a sua marca ou a do seu produto. Aí, o diferencial será a qualidade da criação, do leiaute que a agência fornecerá.

O sistema serigráfico consiste em uma moldura de madeira ou metal com uma série de finíssimos fios sintéticos — antigamente eram de seda, daí serigrafia — que se entrelaçam formando uma trama. Uma emulsão especial é distribuída sobre a tela e se fixará de acordo com a luz recebida através das áreas de imagem de um fotolito. Onde houver imagem, um tratamento químico retira a emulsão; a área de não-imagem mantém a emulsão na tela. Depois, a tela é posicionada sobre a superfície a ser impressa e uma camada de tinta pastosa é distribuída, atravessando ou não a trama em função da emulsão existente. Pronto. É só deixar secar.

E, assim, vai-se repetindo o processo à medida que cada cor deva ser adicionada ao impresso.

4. Xerografia

Traduzido do grego, xerox significa seco, e grafia é escrita; xerografia é, portanto, escrita a seco. Sem sombra de dúvida, você está acostumado a fazer fotocópias, ou cópias eletrostáticas — ou eletrofotografia, que é como se chama oficialmente o processo — de uma série de papéis do seu *dia a dia*, como documentos pessoais, artigos de jornais e revistas, trechos de livros etc.

O grande diferencial é a ausência total de negativos, soluções químicas ou processos de preparação e revelação de matrizes e chapas.

É um princípio que para ser compreendido exige conhecimento ginasial: a imagem a ser copiada é refletida sobre uma superfície carregada de eletricidade estática. As áreas brancas do original têm luz integral refletida sobre aquela superfície — um tambor com revestimento especial — e aí, a eletricidade estática é dissipada. As áreas com imagens refletem pouca ou nenhuma luz, o que mantém a carga eletrostática inalterada sobre a superfície do tambor. O pó preto é distribuído pelo tambor e adere nas áreas carregadas eletricamente. O papel passa por ali e fica com o pó retido apenas nas áreas relativas à imagem original.

Os grandes fabricantes de equipamentos de eletrofotografia têm realizado avanços fantásticos, como as cópias coloridas e sistemas de alta produtividade que têm deixado o *offset* para trás, especialmente para menores tiragens. Cada dia mais, este processo é uma verdadeira 'mão na roda' para anunciantes de menor porte. Dependendo dos volumes e das características do material — folhetos, cartazetes, livretos etc. — muitas vezes é bem mais compensador em prazos e custos valer-se desta opção.

Os recursos disponíveis e técnicas desenvolvidas em produção gráfica vão muito além de tudo aqui exposto. Porém, estou seguro de haver apresentado os elementos fundamentais para que o novo anunciante possa sentir maior tranquilidade no momento de contratar algum serviço gráfico; ou para que o futuro publicitário comece a desconfiar se vai valer a pena se aprofundar no assunto.

X. PROPAGANDA MUITO LEGAL

O Código de Defesa do Consumidor pode ser perfeitamente comparado, sob um certo aspecto, a clássicos da literatura universal como Dom Quixote de La Mancha, O Decamerão, Ana Karenina ou Os Lusíadas, não por seu brilho literário – pois esta não é e nem pode ser a intenção precípua de um texto legal – mas pelo fato de que o Código, tal qual as grandes obras, todos dizem conhecer, mas ninguém o leu.

Fico impressionado como a quase totalidade de anunciantes de pequeno e médio portes, e os publicitários que os atendem, simplesmente desconhecem – e não raro desprezam, o que é muito pior – o teor da legislação que rege exatamente o relacionamento comercial com seu público-alvo, ou cliente, ou consumidor, como queira o leitor. É um despautério.

Por esta razão, reproduzo todos os artigos e parágrafos do Código de Defesa do Consumidor onde consta a palavra publicidade. Procurarei comentá-los não sob o ponto de vista jurídico (o que não sou capaz de fazer nem habilitado para tal), mas o de um publicitário cansado de guerra.

Outra coisa: se tem coisa que me dá ainda mais orgulho da minha profissão é a seriedade com que nosso Código de Autorregulamentação Publicitária foi elaborado e é obedecido. Falo do assunto mais adiante.

Espero com isso contribuir para que o leitor possa, hoje ou amanhã, na condição de publicitário ou anunciante, ter melhor noção das obrigações e cuidados legais envolvidos nesta tão nobre arte de anunciar.

DOS DIREITOS BÁSICOS DO CONSUMIDOR

Art. 6º São direitos básicos do consumidor:

IV – a proteção contra a publicidade enganosa e abusiva, métodos comerciais coercitivos ou desleais, bem como contra práticas e cláusulas abusivas ou impostas no fornecimento de produtos e serviços;

Há quem ainda pense que o Código de Defesa do Consumidor não tem força de lei, que é bobagem do pessoal do PROCON, essas coisas. Mas o Código de Defesa do Consumidor É LEI e, como tal, deve ser observada à risca. É curioso o comportamento de muitas pessoas ao perguntarem 'mas essa lei pegou mesmo?', como se as leis tivessem seu nascimento, continuidade e aplicação meramente determinados pelos humores populares.

E, quando o Código de Defesa do Consumidor diz que a proteção do consumidor contra a publicidade enganosa é um de seus direitos básicos, já deixa claro que, neste assunto, a margem de manobra para as espertezas comerciais é zero!

Mas vamos logo aos tais capítulos, artigos e parágrafos.

CAPÍTULO V

Das Práticas Comerciais

Seção II

Da Oferta

Art. 30. Toda informação ou publicidade, suficientemente precisa, veiculada por qualquer forma ou meio de comunicação com relação a produtos e serviços oferecidos ou apresentados, obriga o fornecedor que a fizer veicular ou dela se utilizar e integra o contrato que vier a ser celebrado.

Em outras palavras, anúncio tem força de contrato. Na verdade, prevalece sobre o contrato escrito carimbado em cartório. Não adianta, depois de anunciar bobagem, tentar vir com aquela conversa mole do 'ah, mas não foi bem isso que o anúncio queria dizer...' Publicou, assinou embaixo!

Art. 31. A oferta e apresentação de produtos ou serviços devem assegurar informações corretas, claras, precisas, ostensivas e em língua portuguesa sobre suas características, qualidades, quantidade, composição, preço, garantia, prazos de validade e origem, entre outros dados, bem como sobre os riscos que apresentam à saúde e segurança dos consumidores.

Embora este artigo seja claro o suficiente para ser compreendido até por uma criança, o que tem de joão-sem-braço por aí é impressionante. Basta acompanhar principalmente a propaganda de varejo e a de serviços para se encontrar, com certa facilidade, informações que, se não estão exatamente em desacordo com a lei, dão margem para discussões homéricas, o que, a meu juízo, configura prática de propaganda enganosa. Portanto, ao 'ofertar e anunciar', nada de economizar na clareza das informações a serem prestadas, nada de tentar o maldito jeitinho com imagens e palavras que possam dar margem a interpretações que induzam o consumidor ao erro.

Art. 33. Em caso de oferta ou venda por telefone ou reembolso postal, deve constar o nome do fabricante e endereço na embalagem, publicidade e em todos os impressos utilizados na transação comercial.

Tenho observado – se não com frequência, ao menos não raramente – o descumprimento deste artigo da lei. Muitas vezes, o fabricante contenta-se em informar um CGC na embalagem, uma caixa postal no anúncio, e pronto (o Código de Autorregulamentação condena isso) Essa gente esconde-se de quê ou de quem?

Art. 34. O fornecedor do produto ou serviço é solidariamente responsável pelos atos de seus prepostos ou representantes autônomos.

Este artigo não diz a palavra publicidade, mas ela está implícita e aqui o bicho pega. Responsabilidade solidária é uma figura presente nos mais variados campos do Direito, mas, mesmo assim, é bastante comum haver desentendimentos enormes quando, por exemplo, a promessa básica da publicidade de uma rede de franquias não é honrada por um franquiado. É a velha história do 'não temos nada a ver, isso é coisa da Central...' Este argumento não funciona.

Caso real: um concessionário de uma fábrica de automóveis usou em sua região, certa vez, um spot de rádio com oferta nacional já fora de validade. Não deu outra: concessionário e fábrica foram acionados por um consumidor e perderam a causa na Justiça, sendo obrigados a honrar, solidariamente, a promessa publicitária. Então, cuidado, leitor, muito cuidado com o que você e seu representante dizem ao mercado!

E, sendo você publicitário, não vá compactuar com a arrogância de muitos clientes que saem dizendo as besteiras que querem por aí, através das campanhas publicitárias que você criará para tal finalidade: 'Ah, mas o cliente quer, a gente faz, ué!' Bobinho! Neste caso, você é responsável solidário e, se a publicidade der algum pepino para seu cliente, certamente dará para você também.

Art. 35. Se o fornecedor de produtos ou serviços recusar cumprimento à oferta, apresentação ou publicidade, o consumidor poderá, alternativamente e à sua escolha:

I – exigir o cumprimento forçado da obrigação, nos termos da oferta, apresentação ou publicidade;

II – aceitar outro produto ou prestação de serviço equivalente;

III – rescindir o contrato, com direito à restituição de quantia eventualmente antecipada, monetariamente atualizada, e a perdas e danos.

Aqui, convém lembrar a existência dos Tribunais Especiais de Pequenas Causas, uma instância gratuita, rápida e realmente eficiente. E só faço lembrar destes Tribunais porque não adianta nada você esfregar o Código no nariz do praticante da propaganda enganosa. Lamentavelmente, via de regra o jeito é ir mesmo 'pro pau', na Justiça.

Atente para o fato de que, normalmente, as relações comerciais que envolvem bens de consumo ou serviços prestados a pessoas físicas, envolvem valores menores que o teto máximo de quarenta salários-mínimos com o qual estes tribunais trabalham. Muitos consumidores têm recorrido a eles, com bastante sucesso. Ações com valores maiores ou que envolvam reparação por danos (particularmente, os danos morais) devem ser conduzidos à Justiça comum. Claro, com a assistência de um advogado bastante experiente em tais assuntos.

Seção III

Da Publicidade

Art. 36. A publicidade deve ser veiculada de tal forma que o consumidor, fácil e imediatamente, a identifique como tal.

Parágrafo único. O fornecedor, na publicidade de seus produtos ou serviços, manterá, em seu poder, para informação dos legítimos interessados, os dados fáticos, técnicos e científicos que dão sustentação à mensagem.

Há quem tente fazer algumas pegadinhas, veiculando anúncios na forma de matérias jornalísticas. É claro que os grandes veículos de comunicação têm muito cuidado em relação a isso, exigindo a inclusão da expressão 'informe publicitário' com certo destaque.

Quanto a manter os tais dados fáticos e técnicos à disposição, é bom mesmo tê-los à mão, porque o que tem de consumidor cri-cri por aí não é moleza. Vai que um deles bate à sua porta...

Uma outra coisa que o leitor poderá estar se perguntando é 'como ficam aqueles tais merchandisings que passam nas novelas? Aquilo não é exatamente o que se possa chamar de propaganda fácil e imediatamente identificável como tal'.

Bem, aqui se inicia uma daquelas brigas jurídicas de deixar os apaixonados pelo Direito com água na boca. É o seguinte: imagine uma cena da novela das oito (que começa às nove), onde o galã entra num bar, pede uma cerveja e lhe é servida uma determinada marca (cena pela qual o fabricante evidentemente pagou muito caro). Isto é propaganda, a meu ver, indubitavelmente abusiva (veja artigo 37, a seguir), pois, além de não ser fácil e necessariamente identificável como tal pelo já mencionado entendimento do homem de senso médio, também se vale de recursos para os quais não temos defesa psicológica. É um ato covarde (veja capítulo O marketing e as necessidades humanas).

No entanto, fica muito difícil, se não impossível, alegarmos haver sido prejudicados moral ou materialmente. Poderia caber, sim, ao concorrente, uma ação judicial por perdas e danos, ou algo equivalente. De minha parte, considero este tipo de comunicação passível de discussões éticas, para dizer o mínimo. Mas não confunda, por favor, essa prática sub-reptícia com aqueles testemunhais em que apresentadores de rádio e TV fazem assumidamente chamadas comerciais de alguns produtos, muitas vezes ao lado dos próprios vendedores das empresas anunciantes. Este formato, por si mesmo, não tem, a meu ver, nada de ilícito ou antiético (a menos que a promessa feita ali o seja).

Art. 37. É proibida toda publicidade enganosa ou abusiva.

§ 1º É enganosa qualquer modalidade de informação ou comunicação de caráter publicitário, inteira ou parcialmente falsa, ou, por qualquer outro modo, mesmo por omissão, capaz de induzir em erro o consumidor a respeito da natureza, características, qualidade, quantidade, propriedades, origem, preço e quaisquer outros dados sobre produtos e serviços.

O texto do parágrafo poderá levar muita gente a crer que, no final das contas, dá para dar aquela 'bicicleta' no consumidor e tudo continuar como era antes. No entanto, convém lembrar que juízes levam em conta o 'entendimento do homem de senso médio' para julgar questões desta natureza e, por mais que a publicidade esteja com 'aparência legal', com tudo 'nos conformes', vai valer o que um juiz entender como a verdadeira intenção do anunciante.

Descrevo um caso que aconteceu com minha mulher. Ela recebeu correspondência de sua operadora de telefonia celular com a promessa de que poderia trocar gratuitamente seu aparelho usado por um novo de determinado modelo, ou, se quisesse optar por um modelo mais sofisticado, pagaria uma pequena diferença. Após passar por três lojas da tal operadora, em três shopping centers diferentes, ela desistiu, porque não havia o tal modelo de troca gratuita nem o de preço imediatamente superior, só alguns bem mais caros (segundo clientes variados com quem conversamos e que se queixavam do mesmo problema, os tais celulares grátis nunca estiveram disponíveis, nem no primeiro dia da promoção). Ela preferiu não ir à Justiça, mas cancelou seu celular e trocou de operadora (eu, por muito menos, abandonei celular e operadora!).

Baseado no parágrafo acima, será certamente muito difícil uma empresa provar em juízo que não houve má-fé em tal ação promocional, mesmo porque suas malas diretas estavam lotadas com textinhos 'legais', com letrinhas microscópicas, indício de '171'. Não vale mesmo a pena correr um risco assim.

§ 2º É abusiva, dentre outras, a publicidade discriminatória de qualquer natureza, a que incite à violência, explore o medo ou a superstição, se aproveite da deficiência de julgamento e experiência da criança, desrespeita valores ambientais, ou que seja capaz de induzir o consumidor a se comportar de forma prejudicial ou perigosa à sua saúde ou segurança.

A rigor, muito a rigor, toda publicidade poderia ser enquadrada neste parágrafo porque, evidentemente, o critério para se estabelecer se um anúncio incita ou não à violência etc., é juízo de valor pessoal e varia de uma pessoa para outra, dos pontos de vista mais liberais aos mais conservadores. Volta, aqui, a valer a tal história do entendimento do homem de senso médio.

Mas o mais importante é estar ligado no que se passa na sociedade e no mundo para evitar o risco de uma comunicação, digamos, politicamente incorreta o suficiente para levá-lo aos tribunais. Muita atenção!

§ 3º Para os efeitos deste Código, a publicidade é enganosa por omissão quando deixar de informar sobre dado essencial do produto ou serviço.

Aqui, falta de memória é sinônimo de encrenca, porque o que vem a ser dado essencial ou não é um conceito sempre discutível. Porém, o bom senso deve falar mais alto, e cada anunciante e publicitário deve ter os princípios de clareza informativa como ponto de partida para qualquer anúncio.

Art. 38. O ônus da prova da veracidade e correção da informação ou comunicação publicitária cabe a quem as patrocina.

Isto é o que os advogados chamam 'inversão do ônus da prova', ou seja, não será o consumidor lesado que terá de provar nada a ninguém, mas o anunciante. Ao consumidor cabe apenas queixar-se, e o anunciante que dê um jeito de provar que não está errado.

Art. 56. As infrações das normas de defesa do consumidor ficam sujeitas, conforme o caso, às seguintes sanções administrativas, sem prejuízo das de natureza civil, penal e das definidas em normas específicas:

(...)

XII – imposição de contrapropaganda.

Art. 60. A imposição de contrapropaganda será cominada quando o fornecedor incorrer na prática de publicidade enganosa ou abusiva, nos termos do art. 36 e seus parágrafos, sempre às expensas do infrator.

§ 1º A contrapropaganda será divulgada pelo responsável da mesma forma, frequência e dimensão e, preferencialmente, no mesmo veículo, local, espaço e horário, de forma capaz de desfazer o malefício da publicidade enganosa ou abusiva.

Já pensou que bacana você ser obrigado a vir a público dizendo que errou e, ainda por cima, pagar mais uma vez aquela conta da propaganda enganosa que você patrocinou?

Talvez o leitor esteja questionando a aplicabilidade desta penalização, porque, exceto nos direitos de resposta da propaganda política (o que não é o caso aqui), você provavelmente nunca viu algo assim.

Aí, acontecem três coisas: primeiro, a lentidão da Justiça comum somada à possibilidade de toda sorte de artimanha jurídica para empurrar o caso com a barriga ad infinitum; certamente haverá casos dessa natureza correndo em alguma vara cível por aí. Depois, porque, em muitos casos, entra antes em cena a figura sempre eficiente do CONAR, que tira a propaganda enganosa dos meios de comunicação com muita rapidez e discrição, e nem ficamos sabendo. Finalmente, porque, imagino, a malemolência crônica do cidadão brasileiro em recorrer à Justiça acaba dando espaço para que pouco ou nada aconteça ao mau anunciante e à má agência recalcitrantes.

Art. 63. Omitir dizeres ou sinais ostensivos sobre a nocividade ou periculosidade de produtos, nas embalagens, nos invólucros, recipientes ou publicidade. Pena – Detenção de seis meses a dois anos e multa.

§ 1º Incorrerá nas mesmas penas quem deixar de alertar, mediante recomendações escritas ostensivas, sobre a periculosidade do serviço a ser prestado.

§ 2º Se o crime é culposo: Pena – Detenção de um a seis meses ou multa.

Eis o xadrez, a cana, a cadeia, o xilindró entrando em cena, quando o anunciante vira simples meliante, digno de aparecer nos jornalecos policiais impressos e da televisão. O Código é claro: bobeou, dançou. Na mão dos 'home'.

Art. 67. Fazer ou promover publicidade que sabe ou deveria saber ser enganosa ou abusiva. Pena – Detenção de três meses a um ano e multa.

É o caso, por exemplo, da farmácia de manipulação dirigida por médicos e farmacêuticos, que anuncia aos quatro ventos o poder emagrecedor de suas fórmulas 'naturais' milagrosas. Tudo à base de cáscara sagrada, marapuama, chá de não-sei-o-quê... e anfetaminas. Não há como um médico ou farmacêutico argumentar que não sabia o que uma anfetamina significa para a saúde humana. Além do tráfico de droga (Lei 6.338; dá de 3 a 15 anos de cadeia), esta droga de propaganda poderá adicionar uma pena extra ao anunciante.

Assim é com tudo mais. Não adianta chorar as pitangas, dizendo que não sabia, pois um juiz imediatamente contra-argumentará que você 'deveria' saber.

Art. 68. Fazer ou promover publicidade que sabe ou deveria saber ser capaz de induzir o consumidor a se comportar de forma prejudicial ou perigosa a sua saúde ou segurança. Pena – Detenção de seis meses a dois anos e multa.

Idem artigo anterior, com o agravante de que, por envolver a segurança e a integridade física do consumidor, a pena é ampliada. Cuidado com aqueles anunciozinhos e filminhos onde, mesmo que implicitamente, há armas, facas cortando a cabeça de sushiman, super-homens voando pelas janelas, enforcamentos etc.

Art. 69. Deixar de organizar dados fáticos, técnicos e científicos que dão base à publicidade. Pena – Detenção de um a seis meses ou multa.

Pois é: desorganização dá cadeia. Aqui entra o cuidado do publicitário em exigir um bom *briefing* de seu cliente, não apenas em razão de querer fazer um bom trabalho de propaganda, mas, pelo que vemos, também de respeito ao cidadão-consumidor que irá se encantar com os anúncios e correr para os braços do produto, e, até mesmo, como preocupação de caráter jurídico. Não se esqueça, caro colega publicitário, que a responsabilidade solidária poderá, em muitos casos, estender-se a você também.

Aqui termina a lei, mas não termina a responsabilidade social do publicitário. Ao contrário, por conhecer a lei e, mais do que isso, por conhecer o poder de transformação social e de persuasão individual da Propaganda – como conjunto de técnicas predominantemente psicológicas – é aqui, a seguir à lei, que começa nosso dever de contribuir com a sociedade, protegendo o bem-estar do Sr. Target quando estiver exercendo seu papel de consumidor de tudo aquilo que anunciamos. A melhor prova disso está no próprio Código de Autorregulamentação Publicitária.

A autorregulamentação publicitária e o CONAR

Aproximadamente três décadas antes do surgimento do Código de Defesa do Consumidor, o mercado publicitário já havia iniciado uma série de rígidos controles sobre o conteúdo – qualidade e veracidade – das promessas que a Propaganda brasileira veiculava aos quatro ventos e em todas as mídias.

Este mercado publicitário, composto por agências de propaganda, veículos de comunicação e anunciantes, achou por bem estabelecer regras que protegessem não só os consumidores, mas prioritariamente a si mesmo, pois a confiança nas informações comerciais veiculadas é, em essência, o verdadeiro negócio da Propaganda. Se a população, um dia, perder a confiança nas mensagens publicitárias, este mercado desaparece. Confiança, por exemplo, é o mesmo elemento que mantém viva a rede bancária de qualquer país do mundo: experimente imaginar o que aconteceria se, um dia, todos perdêssemos a confiança nos bancos. Haveria uma quebradeira geral no mercado financeiro e o país iria à ruína.

Assim, certo de que a credibilidade é seu principal produto, é o espírito do negócio, este nosso mercado publicitário tratou de preservá-la, criando mecanismos que controlassem eventuais deslizes – dolosos, culposos & enganosos – de seus membros, e criou o Código Nacional de Autorregulamentação Publicitária, série de normas que, sem a menor dúvida, contribuiu para que nós, cidadãos, possamos contar com proteção institucional digna dos países mais avançados, e que o Brasil seja considerado top de linha em assuntos publicitários. Em suma, um ato de inteligência.

Depois, para fazer valer as normas ali contidas, criou-se o CONAR – Conselho Nacional de Autorregulamentação Publicitária, órgão mantido por agências, veículos e anunciantes (não há nenhuma instância de governo envolvida no CONAR), e que tem a missão única de garantir que a Propaganda brasileira continue prestando um serviço mais do que excelente aos cidadãos.

Vejamos a seguir do que trata nosso Código de Autorregulamentação. Mas quero, de antemão, observar que em nenhum momento este capítulo substitui a leitura atenta e cuidadosa do código. Você poderá obtê-lo, na íntegra, no site do CONAR: www. conar.org.br.

Uma boa dica para você, novo anunciante ou futuro publicitário, é relacionar também a natureza do produto ou serviço com que você trabalha com as categorias especiais de anúncios, se for o caso. Discuta o assunto com todo o pessoal do seu setor de marketing ou da agência. Se puder, converse também com um advogado especializado. Aposto meus quase trinta anos de experiência como isso vai valer a pena.

Bem, mas como foi que nasceram estas normas todas, você poderá perguntar; pois o próprio Código dá a resposta. Suas diretrizes vieram...

...da legislação publicitária brasileira (Lei n° 4.680, de 18 de junho de 1965, e Decreto n° 57.690, de 1° de fevereiro de 1966), das recomendações das Câmaras de Comércio Internacionais (ICC – International Chamber of Commerce), do Código Internacional da Prática Publicitária (de 1937 e revisto em 1949, 1955 e 1966 e, finalmente, em 1973 durante o Congresso realizado no Rio de Janeiro e cujos termos foram adotados pelo Brasil e 250 entidades de mais de 40 países), da Associação Internacional de Propaganda (IAA – International Advertising Association) e seus Congressos Mundiais, do I Congresso Brasileiro de Propaganda (Rio de Janeiro, outubro de 1957), dos termos da instrução n° 1 da Febrasp, assinada em 23 de abril de 1968 (recomendando a criação de Comissões de Ética nas entidades publicitárias), das recomendações do II Congresso Brasileiro de Propaganda (São Paulo, fevereiro de 1969), das recomendações do I Encontro Nacional de Anunciantes, promovido pela ABA – Associação Brasileira de Anunciantes (São Paulo, dezembro de 1974), das recomendações feitas na I Conferência Internacional de Anunciantes (Rio de Janeiro, maio de 1975), das recomendações do simpósio realizado pela Comissão de Comunicações da Câmara dos Deputados (Brasília, junho/julho 75), dos caminhos apontados pelas lideranças do setor publicitário e pelas autoridades nos debates do II Encontro Brasileiro de Mídia, realizado em São Paulo em setembro de 1976, e das sugestões do I Seminário Brasileiro de Propaganda (Gramado, outubro de 1976).

Assinam o Código: ABAP – Associação Brasileira das Agências de Propaganda, ABA – Associação Brasileira de Anunciantes, ANJ – Associação Nacional de Jornais, ABERT – Associação Brasileira de Emissoras de Rádio e Televisão, ANER – Associação Nacional de Editores de Revistas, Central de Outdoor, emissoras de TV por assinatura, provedores de Internet e empresas de marketing direto.

Entendeu agora o peso que tem o Código e seu agente fiscalizador, o CONAR? Notou por que a Propaganda brasileira, a despeito de sua divertidíssima criatividade publicitária, é tão séria e profissional no que faz?

Vejamos mais um pouco do seu conteúdo, a partir de seu capítulo 2 – Princípios Gerais.

De cara, já se fala de Respeitabilidade. O artigo 19 não deixa dúvidas: 'Toda atividade publicitária deve caracterizar-se pelo respeito à dignidade da pessoa humana, à intimidade, ao interesse social, às instituições e símbolos nacionais, às autoridades constituídas e ao núcleo familiar'.

As seções a seguir falam, respectivamente de cuidados com decência e honestidade, sobre combater apelos ao medo, superstição e violência, sobre cuidados com apresentação verdadeira dos produtos anunciados, sobre a clara identificação das peças publicitárias e seus anunciantes responsáveis, sobre quais critérios devem reger a propaganda comparativa, sobre cuidados com a segurança e a prevenção de acidentes, sobre proteção da intimidade das pessoas, sobre cuidados relativos a poluição e ecologia, bem como sobre a abordagem de crianças e jovens e, finalmente, cuidando para que se faça respeitar os próprios publicitários, ao versar sobre direito autoral e plágio.

Além disso, o Código instituiu as categorias especiais de anúncios, aquelas cujos reclames e produtos ficam sujeitos a atenções redobradas. São eles:

- bebidas alcoólicas;
- educação, cursos, ensino;
- empregos e oportunidades;
- imóveis: venda e aluguel;
- investimentos, empréstimos e mercado de capitais;

- lojas e varejo;
- médicos, dentistas, veterinários, parteiras, massagistas, enfermeiros, serviços hospitalares, paramédicos, para-hospitalares, produtos protéticos e tratamentos;
- produtos alimentícios;
- produtos farmacêuticos isentos de prescrição;
- produtos de fumo;
- produtos inibidores de fumo;
- profissionais liberais;
- reembolso postal ou vendas pelo correio;
- turismo, viagens, excursões, hotelaria;
- veículos motorizados;
- vinhos e cervejas;
- testemunhais, atestados, endossos;
- defensivos agrícolas;
- armas de fogo.

Finalmente, o Código estabelece as responsabilidades envolvidas em todos os casos por ele considerados. Como se vê, nem a Propaganda brasileira nem o consumidor estão entregues à sua própria sorte. Leia-o. E saiba que você, seus amigos e parentes, na condição de cidadãos comuns, podem perfeitamente acionar o Tribunal Ético do CONAR quando sentirem-se lesados, agredidos ou ofendidos por um anúncio qualquer. Basta procurar o órgão e fazer sua queixa. Se ela fizer sentido, se proceder, pode acreditar que o anunciante e sua agência terão de explicar-se muito bem explicado.

O Código existe, é respeitado e o CONAR funciona de fato. Diariamente, muitas agências e anunciantes – pequenos, médios e grandes, não importa o tamanho – são obrigados a alterar suas peças publicitárias, quando não a retirá-las definitivamente de veiculação, por determinação do Tribunal Ético do CONAR.

E acredite: pode ser quem for, se o tribunal do CONAR martelou, tá martelado. Quem não gostar que vá chorar as pitangas para o bispo.

Propaganda é isso aí!

XI. LETRAS, PROPAGANDA & MARKETING

O marketing de Fernando Pessoa

O escritor português Fernando Pessoa morreu em 1935. Seu texto 'A essência do comércio', primeira parte de sua Teoria e Prática do Comércio, e que transcrevo e vou comentar rapidamente a seguir, é de data desconhecida. De qualquer modo, a julgar que trata-se de algo produzido nas primeiras décadas do século 20, portanto ao menos há uns setenta anos, quando marketing era um conceito que mesmo nos meios norte-americanos ainda soava como grego, Fernando Pessoa nos presenteia com uma análise de incrível modernidade. Tão moderna que, ainda hoje, e mesmo que comparada às teorias contemporâneas mais sofisticadas, nada deixa a desejar em objetividade de abordagem, adequação à realidade comercial e, principalmente, em conhecimento do ser humano que teima em existir e em se manifestar em cada ato, em cada gesto do consumidor no momento da decisão por um determinado produto ou serviço (pode parecer incrível, mas alguns administradores de marketing acreditam que o ser humano algumas vezes se dissocia do consumidor).

Quero notar, ainda, que valho-me de edição brasileira da prosa do autor. Poderá também haver uma ou outra palavra estranha a nós, brasileiros, por haver o texto sido escrito no português castiço (de Portugal, como dizemos); para tais casos colocarei a 'tradução' em nota de rodapé.

Sem mais delongas, vamos a ele.

A essência do comércio

Aqui há anos, antes da Grande Guerra, corre os meios ingleses, como exemplo demonstrativo da insinuação comercial alemã, a notícia do caso curioso das 'taças para ovos' (*egg cups*) que se vendiam na Índia.

O inglês costuma comer 'os ovos', a que nós chamamos 'quentes', não em copos e partidos, mas em pequenas taças de louça, do feitio de meio ovo, e em que o ovo, portanto, entra até a metade; partem a extremidade livre do ovo, e comem-no assim, com uma colher de chá, depois de lhe ter deitado sal e pimenta. Na Índia, colônia britânica, assim se comiam, e naturalmente ainda se comem, os ovos 'quentes'. Como é de supor, eram casas inglesas as que, por tradição aparentemente inquebrável, exportavam para a Índia as taças para este fim. Sucedeu, porém, que, alguns anos antes da Guerra, as firmas inglesas exportadoras deste artigo notaram que a procura dele na Índia decrescera quase até zero. Estranharam o fato, buscaram saber a causa, e não tardou que descobrissem que estavam sendo batidas por casas exportadoras alemãs, que vendiam idêntico artigo ao mesmo preço.

Se as casas alemãs houvessem entrado no mercado índio com o artigo a preços mais baixos, sem dúvida que os agentes dos exportadores ingleses teriam advertido estes sem demora. Mas, como o preço era igual e a qualidade igual também, não era necessário o aviso; nem houve receio quando se verificou que havia razão para mais que receio – isto é, quando se verificou que, nestas condições de duvidosa vantagem para um novo concorrente, o artigo alemão vencera por completo.

Feita a averiguação ansiosa da causa deste mistério, não tardou que se descobrisse. Os ovos das galinhas indianas eram – e naturalmente ainda são – ligeiramente maiores que os das galinhas da Europa, ou, pelo menos, das da Grã-Bretanha. Os fabricantes ingleses exportavam as taças de tipo único que produziam para o consumo doméstico. Estas taças, evidentemente, serviam de um modo imperfeito aos ovos das galinhas da Índia. Os alemães notaram isto, e fizeram taças ligeiramente maiores, próprias para receber estes ovos. Não tinham que alterar qualidade (podiam até baixá-la), nem que diminuir preço: tinham certa a vitória por o que em linguagem científica se chama adaptação ao meio. Tinham resolvido, na Índia e para si, o problema de comer o ovo de Colombo.

***

Esta história, em aparência tão simples, encerra um ensinamento que todo comerciante, que não o seja simplesmente por brincar às vendas, devia tomar a peito, compreender na sua essência. Um comerciante, qualquer que seja, não é mais que um servidor do público, ou de um público; e recebe uma paga, a que chama o seu 'lucro', pela prestação desse serviço. Ora toda a gente que serve deve, parece-nos, buscar agradar a quem serve. Para isso é preciso estudar a quem se serve – mas estudá-lo sem preconceitos nem antecipações; partindo, não do princípio de que os outros pensam como nós, ou devem pensar como nós – porque em geral não pensam como nós –, mas do princípio de que, se queremos servir aos outros (para lucrar com isso ou não), nós é que devemos pensar como eles: o que temos que ver é como é que eles efetivamente pensam, e não como é que nos seria agradável ou conveniente que eles pensassem.

Nada revela mais uma incapacidade fundamental para o exercício do comércio que o hábito de concluir o que os outros querem sem estudar os outros, fechando-nos no gabinete da nossa própria cabeça, e esquecendo que os olhos e os ouvidos – os sentidos, enfim – é que fornecem os elementos que o nosso cérebro há de elaborar, para com essa elaboração formar a nossa experiência.

***

O estudo do público, isto é, dos mercados, é de três ordens – econômico, psicológico e propriamente social. Isto é, para entrar num mercado, seja doméstico ou estranho, é preciso:

1) Saber as condições de aceitação econômica do artigo, e aquelas em que trabalha, e em que oferece, a concorrência.

2) Conhecer a índole dos compradores, para, à parte questões de preço saber qual a melhor forma de apresentar, distribuir e reclamar o artigo.

3) Averiguar quais são as circunstâncias especiais, se as houver, que, de ordem profunda e social ou política, ou superficial de moda ou de momento, obrigam a determinadas correções no resultado dos dois estudos anteriores.

***

É espantoso – não: é pavoroso – o número de comerciantes que cotam para um mercado, estrangeiro e até nacional, espontaneamente ou solicitados, sem averiguar se não estarão cotando um preço que seja um disparate de tal ordem que os desqualifique intelectualmente – e a desqualificação intelectual é por vezes pior que a moral – no espírito dos que recebem a oferta.

Quando um comerciante, que use a cabeça para fins mais interiores que a colocação do chapéu, verifica que lhe é impossível cotar convenientemente para certo mercado, deve responder a um pedido de cotação que, dadas estas ou aquelas circunstâncias, não pode cotar nesse momento; ou que oferece a um preço mais alto que o do mercado (mas mostre que conhece o preço do mercado), porém que o artigo, se é mais caro, é porque é melhor; ou que, por não ter nesse momento disponível senão um tipo desse artigo, não pode cotar senão em determinadas condições.

A maioria dos comerciantes – sim, e infelizmente, a maioria! – não faz isto nem nada que disto se aproxime. Cota um preço, porque esse preço lhe dará certo lucro, e não olha a mais. Não lhe passa pela cabeça – sequer – que é preciso, às vezes, não cotar com lucro, sendo essa ausência de lucro uma autêntica despesa de publicidade. E por que não lhe passa isso pela cabeça? Porque vive só no presente e tem casa comercial sem amanhã. Porque não pensa que, mesmo quando se não possa cotar convenientemente, se deve atrair convenientemente; e que a demonstração de inteligência e de estudo das conveniências e necessidades alheias é uma demonstração da posição sobre os ombros de uma cabeça que contém miolos.

O estudo psicológico do mercado é também importante, mas, ao passo que o seu estudo econômico é essencial e fundamental em qualquer gênero de comércio, é o comércio de retalho, e as formas do outro comércio (de origem diretamente industrial) que com ele tem semelhança, que mais têm que atender a este elemento.

A maneira de fabricar, de apresentar, de distribuir e de reclamar um artigo varia conforme a índole geral dos indivíduos que compõem o mercado onde se pretende vendê-lo. Num meio de gente educada as condições são diferentes, para todos estes casos que num meio de analfabetos. Um meio provinciano – educado ou não – tem uma psicologia distinta da de um meio de cidade.

O modo de encarar a vida, ou, pelo menos, certos aspectos da vida, varia de país para país, de região para região. A humanidade, sem dúvida, é a mesma em toda a parte. Sucede, porém, que em toda a parte é diferente. É a mesma nas coisas essenciais, nos sentimentos fundamentais; mas, as mais das vezes, não são as coisas realmente essenciais que a preocupam como fundamentais. Em todos os tempos, em todas as terras, é o local, o superficial, o ocasional, o que mais tem preocupado a humanidade. Ora, é ao que mais preocupa a humanidade, e constitui portanto as suas necessidades, que o comércio essencialmente se dirige. E é por isso que o comerciante, que deveras o seja, tem para consigo mesmo o dever de estudar psicologicamente, e um a um, os agrupamentos humanos a que destina os seus artigos.

***

O estudo propriamente social do meio é aparentado com o seu estudo psicológico, mas, ao mesmo tempo, distinto dele.

O estudo psicológico tem por objeto a mentalidade típica dos componentes de um determinado meio comerciável; o estudo propriamente social tem por objeto os hábitos puramente exteriores, as convenções, permanentes ou de acaso (e a estas últimas chama-se modas), e os caprichos incaracterísticos desses mesmos indivíduos. É claro que esses hábitos e essas convenções formam parte da índole dessa gente; mas é uma parte 'externa', que não pode ser adivinhada através de um estudo cuidadoso dos indivíduos, mas tem que ser conhecida, mais propriamente, através do estudo do meio em que eles vivem, considerado como destacado deles.

Suponhamos que temos que introduzir determinado artigo na Itália. Nem para todos os artigos se dará – mas, sem dúvida, haverá alguns para cuja colocação importe considerar (à parte as circunstâncias econômicas, de que não estamos agora tratando) o italiano como italiano; o italiano como romano, veneziano, genovês etc.; o italiano como governado pelo regime fascista; o italiano como crescentemente detestador da França; e assim indefinida, mas, ao mesmo tempo, muito definidamente.

Um industrial que inventasse e produzisse um tipo de whisky novo, bom e barato, teria um mercado certo nas Ilhas Britânicas; mas, se tivesse a lembrança de ornar as garrafas desse líquido de um rótulo com a bandeira daquele império, não deveria de admirar-se de ver a maioria dos habitantes do Estado Livre da Irlanda impor-se o horroroso sacrifício de não o beber. O produto estava psicologicamente certo para esse meio, mas estava 'socialmente' errado. Parece-nos que assim transmitimos ao leitor a ideia da distinção entre o critério psicológico e o, por assim dizer, sociológico no estudo comercial dos mercados.

***

Em resumo: o comerciante é um servidor público; tem que estudar esse público, e as diferenças de público para público se o artigo que vende ou explora não é limitado a um mercado só. O comerciante não pode ter opiniões como comerciante, nem deve fazer comercialmente qualquer coisa que leve a crer que as tem. Um comerciante português que faça um rótulo encarnado e verde, ou azul e branco, comete um erro comercial: quem segue a política das cores do rótulo não lhe compra o produto por isso, e quem segue a política oposta deixa muitas vezes de o comprar. Por um lado, não ganha, por outro o perde. Mais incisivamente ainda: o comerciante não tem personalidade, tem comércio; a sua personalidade deve estar subordinada como comerciante, ao seu comércio; e o seu comércio está fatalmente subordinado ao seu mercado, isto é, ao público que o fará comércio e não brincadeira de criança com escritório e escrita.

Antes de comentar algumas passagens do texto acima, informo que em sua Teoria e Prática do Comércio, Fernando Pessoa vai bem mais adiante, tratando de temas como A Evolução do Comércio, ou falando das idiossincrasias das legislações comerciais (no texto As Algemas), versando acerca de Monopólio e Liberdade, e nos conduzindo por mais uma série de Preceitos Práticos. Tudo, insisto, de indiscutível modernidade e de igual representatividade nas relações contemporâneas de comércio, das domésticas às internacionais.

Façamos, então, alguns comentários sobre trechos que achei importante selecionar.

1) ...Feita a averiguação ansiosa da causa deste mistério, não tardou que se descobrisse. Os ovos das galinhas indianas eram – e naturalmente ainda são – ligeiramente maiores que os das galinhas da Europa...

Seja além-fronteiras, seja dentro do nosso próprio território (particularmente num país como o Brasil que traz vários 'países' dentro de si) o ajuste do produto ou serviço às peculiaridades físicas, psicológicas ou sociais do grupo é imprescindível. A globalização que hoje se nos impõe, nada tem a ver, como querem alguns, com estandardização integral, absoluta e mundial de produtos como, aliás, fazem algumas empresas transnacionais, particularmente na Propaganda. Muitos publicitários berram sua indignação com a veiculação, por exemplo, de comerciais produzidos em outros países, com o argumento de que isto faz retrair o mercado publicitário nacional, em especial para produtoras de cinema e vídeo. Bobagem, pois logo o anunciante se dará conta de que certos trabalhos produzidos para a cultura e/ou as peculiaridades de um país dificilmente funcionará bem em outro país.

2) ...tinham certa a vitória por o que em linguagem científica se chama adaptação ao meio...

Com estudos contínuos de mercado, testes de hipóteses comerciais e, sobretudo, acompanhamento da concorrência, evitaremos sempre que os 'alemães' descubram algo tão desconcertante sobre 'galinhas indianas' que venha a nos pegar de surpresa.

3) ...Um comerciante, qualquer que seja, não é mais que um servidor do público, ou de um público...

Como servidor de 'um público', vemos, aqui, a representação do conceito de segmentação de mercado; porém, e isto é bem mais importante, servidor 'do público' remete à ideia da responsabilidade social, do respeito à pessoa e, no nosso caso brasileiro, de obediência ao Código de Defesa do Consumidor (no caso particular da Propaganda, também a observação das normas de autorregulamentação publicitária.

4) ... o hábito de concluir o que os outros querem sem estudar os outros, fechando-nos no gabinete da nossa própria cabeça...

Ocorre com certa frequência nas agências de Propaganda o planejamento de mídia e a criação de anúncios serem feitos por gente com real espírito de gabinete, gente que nunca se envolveu diretamente com o cliente: não conhecem sua empresa, não conhecem seus funcionários, não conhecem como seus produtos são fabricados, não conhecem a legislação concernente, não conhecem seus consumidores; enfim, toda a cadeia produtiva referente àquele cliente lhes é uma incógnita quase absoluta. Só não lhes é totalmente desconhecida por terem acesso aos tais *briefings* pré-preparados por alguém que viu a realidade um pouco mais de perto, provavelmente o profissional de Atendimento. Essa Propaganda de gabinete é tanto mais frequente à medida que o produto do cliente se distancia dos bens de consumo de massa. Sabonetes e xampus todos conhecem; mas vá pedir que trabalhem para produtos incomuns, como tomógrafos computadorizados ou semeadeiras agrícolas... Imagino que este desvio é fruto de acidentes como 1) despreparo na formação acadêmica, pois muitas faculdades, quando não todas, imprimem nos alunos a ideia de que Propaganda é fundamentalmente aquilo destinado às prateleiras de supermercados ou revendas de veículos de luxo, ou 2) raramente as agências de propaganda dimensionam suas equipes em função das necessidades específicas que seus clientes possam ter; eu mesmo já passei por isso, quando cuidei do departamento de comunicação de uma multinacional fabricante de máquinas agrícolas. Tratores eram vistos pelo pessoal de Mídia e Criação como automóveis, mesmo porque esse mesmo pessoal também atendia a importantes contas de automóveis, cartões de crédito e achocolatados, e nunca lhes sobraria tempo para uma visitinha a uma fazenda de verdade para ver quem são os usuários daqueles produtos e quais suas demandas em relação a eles, ou nem mesmo para vê-los trabalhando. Depois de algum esforço, consegui mudar um pouco esse quadro e os resultados foram mais do que surpreendentes. Gabinete, em Propaganda, definitivamente não dá pé.

5) ...Conhecer a índole dos compradores, para, à parte questões de preço saber qual a melhor forma de apresentar, distribuir e reclamar o artigo...

Isso é que é vanguarda! Bem antes de Jerome McCarthy, Fernando Pessoa já nos apresentava a famosíssima teoria dos 4P, pilar do marketing moderno: preço, produto, ponto de venda e propaganda.

6) ...Averiguar quais são as circunstâncias especiais, se as houver, que, de ordem profunda e social ou política, ou superficial de moda ou de momento, obrigam a determinadas correções no resultado dos dois estudos anteriores...

Cada vez mais a 'tecnologia' do marketing caminha na direção do planejamento contínuo, ou seja, é sempre mais importante a maneira de manejar o barco que desenhar detalhadamente um mapa da rota oceânica. Pela razão evidente de que mercados são ambientes tão inquietos quanto o mar no Cabo Horn, e tão dinâmicos quanto as correntes marinhas. Fazer planejamentos estáticos de Propaganda e marketing, como às vezes se vê, é dar um passo seguro na direção de grandes frustrações.

7) ...Não lhe passa pela cabeça – sequer – que é preciso, às vezes, não cotar com lucro, sendo essa ausência de lucro uma autêntica despesa de publicidade...

É incrível, mas hoje, ano de 2003, com tanto conhecimento prático e teórico disponível sobre administração de verba publicitária, um número majoritário de empresas de todos os portes ainda vejam publicidade como gasto dispensável, não como investimento na 'compra' de parcela determinada do mercado que se pretende. Na verdade, as dificuldades do anunciante/comerciante se iniciam pela ausência crônica de um modelo qualquer de determinação de verba publicitária. Estes anunciantes, antes de se queixarem dos custos e dos resultados de sua comunicação com o mercado, deveriam fazer lá seus atos de contrição, assumindo a *mea culpa, mea maxima culpa.*

8) ...E por que não lhe passa isso pela cabeça? Porque vive só no presente e tem casa comercial sem amanhã...

Em outras palavras, é a tal administração de botequim que tanto se pratica por aí na publicidade de todos os níveis de empresas. É aquela administração do 'ganhei X, embolsei X; reinvestimento não existe no meu dicionário'.

9) ...O modo de encarar a vida, ou, pelo menos, certos aspectos da vida, varia de país para país, de região para região. A humanidade, sem dúvida, é a mesma em toda a parte. Sucede, porém, que em toda a parte é diferente...

Não é à toa que muitos (não todos!) profissionais de Propaganda e marketing falam de psicologia social e de psicologia do consumidor. O conhecimento disponível nestes setores, convém lembrar, é imenso. E volto a observar o já comentado sobre globalização na nota 1).

10) ...o comerciante, que deveras o seja, tem para consigo mesmo o dever de estudar psicologicamente, e um a um, os agrupamentos humanos a que destina os seus artigos...

É a segmentação de mercado elevada às suas últimas consequências. Ulula obviedade (salve, salve, Nelson Rodrigues). Ainda a este respeito, transcrevo comentário de Fernando Nogueira, grande publicitário e grande amigo: 'se levarmos em conta mais dois fatores contemporâneos, exacerbação da concorrência em quase todos os setores da economia e o fantasma da crise, que já anda se sentando à mesa de jantar sem cerimônia, aí o texto é ainda mais atual. Quer dizer, aquela história do marketing voltado para o cliente, que nos foi apresentada como uma grande novidade, já existia na cabeça de um sujeito que vivia em um país atrasado e oprimido, como era o Portugal salazarista. É mais um ponto que a gente não deve esquecer: não é preciso estar no centro do sistema para tirar conclusões de vanguarda. Como, aliás, dizia o próprio: Sou do tamanho do que vejo e não do tamanho de minha altura'.

11) ...Um comerciante português que faça um rótulo encarnado e verde, ou azul e branco, comete um erro comercial: quem segue a política das cores do rótulo não lhe compra o produto por isso, e quem segue a política oposta deixa muitas vezes de o comprar...

É muito frequente a dificuldade do empresário anunciante em valorizar qualquer obra publicitária, particularmente as de caráter artístico plástico (valorização, diga-se, que será bem demonstrada pela aceitação tranquila em pagar um preço justo em moeda corrente). Não raro há consideráveis dificuldades para os profissionais de criação publicitária em obter pagamento adequado por seu trabalho. No entanto, como se vê também pelo texto aqui reproduzido, o desenvolvimento de leiautes e textos adequados ao mercado em que se atua é, sem dúvida, determinante de sucesso comercial.

12) ...o comerciante não tem personalidade, tem comércio; a sua personalidade deve estar subordinada como comerciante, ao seu comércio; e o seu comércio está fatalmente subordinado ao seu mercado...

Que argumento, que magnífico argumento!

***

Fernando Pessoa, este poeta, ensaísta e filósofo foi, acima de tudo, um crítico visionário. Suas conclusões tão modernas, mesmo passadas mais de sete décadas, só nos dão certeza de que, a despeito desta ou daquela nova teoria, deste ou daquele novo estudo científico acerca de mercados, as fórmulas para o sucesso comercial repousam na observação do óbvio, esta evidente capacidade que nos faz tão imutavelmente humanos.

A propaganda de Lima Barreto

Lima Barreto, autor do célebre Triste fim de Policarpo Quaresma, foi, antes de tudo, um crítico preciso da sociedade do seu tempo. Tão preciso que suas crônicas acabam por revelar um caráter atemporal; o que ele dizia já na década de 1910 é perfeitamente válido nos dias de hoje. Tal qual Fernando Pessoa, incrivelmente moderno.

Evidentemente, por tratar da crônica social em seus variados aspectos – política, ensino, costumes etc. – a Propaganda não poderia ser deixada para trás. Revendo meus alfarrábios, encontrei um texto em que Lima Barreto discorre sobre a natureza dos anúncios ou, mais precisamente, das pessoas que estão por detrás deles. Neste caso, embora a abordagem seja sobre classificados da época, alguns comentários cabem – como eu já disse – precisamente na atualidade.

Leia o texto a seguir. Eu poderia ter pinçado uma ou outra frase, um ou outro parágrafo para os propósitos deste trabalho, mas preferi reproduzi-lo na íntegra porque é um texto muito saboroso. Logo após, vamos tecer alguns comentários.

Anúncios... anúncios...

Quando bati à porta do gabinete de trabalho do meu amigo, ele estava estirado num divã improvisado com tábuas, caixões e um delgado colchão, lendo um jornal. Não levantou os olhos do quotidiano, e disse-me, naturalmente:

– Entra.

Entrei e sentei-me a uma cadeira de balanço, à espera de que ele acabasse a leitura, para darmos começo a um dedo de palestra. Ele, porém, não tirava os olhos do jornal que lia com a atenção de quem está estudando coisas transcendentes. Impaciente, tirei um cigarro da algibeira, acendi-o e pus-me a fumá-lo sofregamente. Afinal, perdendo a paciência, fiz abruptamente:

– Que diabo tu lês aí que não me dás nenhuma atenção?

– Anúncios, meu caro; anúncios...

– É o recurso dos humoristas à cata de assuntos, ler anúncios.

– Não sou humorista e, se leio anúncios, é para estudar a vida e a sociedade. Os anúncios são uma manifestação delas: e, às vezes, tão brutalmente as manifestam que a gente fica pasmo com a brutalidade deles. Vê tu os termos deste: 'Aluga-se a gente branca, casal sem filhos, ou moço do comércio, um bom quarto de frente por 60$ mensais, adiantados, na Rua D. etc. etc.' Penso que nenhum miliardário falaria tão rudemente aos pretendentes a uma qualquer de suas inúmeras casas; entretanto, o modesto proprietário de um cômodo de sessenta mil-réis não tem circunlóquios.

– Que concluis daí?

– O que todos concluem. Mais vale depender dos grandes e dos poderosos do que dos pequenos que tenham, porventura, uma acidental distinção pessoal. O doutor burro é mais pedante que o doutor inteligente e ilustrado.

– Estás a fazer uma filosofia de anúncios?

– Não. Verifico nos anúncios velhos conceitos e preconceitos. Queres um outro? Ouve: 'Senhora distinta, residindo em casa confortável, aceita uma menina para criar e educar com carinhos de mãe. Preço razoável. Cartas para escritório de Mme. etc. etc.' Que te parece este anúncio, meu caro Jarbas?

– Não lhe enxergo nada de notável.

– Pois possui.

– Não vejo em quê.

– Nisto: essa senhora distinta quer criar e educar com carinhos de mãe, uma menina; mas pede paga, preço razoável — lá está. É como se ela cobrasse os carinhos que distribui aos filhos e filhas. Percebeste?

– Percebo.

– Outra coisa que me surpreende na leitura da seção de anúncios dos jornais, é a quantidade de cartomantes, feiticeiros, adivinhos, charlatães de toda a sorte que proclamam, sem nenhuma cerimônia, sem incômodos com a polícia, as virtudes sobre-humanas, os seus poderes ocultos, a sua capacidade milagrosa. Neste jornal, hoje, há mais de dez neste sentido. Vou ler este, que é o maior e mais pitoresco. Escuta: 'Cartomante — Dona Maria Sabida, consagrada pelo povo como a mais perita e a última palavra da cartomancia, e a última palavra em ciências ocultas; às excelentíssimas famílias do interior e fora da cidade, consultas por carta, sem a presença de pessoas, única neste gênero — máxima seriedade e rigoroso sigilo: residência à rua Visconde de xxx, perto das barcas, em Niterói, e caixa postal número x, Rio de Janeiro. Nota: — Maria Sabida é a cartomante mais popular em todo o Brasil.' Não há dúvida alguma que esta gente tem clientela; mas o que julgo inadmissível é que se permita que 'cavadoras' e 'cavadores' venham a público, pela imprensa, aumentar o número de papalvos que acreditam neles. É tolerância demais.

— Mas, Raimundo, donde te veio essa mania de ler anúncios e fazer considerações sobre eles?

— Eu te conto, com algum vagar.

— Pois conta lá!

— Eu me dava, há mais de um decênio, com um rapaz, cuja família paterna conheci. Um belo dia, ele me apareceu casado. Não julguei a coisa acertada, porque, ainda, muito moço, estouvado da natureza e desregrado de temperamento, um casamento prematuro desses seria fatalmente um desastre. Não me enganei. Ele era gastador e ela não lhe ficava atrás. Os vencimentos do seu pequeno emprego não davam para os caprichos de ambos, de forma que a desarmonia surgiu logo entre eles. Vieram filhos, moléstias, e as condições pecuniárias do *ménage* (vida familiar) foram ficando atrozes e mais atrozes as relações entre os cônjuges. O marido, muito orgulhoso, não queria aceitar os socorros dos sogros. Não por estes, que eram bons e suasórios; mas pela fatuidade dos outros parentes da mulher, que não cessavam de lançar na cara desta os favores que recebia dos pais e decuplicar os defeitos do marido. Frequentemente brigavam, e todos nós, amigos do marido, que éramos também envolvidos no desprezo liliputiano dos parentes da mulher, intervínhamos e conseguíamos apaziguar as coisas por algum tempo. Mas a tempestade voltava, e era um eterno recomeçar. Por vezes, desanimávamos; mas não nos era possível deixá-los entregues a eles mesmos, pois ambos pareciam ter pouco juízo e não saber afrontar dificuldades materiais com resignação.

— Um belo dia, isto foi há bem quatro anos, depois de uma disputa infernal, a mulher deixa o lar conjugal e procura hospedagem na casa de uma pessoa amiga, nos subúrbios. Todos nós, os amigos do marido, sabíamos disso; mas fazíamos constar que ela estava fora com os filhos. Em determinada manhã, aqui mesmo, recebo uma carta com letra de mulher. Não estava habituado a semelhantes visitas e abri a carta com medo. Que seria? Fiz uma porção de conjecturas; e, embora com os olhos turvos, consegui ler o bilhete. Nele, a mulher do meu amigo pedia-me que a fosse ver, à rua tal, número tanto, estação xxx, para se aconselhar comigo. Fui de coração leve, porque a minha intenção era perfeitamente honesta. Em lá chegando, ela me contou toda sua desdita, passou dez descomposturas no marido e disse-me que não queria saber mais dele, sendo a sua tenção ir para o interior trabalhar. Perguntei-lhe com o que contava. Na sua ingenuidade de menina pobre, criada com fumaças de riqueza, ela me mostrou um anúncio.

— Então, é daí?

— É daí, sim.

— Que dizia o anúncio?

— Que, em Rio Claro ou São Carlos, não sei, numa localidade do interior de São Paulo, precisavam-se moças para trabalhar em costuras, pagando-se bem. Ela me perguntou se devia responder, oferecendo-se. Disse-lhe que não e expliquei-lhe a razão. Tão ingênua era ela, que ainda não tinha atinado com a malandragem do anunciante... Despedi-me convencido de que seguiria o meu conselho leal; mas, estava tão fascinada e amargurada que não me atendeu. Respondeu.

— Como soubeste?

— Por ela mesma. Ela me mandou chamar novamente e mostrou-me a carta do meliante. Era uma cartinha melosa, com pretensões de amorosa, em que ele, o desconhecido correspondente, insinuava que coisa melhor do que costuras ela iria encontrar em Rio Claro ou São Carlos, junto dele. Pedia-lhe o retrato e, logo que fosse recebido, se agradasse, viria buscá-la. Era rico, podia fazer.

— Que disseste?

– O que devia dizer e já tinha dito, pois já previa que o tal anúncio fosse uma cilada, e cilada das mais completas. Que dizes agora do meu pendor pelas leituras de anúncios?

– Tem o que se aprender.

– É isto, meu caro: há anúncios e... anúncios...

Agora, alguns comentários.

1) ...se leio anúncios, é para estudar a vida e a sociedade. Os anúncios são uma manifestação delas: e, às vezes, tão brutalmente as manifestam que a gente fica pasmo com a brutalidade deles...

Queriam ou não, gostem ou não os teóricos da sociologia, a Propaganda é, por todas as formas, um espelho fidelíssimo da sociedade em que se insere. Assim é no aspecto estético-artístico, no de representação de valores filosófico-teológicos e, como não poderia deixar de ser, por sua natureza própria de negócio, é representante retumbante dos modelos e sistemas econômicos adotados pelas sociedades, sejam estes modelos e sistemas quais forem.

Podemos dizer, em comparação, que, enquanto a imprensa retrata, a Propaganda traduz a sociedade; aí, talvez, resida a interpretação do que Lima Barreto chamou brutalidade. O parágrafo a seguir fala melhor do que se pode entender por esta brutalidade nos e dos anúncios.

2) ...vê tu os termos deste: 'Aluga-se a gente branca, casal sem filhos, ou moço do comércio, um bom quarto de frente por 60$ mensais, adiantados, na Rua D. etc. etc.' Penso que nenhum miliardário falaria tão rudemente aos pretendentes a uma qualquer de suas inúmeras casas; entretanto, o modesto proprietário de um cômodo de sessenta mil-réis não tem circunlóquios...

Ao rever o parágrafo acima, tentei abster-me da crítica social, mas não resisti. Claro que o 'aluga-se a gente branca' é impensável nos dias de hoje, não só pela repugnância que o racismo vem crescentemente causando às sociedades, mas, inclusive, por configurar crime. No entanto, racismo, discriminação e preconceito são ideias irmãs que, vez ou outra, dão a cara nos anúncios por aí. Quer ver? Há pouco tempo, procurando pela Internet um local para passar um final de semana com minha família, encontrei o site de uma pousada aparentemente agradabilíssima, de bom padrão, com todos os serviços, mas que não aceitava crianças. Perguntei-me qual poderia ser a diferença filosófica, biológica ou jurídica entre uma criança e um negro. Pois se uma pousada disser que não aceita negros, amarelos, azuis ou verdes ou seja lá quem for, dá cadeia no ato. Recusar o ser humano pela cor já não se pode mais, mas pelo tamanho, pode. Trocamos o 'aluga-se a gente branca' por um 'aluga-se a gente grande'. Pura discriminação, agora em nova embalagem!

E o que dizer, então de shopping centers de luxo que aceitam cachorros de todas as cores, tamanhos e raças mas que, pelas mãos truculentas desta nova espécie profissional intitulada 'seguranças', proíbem a entrada de meninos de rua? No caso das pousadas, muitas vezes os anúncios são explícitos; quanto aos shoppings, evidentemente, a propaganda só mostra a felicidade do consumidor (e de seu cãozinho, para cujo eventual cocô há até funcionários de limpeza de prontidão) lá dentro nos seus corredores dourados. A realidade, tal qual os meninos de rua, é melhor que fique lá fora.

Falando de anúncios propriamente ditos, observe quanto preconceito implícito contêm muitos deles. Inclusive o racial, brilhantemente disfarçado. Certa vez, em sala de aula, pedi a dois alunos negros que pesquisassem informalmente em família e entre amigos igualmente negros quais os sentimentos sobre esse negócio de um anúncio incluir um negro entre vários brancos, todos socialmente bem posicionados (isso é moda na Propaganda, da mesma forma que, paradoxalmente, as empregadas domésticas que aparecem nos anúncios ainda são predominantemente negras). Segundo eles e todos os 'pesquisados', isso é pura discriminação, à medida que 1) o descompasso social é flagrante entre negros e brancos no Brasil, mas a Propaganda sempre procura esconder o fato – uma coisa é fantasiar positivamente, outra é achar que o Sr. Target não vê a realidade por aí –, e 2) a inclusão de um negro num ambiente todo de brancos pode ferir suscetibilidades se ficar parecendo um favor, coisa que 'nós, negros, não precisamos' (palavras daqueles alunos).

Enfim, racismo, preconceito e discriminação são daqueles itens para os quais se recomenda excesso de cuidado, como andar sobre ovos, na hora de se fazer anúncios.

3) ...verifico nos anúncios velhos conceitos e preconceitos...

Não é que a história se repita, como queriam alguns marxistas: o ser humano é que continua sempre o mesmo. Há cem anos, Lima Barreto falava de velhos conceitos e preconceitos que, ainda hoje, prevalecem. E que, curiosa e igualmente, também continuamos considerando velhos, além de não entendemos a razão destes tais valores e preconceitos ultrapassados teimarem em existir.

Uma análise atenta de muito do que se anuncia, incluindo-se, aí, mesmo alguns daqueles anúncios considerados da melhor qualidade, dá-nos uma boa dimensão do quanto a humanidade ainda tem a caminhar.

A Propaganda, esta indústria tão inteligente pela qual representamos nossa própria vida em sociedade, bem que poderia parar e pensar num jeito mais coerente de representar, também, aquele grande sonho reformista embutido em todos nós.

4) ...essa senhora distinta quer criar e educar com carinhos de mãe, uma menina; mas pede paga, preço razoável — lá está. É como se ela cobrasse os carinhos que distribui aos filhos e filhas...

O produto anunciado promete SEMPRE alguma espécie de carícia psicológica; pelo anúncio, transforma-se no herói daquele momento especial de nossas vidas, que é o anticlímax do êxtase de consumo. Em outras palavras, é mais ou menos aquilo que se convencionou chamar pai-protetor em Análise Transacional.

Se, no antigo anúncio, a tal senhora cobrava para ser mãe, hoje, pelo marketing e pela Propaganda, cobra-se para ser pai, mãe ou qualquer espécie de muleta psicológica de que nosso espírito careça; nada mais coerente com nossa lógica capitalista que se faça a cobrança pecuniária por algum afago psicológico (em dinheiro vivo ou dinheiro a obter-se pelos vários mecanismos creditícios disponíveis, não importa a forma). Quer exemplo melhor do que 'tem coisas que só a Philco faz pra você'? Mamãe Philco! Compre uma TV e ganhe uma mãezona eletrônica!

A dificuldade maior é determinar quais os limites para esta cobrança. É mais do que sabido que a Propaganda tem armas para as quais nós, simples mortais, não temos defesas psicológicas ou, quando as temos, nossa capacidade de contraofensiva é muito limitada. Daí, decorre a necessidade constante de alguma compensação, um anteparo ético, seja um Código de Defesa do Consumidor, seja um Código Nacional de Autorregulamentação Publicitária, seja lá o que for, enfim. E o fundamento deste zelo ético, creio, não é exatamente pela proteção do indivíduo em si mesmo; não se procura peremptoriamente alguma expressão judaico-cristã ou muçulmana de bondade ou caridade dirigida aos psicologicamente desprotegidos, emocionalmente desamparados e demais blá-blá-blás politicamente corretos, mas, sim, a manutenção dos mecanismos pelos quais a sociedade se reconheça como tal. Pura questão de equilíbrio.

5) ...outra coisa que me surpreende na leitura da seção de anúncios dos jornais, é a quantidade de cartomantes, feiticeiros, adivinhos, charlatães de toda a sorte que proclamam, sem nenhuma cerimônia, sem incômodos com a polícia, as virtudes sobre-humanas, os seus poderes ocultos, a sua capacidade milagrosa. Neste jornal, hoje, há mais de dez neste sentido. (...) Não há dúvida alguma que esta gente tem clientela; mas o que julgo inadmissível é que se permita que 'cavadoras' e 'cavadores' venham a público, pela imprensa, aumentar o número de papalvos que acreditam neles. É tolerância demais...

Já disse Camões, há quinhentos anos:

Mudam-se os tempos, mudam-se as vontades

Muda o ser, muda a confiança

Todo o mundo é composto de mudança

Tomando sempre novas qualidades.

E o mundo mudou mesmo, ao menos no que diz respeito às promessas de produtos veiculadas diariamente por aí, mais especificamente sob a forma de Propaganda comercial. Quem conhece a história recente das relações de consumo há de se lembrar de um sujeito chamado Ralph Nader. Obscuro advogado norte-americano que deixou a então arrogante indústria automobilística daquele país, digamos, de quatro.

Seus clientes, pessoas comuns lesadas por automóveis construídos a partir de projetos defeituosos, começaram a receber indenizações milionárias por determinação de uma enxurrada de processos judiciais.

Parafraseando Camões, mudaram-se os tempos para as relações de consumo, com os fabricantes de tudo o que existe por aí sendo chamados à responsabilidade ética, moral e, consequentemente, judicial. Mudaram-se as vontades dos cidadãos, pela exigência crescente de respeito, acima de tudo. E todo o mundo ocidental foi-se recompondo por mudanças profundas, com as legislações pertinentes tomando novas qualidades.

O terremoto ocorrido no mercado por lá emitiu ondas de irradiação para todos os lados. Por aqui, chegou-nos um tsunami que atende pelo nome de Código de Defesa do Consumidor. Conjunto de leis que, diga-se de passagem, reza, entre outras coisas, em seu Capítulo II – Da Política Nacional de Relações de Consumo, o seguinte:

Art. 4º – A Política Nacional de Relações de Consumo tem por objetivo o atendimento das necessidades dos consumidores, o respeito a sua dignidade, saúde e segurança, a proteção de seus interesses econômicos, a melhoria da sua qualidade de vida, bem como a transparência e harmonia das relações de consumo, atendidos os seguintes princípios:

I – reconhecimento da vulnerabilidade do consumidor no mercado de consumo;

II – ação governamental no sentido de proteger efetivamente o consumidor:

Em suma, tudo o que acabei de dizer. E nada mais a comentar.

6) ...tão ingênua era ela, que ainda não tinha atinado com a malandragem do anunciante...

Ah, a malandragem do anunciante! Tenho procurado mostrar, sempre que posso, que:

a) Há meios de se fazer anúncios psicologicamente indefensáveis;

b) Por conseguinte, é necessário comportamento ético;

c) O público-alvo, consumidor comum, *target group* ou dê-se o nome que se queira àqueles a quem são dirigidos os anúncios, tem, mais que o direito, o dever de espernear diante de Propaganda que lhe pareça enganosa ou abusiva. Mesmo com toda legislação vigente, ainda há alguns espertalhões que procuram valer-se da citada vulnerabilidade do consumidor para empurrar-lhe suas quinquilharias.

d) Felizmente há meios bastante eficazes para controlar os meliantes da comunicação.

e) O anunciante e o publicitário têm que conhecer muito bem tudo em seu ambiente que envolva Ética.

A Propaganda brasileira não é uma das melhores do mundo apenas por sua criatividade; a meu ver, a eficiência com que é controlada, ou melhor, autocontrolada é um mérito equivalente. Porque são publicitários que fazem o *dia a dia* da boa Propaganda, regulamentando-se a si mesmos, pode-se dizer, na fonte, isto é, nas agências, veículos e escritórios dos anunciantes honestos.

7) ... é isto, meu caro: há anúncios e... anúncios...

A conclusão é mesmo óbvia: quanto mais se aprimoram os meios de controle de qualidade da comunicação (controle feito por publicitários, veículos e anunciantes), e de proteção ao indivíduo e à sociedade (pelo caminho jurídico), mais todos nós ganhamos, mais nos são dados instrumentos para desenvolvermos critérios de julgamento da Propaganda, porque, de fato, sempre haverá anúncios e... anúncios.

Propaganda é isso aí!

XII. FINAL

Quem nasceu primeiro: o ovo ou a propaganda?

A história a seguir foi criada a partir de um argumento publicitário meio velhinho, mas que ainda é dos que melhor ilustra a importância de se anunciar seja lá o que for, pelo meio que for e para quem for; é o argumento de que quem anuncia realmente faz a diferença. É a história da pata e da galinha.

Era uma vez (se não começar com era uma vez não pode ser uma boa história, não é mesmo?), lá na fazenda, a pata e a galinha. Vizinhas há muitos anos, também eram, claro, velhas amigas. Trocavam de confidências a receitas de bolo, passando por fórmulas caseiras milagrosas para curar de uma simples gripe até um torcicolo no bico, ou queda de penas. Coisas assim.

Porém, à medida que o tempo foi passando, e os meios de comunicação foram lhes apresentando as novas conquistas sociais observadas mundo afora, a pata e a galinha concluíram que não dava mais para viver aquela vidinha tranquila, porém limitadíssima, de simples donas de casa. Era necessário trabalhar, fundar um negócio próprio, dominar técnicas de vendas e marketing e administração de empresas, falar alguns idiomas, globalizar-se, enfim!

E lá se foram as duas dedicar-se à nova empreitada: a de se tornarem modernas, afinadas com seu tempo. Embora muito amigas, divergiram sobre a natureza do negócio a ser iniciado. Uma hora, a galinha queria X, e a pata, Y. Outra hora, a pata queria A, e a galinha queria B. E assim, sem nunca chegarem a um acordo, decidiram, a bem da continuação de uma amizade de tantos anos, cada uma tocar seu negócio separadamente.

Passado algum tempo, a galinha, cada vez mais bem-sucedida (ela já havia se mudado para um elegante edifício *high tech* de escritórios na zona sul de São Paulo) e entretida com seus afazeres, recebe um e-mail da pata. A galinha espantou-se com o conteúdo da mensagem: a pata lhe pedia um emprego (quem sabe, gerenciando a filial do Rio de Janeiro ou de Belo Horizonte?), e aproveitava para anexar seu Curriculum Vitae.

'O que teria havido, com o passar do tempo, para que a situação chegasse a esse ponto?', indagou-se a galinha. 'A pata, ao longo de todos estes anos em que nos conhecemos, sempre foi tão organizada e dedicada às suas tarefas. Sempre me pareceu tão competente! Até mais competente do que eu mesma! Na verdade, sempre tive certeza disso!'

Então, a galinha, riquíssima, contratou o melhor consultor de gestão empresarial para uma análise do 'case pata'. Eis seu veredito:

'Sra. Galinha,

após análise cuidadosa de todas as variáveis controláveis e incontroláveis, ambientes externo e interno, mercado global de ações (índices Nasdaq, NYSE e Bovespa), bolsas de commodities e de futuros, flutuações de demanda satisfeita e demanda reprimida no Brasil e no exterior, dos relatórios da agência de classificação de riscos Chicken & Poors, de investimentos em treinamento de pessoal, investimentos nacionais e internacionais baseados nos mais sofisticados cálculos de derivativos, quociente médio de MBAs, mestres e doutores por divisão da empresa, regressões lineares e múltiplas para projeções de lucratividade futura, de investimentos em pesquisa & desenvolvimento... blá, blá, blá e mais blá, blá, blá... concluo que a causa de tão retumbante fracasso empresarial da Sra. Pata, em contraposição a tão indiscutível sucesso comercial e de marketing, como o que se verifica em sua corporação, a International Brazilian Chicken Co., deve-se a uma questão meramente genética. Seu DNA, prezada senhora, é, sob certo aspecto, diametralmente oposto ao da Sra. Pata. Estas razões genéticas compensam suas eventuais deficiências administrativas, pois facilitam que o mercado reconheça mais facilmente sua imagem de marca, e que saiba da imediata disponibilidade de seus produtos, pois não há quem ignore que uma galinha, quando bota, canta! Mas a Sra. Pata, sabe-se de longa data, não possui este perfil genético: fabrica um produto maior, melhor e mais nutritivo, sem dúvida alguma; no entanto, ao botar seus ovos, prefere sempre o silêncio sepulcral; enfim, a Sra. Pata não anuncia. E aí reside a diferença fundamental entre as senhoras. Atenciosamente...'

Propaganda é isso aí!

That's all, folks!

Ladies and gentlemen, chegamos ao fim do passeio. Espero ter sido um bom guia turístico através deste negócio fantástico que é a Propaganda. Na verdade, há muito, mas muito mais a ser dito. Porém, como comentei no início, meu objetivo era apenas mostrar *en passant* o que está contido nesse universo. Tudo sem maiores aprofundamentos técnicos pois, repetindo, cada assunto abordado é merecedor de alguns livros.

Você, novo anunciante, poderá ser novo só como anunciante. No seu ramo de atividades, com certeza já tem experiência suficiente e, por isso, aprendeu que nada deve ser subestimado nem superestimado. Com Propaganda é a mesma coisa: não faz milagres, nem é inútil. É apenas uma técnica que poderá auxiliá-lo, e muito, na condução das suas vendas. Uma técnica que traz embutida a necessidade de muita análise e bom senso empresarial, e a consciência de que sempre há uma margem de risco envolvida, aquilo que eu chamo de 'taxa de aposta' a ser feita no negócio. Leia sempre mais a respeito da comunicação, não tenha vergonha de parecer chato e sair perguntando a Deus e todo mundo sobre o assunto e nunca deixe de estar por dentro porque, a qualquer momento, a Propaganda poderá lhe ser útil, se não indispensável. Finalmente, só posso desejar sucesso a você como empresário e felicidade como anunciante.

E você, futuro publicitário, vá em frente — se é que nesta altura do campeonato você ainda quer ser um futuro publicitário. Desça a botina, acelere! Muita coisa boa o espera. Há muito trabalho instigante, grandes realizações pelo caminho. A Propaganda é, com certeza, uma das atividades mais diversificadas do mundo. Estou nisso desde garoto, há muitos anos; até hoje, juro que não tive um único dia igual ao outro. É absolutamente fantástico. Só não pense, meu chapa, que vai ser moleza, que uma ideiazinha legal vai abrir um montão de portas e gerar outro montão de oportunidades. Não será assim. Esqueça definitivamente o papo furado de que publicitário é gênio e só trabalha na criação. Aliás, se a medicina e o direito tivessem a metade dos gênios da Propaganda, muitas doenças já teriam cura, muitos males sociais já estariam resolvidos.

Você, caro futuro colega, vai precisar de sorte (1%), inspiração (2%) e transpiração (97%). E não se esqueça da mordida do bichinho: entrou para o negócio, vai ser difícil sair. Então, respire fundo, mire o seu alvo profissional, encha-se de tesão e coragem e vamos-que--vamos. Falei?

Como eu disse no início, este foi um livro feito a partir de minhas percepções pessoais, após alguns anos de convivência no ramo. Embora carente de rigor científico e de elegância literária, foi feito com convicção. E com o coração. Porque, para mim, a comunicação é uma coisa tão apaixonante e envolvente que acreditei ser meu dever dividir o pouquinho que sei com você. Ficarei feliz em saber que o ajudei de alguma forma.

XIII. BIBLIOGRAFIA RECOMENDADA

1. Administração de Marketing. Philip Kotler, Editora Atlas.
2. Análise Transacional em Propaganda. Roberto Menna Barreto, Summus Editorial.
3. Criatividade. José Predebon. Editora Atlas.
4. Criatividade em Propaganda. Roberto Menna Barreto, Summus Editorial.
5. Criatividade no Trabalho e na Vida. Roberto Menna Barreto, Summus Editorial.
6. Direção de Arte em Propaganda. Newton Cesar, Editora Futura
7. Ética da Propaganda. Antônio Paraguassú Lopes. Editora Atlas
8. Fórmulas secretas do mago da publicidade – Roy Williams – Editora Futura
9. Making Of. Marco Piovan e Newton Cesar, Editora Futura
10. Marca. Francesc Petit. Editora Futura.
11. O Estado Novo: Ideologia e Propaganda. Nelson Jahr Garcia, tese apresentada na ECA - Escola de Comunicação e Arte, USP.
12. O mago da publicidade. Roy Williams. Editora Futura.
13. O que é Propaganda Ideológica. Nelson Jahr Garcia, Editora Brasiliense, coleção Primeiros Passos.
14. Os mundos mágicos do mago da publicidade – Roy Williams – Editora Futura

15. Planejamento de Propaganda. Roberto Corrêa, Global Editora, coleção Contato Imediato.

16. Posicionamento Competitivo. Graham J. Hooley e John Saunders, Editora Makron Books.

17. Produção Gráfica II. Mário Carramillo Neto, Global Editora, coleção Contato Imediato.

18. Produção Gráfica. Antonio Collaro, Summus Editorial.

19. Propaganda: profissionais ensinam como se faz – José Predebon – Editora Atlas.

20. Redação Publicitária – A prática na prática. Zeca Martins. Editora Atlas.

21. O Copy Criativo. Roberto Mena Barreto. Editora Qualitymark.